옥스퍼드
초엘리트

사이먼 쿠퍼 지음
김양욱 최형우 옮김

옥스퍼드
초엘리트

사이먼 쿠퍼 지음
김양욱 최형우 옮김

영국을 지배하는 이너서클의 습관, 약점, 그리고 악행

OXFORD

Simon Kuper

글항아리

일러두기
· 원서에서 이탤릭체로 강조한 것은 고딕체로 표시했다.
· 본문의 주석은 옮긴이 주다.

그 사람을 이해하려면 그가 스무 살이 되었을 때
세상에서 무슨 일이 일어났는지를 알아야 한다.

—나폴레옹의 발언으로 추정

| 옥스퍼드대학 출신 핵심 정치인 |

보리스 존슨

1964년 런던 출생. 이튼 스쿨, 옥스퍼드대학 베일리얼칼리지 졸업(고전문학 전공). 옥스퍼드 유니언 회장 출신으로 달변의 정치인이자 영국 보수 정치의 핵심 인물이다. 총리로 선출되기 전 런던시장과 외무부 장관을 역임했다. 유럽연합탈퇴(브렉시트) 운동으로 데이비드 캐머런을 축출했다. 2022년 '파티 스캔들'(핵심 참모들의 코로나 방역 수칙 위반 거짓 대응)의 여파로 총리직에서 물러났다. 독일 왕족의 후손인 그의 조모와 관련해서 영국 왕실(하노버-윈저 왕조)과도 연결되어 있다.

데이비드 캐머런

1966년 런던 출생. 이튼 스쿨, 옥스퍼드대학 브레이지노스칼리지 졸업(철학·정치·경제 전공). 2001년 하원의원에 당선된 후, 2005년 39세의 나이로 보수당 대표에 선출되었다. 글로벌 경제 위기 이후 지지율이 떨어진 노동당 정부를 물리치고 2010년 총리직에 선출되었다. 정무직 경험 없이 총리가 된 특이한 기록을 남겼다. 긴축재정 정책으로 영국 경제의 재정 건전성 확보에 성공했다는 평을 얻었다. 여론조사만 믿고 국민투표를 실시해 보수당 내 브렉시트파 제거에 나섰지만 역풍을 맞고 총리직에서 사퇴했다. 영국 귀족 출신으로 윌리엄 4세의 후손이기도 하다.

마이클 고브

1967년 스코틀랜드 애버딘 출생. 옥스퍼드대학 레이디마 거릿홀칼리지 졸업(영문학 전공). 옥스퍼드 유니언 회장을 역임했고, 대학 졸업 후 텔레그래프, 가디언, BBC, 타임스 등 언론계에서 경력을 이어오다 2005년 하원의원에 당선되었다. 캐머런 정부에서 능력을 인정받아 교육부 장관, 법무부 장관으로 임명되었다. 브렉시트 국민투표를 앞두고 보리스 존슨, 이언 스미스, 도미닉 커밍스 등의 탈퇴 지지자들과 VOTE LEAVE(브렉시트 운동)를 결성해 영국의 유럽연합 탈퇴를 이끌었다. 2010년 캐머런 정부에서 현재 리시 수낵 정부에 이르기까지 보수당 정부의 핵심 인물로 활동하고 있다.

제이컵 리스모그

1969년 런던 출생. 이튼 스쿨, 옥스퍼드대학 트리니티칼리지 졸업(역사학 전공). 옥스퍼드 보수연맹 회장직을 역임했고, 대학 졸업 후 로스차일드 투자은행과 로이드에서 펀드매니저로 활동하기도 했다. 보수당 내에서도 강경 보수파로 통하며 브렉시트 국민투표 이후 보수당 대표 경선에서 보리스 존슨을 지지했다. 하원 원내총무를 거쳐 존슨 정부에서 브렉시트 담당 장관을 역임했다. 중상류층 출신이지만 세습 귀족과 같은 말투와 행동으로 언론의 조롱을 받기도 했다.

제러미 헌트

1966년 런던 출생. 차터하우스 스쿨, 옥스퍼드대학 모들린칼리지 졸업(철학·정치·경제 전공). 옥스퍼드 보수연맹 회장을 역임했다. 캐머런 정부에서 문화부 장관을 맡은 뒤 리시수낵 정부에서 재무장관을 맡는 등 보수당 정부에서 핵심 역할을 하고 있다. 보수당 내 대표적인 반反보리스 존슨 인사로 당권이나 총리직에 계속 도전하고 있다. 증조모의 혈통으로 인해 엘리자베스 2세 여왕과 먼 친척뻘이다.

테리사 메이

1956년 이스트본 출생. 옥스퍼드대학 세인트휴스칼리지 졸업(지리학 전공). 대학 졸업 후 영국 중앙은행(잉글랜드 은행)과 금융정책 기관에서 근무하다 1997년 하원에 입성했다. 캐머런 정부에서 내무부 장관을 맡는 등 당과 정부에서 요직을 거쳤다. 2016년 브렉시트 국민투표 결과로 사임한 캐머런 총리의 뒤를 이어 마거릿 대처 이후 두 번째 여성 총리가 되었다. 유럽연합과의 브렉시트 이행 과정에서 보수당 내 브렉시트 강경파와의 내분으로 브렉시트 합의안이 부결되자 총리직에서 사퇴했다.

리즈 트러스

1975년 옥스퍼드 출생. 옥스퍼드대학 머튼칼리지 졸업 (철학·정치·경제 전공). 대학 시절엔 옥스퍼드 자유민주당 학생 회장으로 활동하기도 했다. 정계 입문 이전 로열더치셸과 통신기업에서 근무하다 2010년 하원의원에 당선된 후 메이와 존슨 정부에서 각각 법무부 장관과 외무부 장관을 역임했다. 존슨 총리가 '파티 스캔들'로 총리직에서 사퇴하면서 당내 존슨 세력의 지지를 등에 업고 총리로 선출되었다. 2022년 세계 인플레이션 위기 속에서 부자 감세라고 비판받는 긴축 완화 정책을 펼치다 금융 시장에 커다란 혼란을 초래했으며 이로 인해 취임 45일 만에 불명예 퇴진을 했다(영국 역사상 최단명 총리).

리시 수낵

1980년 사우샘턴 출생. 윈체스터 스쿨, 옥스퍼드 링컨 칼리지 졸업(철학·정치·경제 전공). 풀브라이트 장학생으로 미국 스탠퍼드대학에서 MBA 학위를 취득했다. 2014년 하원 의원으로 정계에 입문하기 전까지 골드만삭스에서 애널리스트로 근무했고 이후 여러 헤지펀드에서 일했다. 존슨 정부에서 재무부 장관으로 발탁되어 전문성 있는 업무 추진으로 높은 지지를 얻었다. 리즈 트러스 정부의 감세 정책에서 비롯된 위기 때 경제 전문가의 이미지로 구원 등판해 총리가 되었다. 영국 역사상 최초의 유색인 총리다(인도 이민자 가정 출신).

| 영국 보수당 정부 내 옥스퍼드 라인 |

데이비드 캐머런 정부(2010~2016): 윌리엄 헤이그(외무부 장관), 조지 오스본(재무부 장관), 테리사 메이(내무부 장관), 마이클 고브(교육부 장관, 법무부 장관), 제러미 헌트(문화부 장관), 리즈 트러스(환경부 장관)

테리사 메이 정부(2016~2019): 보리스 존슨(외무부 장관), 도미닉 라브(브렉시트 담당 장관), 제러미 헌트(보건부 장관), 리즈 트러스(법무부 장관), 마이클 고브(환경부 장관), 데이미언 하인즈(교육부 장관)

보리스 존슨 정부(2019~2022): 도미닉 라브(외무부 장관), 리시 수낵(재무부 장관), 리즈 트러스(국제무역부, 외무부 장관), 제이컵 리스모그(브렉시트 담당 장관), 마이클 고브(국무조정실장), 도미닉 커밍스(총리비서실장)

리즈 트러스-리시 수낵 정부(2022~): 도미닉 라브(부총리), 쿼지 콰텡(재무부 장관), 제러미 헌트(재무부 장관), 제이컵 리스모그(산업에너지부 장관), 마이클 고브(주택지역부 장관)

| 영국 보수당 옥스퍼드 네트워크 |

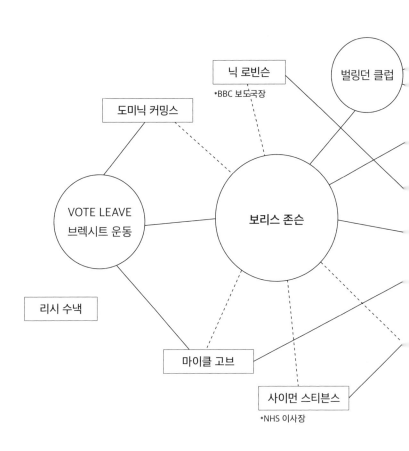

닉 로빈슨
*BBC 보도국장

벌링던 클럽

도미닉 커밍스

VOTE LEAVE
브렉시트 운동

보리스 존슨

리시 수낵

마이클 고브

사이먼 스티븐스
*NHS 이사장

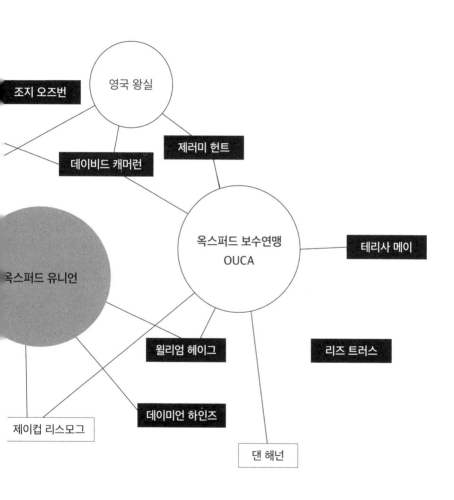

브렉시트 지지

브렉시트 반대

조지 오즈번

영국 왕실

제러미 헌트

데이비드 캐머런

옥스퍼드 보수연맹
OUCA

테리사 메이

옥스퍼드 유니언

윌리엄 헤이그

리즈 트러스

제이컵 리스모그

데이미언 하인즈

댄 해넌

서론
옥스퍼드의 귀족정치

영국인의 일상을 세밀하게 관찰하면

영국의 기득권층이 특별하게 육성된다는 것을 알 수 있다.

그들은 40대 이상의 굉장히 잘난 체하는 성공한 사람들이다.

이들에게는 옥스퍼드에서 교육받았다는 것이 기회가 되었다.

— 옥스퍼드대학 신문 『처웰Cherwell』 1989년 2월 24일

    1980년대의 빛바랜 학교 신문을 넘기다보면 현재 영국의 뉴스를 장식하고 있는 눈에 띄는 얼굴들을 볼 수 있다. 옥스퍼드 유니언•회장으로 당선된 보리스 존슨, 난잡한 성관계로 충격을 안겼던 다섯 명의 유니언 간부 중 한 명인, 썩은 미소를 짓고 있는 마이클 고브.[1] 존슨과 고브는 훗날의 영국 국가보건서비스NHS 이사장인 사이먼 스티븐스••와 함께 '유니언 노예 경매Union slave auction'•••에서 팔려

• 1823년 옥스퍼드대학 내의 토론 동아리로 시작된 학생 자치 기구. 역대 회장 중에는 윌리엄 글래드스턴, 에드워드 히스, 보리스 존슨 총리 그리고 베나지르 부토 총리(파키스탄) 등 유력 정치인이 많다. 아인슈타인, 처칠, 엘리자베스 2세 여왕, 레이건, 마이클 잭슨 등이 초청 연사로 유니언에서 연설하기도 했다.

•• 1966년생. 옥스퍼드대학 베일리얼칼리지 졸업.

••• 사람들이 자발적으로 경매에 응하고, 그 후 짧은 기간 동안 낙찰자의 하인 역할을 하는 가벼운 모금 행사.

기도 했다.[2]

1988년 내가 열여덟 살의 나이에 역사와 독일어를 공부하러 옥스퍼드에 왔을 때, 옥스퍼드는 여전히 영국적이지만 성희롱, 얕은 지식 그리고 음주가 판을 치는 상당히 어수룩한 대학이었다. 고브, 존슨, 제러미 헌트 그리고 존재감이 별로 없었던 데이비드 캐머런은 내가 옥스퍼드에 도착하기 바로 전에 졸업했지만, 어지러운 책상 위에 놓인 학교 신문 『처웰』에서 나는 새로운 세대의 미래 정치인들을 알아볼 수 있었다. 학부에서 유일하게 더블 재킷 정장을 입고 다니던 제이컵 리스모그와 영국 독립을 위한 옥스퍼드 캠페인이라는 유명한 유럽 통합 반대 운동을 펼쳤던 댄 해넌도 빼놓을 수 없다. 『처웰』은 유명한 시사 풍자 잡지 『프라이빗 아이Private Eye』를 조잡하게 모방했는데 오류가 많고 현학적이었다. 외부인들은 이해할 수 없는 농담과 함께 옥스퍼드 특유의 무자비한 풍자로 거칠게 표현했다. 그렇다고 우리가 허풍쟁이 10대들을 비웃기만 한 것은 아니었다는 사실을 뒤늦게 깨달았다. 비록 당시에는 몰랐지만, 우리는 영국의 권력이 형성되는 것을 목격하고 있었다.

나는 미래의 실세들 가운데 누구와도 개인적인 친분이 없었다. 그건 우리 사이에도 옥스퍼드의 거대한 계급 체계가 형성되어 있기 때문이었다. 나는 중산층으로 런던의 공립학교 출신이었고(해외에서 몇 년간 학교를 다녔다) 그들은 사립학교● 출신이었다. 나는 창밖에서 내

● 이튼, 해로, 차터하우스, 웨스트민스터, 윈체스터처럼 주로 개인 교습이나 과외를 받던 귀족과 상류층 자제들이 함께 모여 공동으로 교육받는다고 해서 '퍼블릭public'이란 명칭이 붙

부를 들여다보는 이방인이었지만, 현재는 내부 사정을 잘 아는 이방인이다. 대학 졸업 후 몇 년간 영국에 살다가 2002년 파리로 이주해 『파이낸셜타임스』에 칼럼을 기고해왔다. 나는 영국 기득권층의 일종의 통신원 같은 존재가 되었다. 옥스퍼드의 보수당 지지자들—특히 이튼칼리지 출신—은 옥스퍼드 말고도 여러 방면에서 영향을 받았다. 그들은 어릴 때부터 권력에 길들여졌다. 옥스퍼드에서 고전을 강의하는 한 교수는 플라톤의 『대화』에 나오는 아테네의 끔찍한 상류층 시민과 보리스 존슨을 비교하면서, 이들은 소크라테스에게 배우러 오기 오래전부터 부패했다고 말했다. 옥스퍼드 출신 보수당원들과 토론할 때 카스트(계급), 출신 학교, 대학으로 중첩된 영향들을 떼어놓기란 불가능하다. 그러나 옥스퍼드는 중요한 독립 변수였다. 다른 대학에 대한 언급은 거의 없이, 지난 25년간 영국 정치에서 옥스퍼드이기 때문에 가능한 이야기였다. 만약 존슨, 고브, 해넌, 도미닉 커밍스, 리스모그가 열일곱 살에 옥스퍼드로부터 입학을 거절당했다면 브렉시트(유럽연합 탈퇴)는 결코 일어나지 않았을 것이다.

2016년 6월 24일 이른 아침 국민투표를 마친 뒤, 나는 텔레비전 화면을 통해 잔류와 탈퇴 진영의 핵심 인물들이 터벅터벅 걸어 나오는 장면을 지켜봤다. 나이절 패라지를 제외하곤 거의 모두가 나와 같은 세대의 옥스퍼드 출신들이었다. 현재 영국의 지배계급과 브렉시트가 내가 알고 있던 대학에 뿌리를 두고 있다는 것을 깨달았

었음. 일반적인 사립 기숙학교 형태.

다. 한 해에 겨우 3000명 정도가 옥스퍼드에 입학한다. 영국에서 또래 집단의 0.5퍼센트도 안 되는 수치이지만3 옥스퍼드가 영국을 장악했다. 꽤 오랫동안 그랬다. 1940년부터 현재 리시 수낵까지 17명의 총리 가운데 13명이 옥스퍼드 출신이다(처칠, 제임스 캘러헌, 존 메이저는 대학을 가지 못했고, 고든 브라운*은 에든버러대학 출신이다). 2010년 이후 연이어 5명의 옥스퍼드 출신 보수당 총리가 영국을 통치하고 있다.** 그렇다면 어떻게 옥스퍼드가 영국 정부를 장악하게 되었을까? 그리고 그 결과는 무엇일까?

　이러한 질문에 대한 답을 찾으면서, 나는 옥스퍼드 출신에도 다양한 사람들이 있다는 것을 늘 염두에 뒀다. 정치를 한순간도 생각해 보지 않은 학생이 대부분이었다. 정치에 뜻을 둔 이들 가운데 해럴드 윌슨, 마거릿 대처 또는 리즈 트러스처럼 공립학교를 나온 옥스퍼드 출신은 해럴드 맥밀런, 캐머런, 존슨처럼 이튼과 옥스퍼드를 나온 정치인과는 차이가 있었다. 맥밀런과 존슨 사이에도 동질성 못지않게 커다란 차이점이 존재한다. 세대마다 사립학교 출신 보수당원들이 있었지만, 매번 형태를 달리했다. 나는 옥스퍼드 귀족들이 현상 유지를 하면서 어떻게 시대에 따라 변해왔는지를 알아보고자 했다. 몇 가지 단어로 이 책을 단정 지을 수 없다. 내가 옥스퍼드에 대해 개인적인 감정이 있는 것도 아니다. 옥스퍼드에서 굉장히 즐겁게

---

* 영국의 제74대 총리(2007~2010). 토니 블레어 정부에서 재무장관을 역임했다. 에든버러대학에서 학사, 석사, 박사학위를 받았다.
** 2010년부터 2023년까지 옥스퍼드대학 출신 보수당 총리는 연속으로 총 5명(데이비드 캐머런, 테리사 메이, 보리스 존슨, 리즈 트러스, 리시 수낵).

지냈고 많은 것을 배웠다. 영국 바깥에서 성장한 나는, 어릴 때부터 훈련을 받아 언변이 좋은 영국인들에게 매력을 느꼈다. 또한 영국에 살고 있는 대다수의 영국인이 품고 있는 계층 불만에서도 완전히 자유로울 수 있었다. 모들린 디어 파크 주위를 산책하며 서투른 솜씨로 크리켓 경기도 하고 새벽 5시에 인디 장르의 노래들을 분석하면서 사랑에 푹 빠졌고 평생 갈 우정도 쌓았다.

이 책은 대학에서 같이 농담하며 지냈던 친구들과의 유쾌한 일화를 다룬 것도 아니고 내 이름을 내건 회고록도 아니다. 일부 배타적인 권력 모임에서 내가 주변인이었다는 사실을 말하려는 것도 아니다. 브렉시트 국민투표를 다시 거론하는 것도 아니며 1700만 국민이 탈퇴에 찬성한 갖가지 이유를 밝히려는 것도 아니다. 나는 탈퇴에 찬성한 사람 모두가 옥스퍼드 출신 보수당원들, 또는 나이절 패라지, 그리고 이 책에 거의 드러나지 않는 주요 인사들에게 세뇌당했다고 생각하지 않는다. 보수당의 탈퇴 찬성자들은 확실한 반유럽연합 정서를 만들어내지 못했다. 유권자는 정치에서 수요의 측면에 있다. 하지만 그들이 유일한 세력은 아니다. 이 책은 정치 공급 측면인 정치인, 그리고 유권자에게 제공하기로 한 선택에 관한 것이다. 2016년 이후로 탈퇴 찬성자들의 동기에 대한 여러 학문적인 분석이 있었다. 이 책에서는 그러한 내용을 논의하지 않는다.

이 책은 예전 교수들 사이에서 농담처럼 주고받던 진기한 옥스퍼드 이야기도 아니며, 현재 어느 정도 변모한 옥스퍼드에 관한 내용도 아니다. 보리스 존슨에 관한 또 다른 자서전도 아니다. 대신에 옥스퍼드를 통한 유서 깊은 권력 루트를 잡은 전통적인 지배계급(카스트) 인, 남성 중심의 브렉시트에 찬성하는 일련의 보수당원의 모습을 묘사한다. 이 계급은 옥스퍼드의 작은 부분집합일 뿐이다. 그러나 영국 현대 정치사의 어느 장면에서나 모습을 드러내기에 중요하다.

2016년에 옥스퍼드 졸업생 대다수가 유럽연합 잔류에 찬성했다는 주장은 이례적이다. 브렉시트에 찬성하는 보수당 지지자들은 1980년대 옥스퍼드 학생회 내부에서조차 소수였다. 이들의 동기생 가운데에는 캐머런 총리 시절 그의 유럽연합 잔류 운동을 지원했던 주변 인사들뿐 아니라 노동당의 일부 중진 의원들도 포함된다. 보리스 존슨과 법대 대학원생이었던 키어 스타머(현재 노동당 당수)는 1987년 여름 옥스퍼드를 같이 졸업했고, 캐머런은 한 해 뒤에 졸업했다.

2020년대 미디어 업계의 엘리트들도 그때 옥스퍼드에 있었다. 1988~1989년 학기에 2, 3학년이었던 에마 터커와 재니 민턴 베도스는 옥스퍼드 역 근처 운하 옆의 허름한 플랫에서 같이 생활했다. 2023년 무렵 터커는 『월스트리트저널』의 편집인이었고 민턴 베도스는 『이코노미스트』의 편집인이었다. 2022년의 『가디언』 『텔레그래프』 『데일리메일』의 편집인들 또한 1980년대 옥스퍼드를 거쳐갔다. 영국방송공사BBC의 「투데이」 진행자 닉 로빈슨은 보리스 존슨이 대학에 다니던 시절에 옥스퍼드 유니언의 인기 스타였다.

그러나 브렉시트 찬성파인 소수의 보수당 지지자들이 이야기를 압도하고 있다. 왜냐하면 그들이 투표에서 이겼기 때문이다. 결국 브렉시트가 이뤄졌고 영국은 다시 바뀌고 있다. 현재 영국의 권력을 이해하려면 시간을 거슬러 1983년과 1998년 사이의 옥스퍼드 거리 어딘가를 여행할 필요가 있다.

차례

서론: 옥스퍼드의 귀족정치 · 15

1. 엘리트들 · 24
2. 계급 전쟁 · 41
3. 얕은 지식 · 58
4. 룰 브레이커 · 75
5. 아이들의 의회, 옥스퍼드 유니언 · 81
6. 토론의 달인, 보리스 존슨 · 91
7. 꼭두각시, 추종자 그리고 희생자 · 108
8. 옥스퍼드 유니언과 노동당 학생회 · 123
9. 브렉시트의 탄생 · 131
10. 비극을 모르는 세대 · 151
11. 그들의 현재 · 162
12. 우리의 의회 · 177

13. 우리끼리 싸우지 말자 · 192

14. 브렉시트와 옥스퍼드 유니언 · 199

15. 한 표 부탁드립니다! · 211

16. 패거리 정치와 팬데믹 · 222

17. 상류층이 사라진 옥스퍼드 귀족정치 · 233

18. 무엇을 해야 할까? · 245

감사의 말 · 265

주 · 268

1. 엘리트들

옥스퍼드는 틀림없이 세계에서 가장 일을 안 하는 도시다.

— 하비에르 마리아스, 『모든 영혼All Souls』(1992)

우수한 A 레벨* 성적으로는 충분하지 않았다. 옥스퍼드에 들어 가려면 영국의 유별난 통과의례를 거쳐야 한다. 바로 입학 면접이다. 1987년 나도 열일곱 살의 나이에 새로 산 정장을 입고 옥스퍼드에 도착해 이런 방식의 면접을 치렀다. 교수 연구실에 들어가면 전에는 전혀 본 적이 없는 셰리주를 권했다. 그런 다음 면접이 진행되었다.

교수들은 기다란 소파에 기대어 앉아 그들을 졸리게 만들지 않을 만한 주제에 관해 느릿하게 질문을 던진다. 어떤 지원자는 이런 질문을 받았다. '베네치아의 산마르코 소광장이 바클레이 은행 지점

---

* Advanced Level. 영국을 포함한 영연방 국가들의 대학입학 시험 제도. 최소 세 과목 이상을 이수해야 한다. 수학, 심화 수학, 화학, 생물, 물리, 지리, 역사, 영문, 경제가 난도 높은 과목에 속한다.

과 닮았다고 생각하지 않나?' 옥스퍼드 면접은 지식이 없어도 아는 것 이상으로 말할 수 있는 능력을 시험했다. 그 시절의 교수들은 가르치는 재미가 있는, 인문학적 소양을 지닌 '르네상스 남성Renaissance men'(또는 여성)을 찾고 있었다. 교수들은 그들이 가진 개인적 재량권을 마음껏 사용했다. 내가 아는 어떤 교수는 대놓고 키 크고 금발의 사립학교 출신 남녀를 선호했다. 우수한 학교 성적을 가진 데다 작문과 발표를 잘한다면, 영국의 기득권층에 들어갈 입장권은 따놓은 당상이었다.

중상층이나 상류층—당시 입학 인원의 대다수를 차지하는 계층—출신 백인 남자들이 옥스퍼드에 입학하는 것은 그리 어려운 일이 아니었다. 옥스퍼드대학 내의 남성 칼리지Men's colleges들도 1974년에야 여성을 받아들이기 시작했는데, 이에 대해 많은 교수가 실망을 금치 못했다.[1] 1980년대 중반까지 전체 학생 가운데 여성이 차지하는 비율은 여전히 30퍼센트 정도에 머물렀다.[2] (이 책은 남성들의 이야기로 채워지는데, 내가 묘사하고 있는 계급 때문이기도 하다).

옥스퍼드대학 입학에서 영국의 다른 계층과의 자리 경쟁은 거의 없었다. 1980년에 영국 청년 가운데 겨우 13퍼센트만 대학에 진학했다.[3] 1981년에 옥스퍼드는 다섯 명의 지원자 가운데 두 명의 비율로 입학을 허가했다.[4]

1988년 옥스퍼드 유니언 회장이었던 스무 살의 마이클 고브는 꽤 정확하게 이 상황을 요약했다. '옥스퍼드는 부유한 중산층의 아들들뿐 아니라 딸들도 입학할 수 있도록 바뀌었다.'('부유한 중산층'이란 표현은 완곡한 비판이었다.) 고브는 옥스퍼드가 학문적으로 탁월하지 않다는 의미에서 진정한 엘리트주의가 아니라고 불만을 드러냈다.

우리가 생각하는 옥스퍼드가 현재 우리 지도자들의 자녀가 학교를 마치러 가는 곳이 아니라 우리의 미래 지도자들을 교육하는 곳이라면 더 좋을 것이다. 그러면 우리 사회도 더 건강해질 것이다.[5]

1980년대 옥스브리지Oxbridge(옥스퍼드-케임브리지)는 '제7학기'를 허용했다. 전통적으로 사립학교 학생들은 A 레벨 시험을 치른 후 남은 학기에 옥스브리지 입학을 위한 면접 대비 특별 지도를 받았다.[6] 우리 학교도 비교적 괜찮은 공립이었지만, 내가 옥스퍼드 입학을 준비했을 때 그런 과정은 없었다. 교장 선생님은 어쨌든 내가 옥스퍼드에 가지 않았으면 하고 바랐다. 그는 엘리트 교육을 신뢰하지 않았다.

우리 학교는 전에는 그래머스쿨grammar school●이었지만 1980년대 초 공립학교로 전환됐다. 그래머스쿨은 오랫동안 사립학교와 경쟁했는데, 노동당과 보수당의 양당 정부에서 폐쇄됐고 (좋은 의도든 나쁜 의도든 간에) 이 점은 상류층에게 훨씬 더 유리하게 작용했다.[7] 옥스퍼드에서의 마지막 학기였던 1991~1992년 무렵엔 신입생의 49퍼센트가 영국 사립학교 출신이었고 공립학교 출신은 43퍼센트밖에 되지 않았다(나머지는 해외 학교 출신).[8]

● 영미권의 중등교육 기관. 근대 초기에는 상류층 학생들이 주를 이뤘지만, 1944년 교육법에 따라 정부 보조금을 받는 공립학교로 전환되었다.

사립학교 출신이 옥스퍼드에서 입학을 거절당했다 해도 여전히 들어갈 방법은 있었다. 사립학교들은 학생을 대신해 어떤 교수에게 로비해야 하는지 알고 있기 때문이다. 1970년대 런던 웨스트민스터 고등학교 교장인 존 레이는 '합격 경계선에 있는 자리를 알아보기 위해 전화 한두 통은 늘 필요하다'고 말했다.9 대학교수들과의 근사한 저녁 식사도 이런 통화를 위한 사전 준비가 되곤 했다.10 전화로 입학하는 것은 대학에도 효과적이었다. 남은 자리가 있으면 가장 손쉽게 자리를 채울 방법이기 때문이었다.

나중에 언론인이 된 토비 영은 A 레벨 시험에서 B 두 개와 C 하나(BBC)를 받아 옥스퍼드 브레이지노스칼리지의 요구를 충족시키지 못해 입학을 거부당했지만, 그에게는 입학 담당 교수에게 바로 전화를 걸 수 있었던 명망가 아버지가 있었다.11 솔직히 말해, 토비는 과분한 부를 누린다며 간단히 무시할 수 없는 똑똑한 사람이다. 그러나 그가 옥스퍼드에 입학할 수 있었던 것은, 그의 아버지가 방송통신대학Open University의 설립자이자 '능력주의 사회meritocracy'라는 용어를 만들어내고, 1945년 노동당 선언문을 쓴 다팅턴 남작, 마이클 영이기 때문이다.

옥스퍼드에 과감히 지원했던 소수의 이방인들은 옥스퍼드에 도착했을 때 자신이 어울리지 않는 곳에 있다고 느꼈다. 내가 아는 집배원의 아들은 입학 면접을 앞둔 며칠 동안 사람들을 만나는 것이 너무 두려웠다면서 '속옷 차림으로 방에 앉아 몰티저스•를 먹었다'고 말했다. 그는 훗날 옥스퍼드대학의 교수가 되었다.

1990년대에 변변찮은 출신의 어느 옥스퍼드 교수는 의자 끝에 걸터앉아 공포에 떨고 있는 공립학교 학생들을 인터뷰한 것을 회고했다. 그들에게 '괜찮아요. 편하게 있어요'라고 말하자 2인치 정도 뒤로 물러앉았다. 반면에 전임 총리의 성姓을 가진 옥스퍼드 동문의 아들이자 손자인 지원자를 인터뷰한 적이 있는데 그 학생은 '마치 그 방의 주인인 것처럼' 의자에 기대어 앉았다고 했다. 이 전직 교수는 오랫동안 사립학교 학생 대부분을 입학시켰다고 밝혔는데('우리를 우울하게 만든다'), 단지 공립학교 학생들이 많이 지원하지 않았다는 이유에서였다.

비숍 오클랜드라는 동북부 도시의 공립학교에 다녔던 광부의 딸 피오나 힐은 아무 준비 없이 치른 옥스퍼드 입학시험에서 예상대로 떨어졌다. 그녀는 쇼펜하우어의 의지론에 관한 질문을 받아 당황했는데, 쇼펜하우어가 누군지 몰랐기 때문이다. 그래도 옥스퍼드대학 칼리지 가운데 공립학교 학생들에게 가장 호의적인 허트퍼드가 면접시험에 그녀를 불렀다. 1983년 피오나는 면접에 적합하지 않은, 어머니가 손수 떠준 옷을 입고 옥스퍼드에 도착했다. 면접을 기다리는 동안 옆자리 여학생에게 말을 걸었는데, 그 학생은 피오나의 어투에 움찔 놀라면서 이렇게 말했다. '미안, 나는 네가 무슨 말을 하는지 도무지 모르겠어.' 피오나가 면접실에 들어가려 할 때 한 여학생이 사고를 가장해 발을 걸었고 피오나는 문틀에 부딪히면서 코피를

• 영국의 초콜릿 과자 브랜드.

흘렸다. 면접은 그 상태로 진행되었다. 그녀를 인터뷰했던 친절한 교수가 옥스퍼드 대신에 세인트앤드루스대학*에 지원하는 게 어떻겠냐고 제안했다. 피오나는 그 제안을 따라 세인트앤드루스에 입학했다.[12]

피오나 힐은 과거를 회상하며 그녀가 옥스퍼드에서 겪었던 경험과 영화 「빌리 엘리엇」**의 한 장면을 비교했다. '사람들은 내 말투와 옷차림을 보고 웃었다. 이것은 내가 겪었던 가장 끔찍하고 창피한 경험이었다.' 그녀는 『가디언』 독자 행사 토론에서 자신을 간단히 '피오나 힐, 쉰 살'로 밝히고 이 이야기를 했다.[13] 대학 졸업 후, 그녀는 아무도 자신의 영국 동북부 말투를 알아차리지 못하는 미국으로 이주했고 러시아에 정통한 학자로 백악관 선임 보좌관이 됐다. 이후 트럼프 전 대통령의 첫 번째 탄핵 심판에서 트럼프에 반대 증언을 한 핵심 증인이 되었다. 그녀의 재능은 영국에서 발휘될 수가 없었다.

옥스퍼드대학을 비판하는 사람이나 옹호하는 사람 모두가 '엘리트주의elitist'라는 용어에 동의한다. 그러나 그 용어에는 서로 다른 두 가지 의미가 있다. 비판자들에게 '엘리트'는 세습 엘리트를 의미하지만, 옹호자들에게 엘리트는 능력 있는 엘리트를 의미한다. 사실 옥스

---

* 1413년 스코틀랜드 세인트앤드루스에 설립된 대학으로 영미권에서는 옥스퍼드대학(1096년), 케임브리지대학(1209년)에 이어 세 번째로 오래된 대학이다. 유명한 졸업생으로는 윌리엄 왕세자와 캐서런 미들턴 왕세자비가 있다.
** 가난한 탄광촌 광부의 아들인 '빌리 엘리엇'이 발레리노를 꿈꾸며 성장해가는 모습을 그린 영화. 1980년대 초반의 영국 북부 탄광촌에서 일어난 광부노조 파업과 같은 시대적 상황이 배경이 되었다.

퍼드에 들어간 거의 모든 사람은 특권과 능력이 다양한 비율로 뒤섞여 있다.

이것은 이튼 출신에게도 마찬가지다. 이튼의 사명은 단순히 콧대 높은 신사들을 양성하는 것이 아니다. 이튼의 사명은 지배계급을 길러내는 것이다. 1920년대, 알렉 더글러스 흄* 같은 이튼 졸업생은 당연한 권리처럼 옥스퍼드에 입학했고 3등급**의 하위 성적을 받았지만, 영국의 총리가 되었다. 이튼 출신으로 연이은 세 번째 총리였다.[14] 1900년에서 1979년까지 모든 내각 장관의 4분의 1가량이 이튼 출신이었다.[15]

그러나 제도가 바뀌자, 지배계급도 시험을 통과할 능력을 갖춘 공붓벌레가 되어야 했다. 이튼은 능력을 갖춘 공붓벌레를 양성하기 시작했다. 앤서니 샘프슨은 1982년 『영국 분석Anatomy of Britain』에서 이전에 이튼 출신들은 '자신감 있지만, 바보 같고 맹하다'라는 평을 받았는데, 1980년대 무렵에는 '자신감도 있고 명석하나 여전히 맹하다'고 인식되었다고 말했다. 앤드루 아도니스는 이튼이 '본래 귀족을 위한 중등교육 기관이었는데 재벌들의 사립학교'로 변모했으며, 여전히 '같은 부류의 아이들'로 채워져 있다고 설명한다.[16] 그들의 특권은 온전히 유지되었다. 그러나 대처 총리 시절에는 많은 사람이 능력만으로 출세했다고 주장할 만큼 자신감이 넘쳤다.

---

* 제66대 영국 총리(1963~1964, 보수당).
** 영국 대학의 학위 등급: 1등급(70/100 이상), 상2등급(60/100 이상), 하2등급(50/100 이상), 3등급(40/100 이상).

1980년대에 옥스퍼드에 입학했다면, 공부에 매여 사는 것은 권장되지 않았다. 이것은 오랜 전통이었다. 그레이엄 그린은 이렇게 회고했다. '한 학기 동안 거의 매일 밤 술에 취했고 깨자마자 바로 술을 마시기도 했다……. 일주일에 단 한 번 교수에게 에세이 수업을 들을 때만 맨정신이었다.'17 1959년 옥스퍼드에 '모습을 드러낸' 스티븐 호킹은 대학에 만연한 풍조를 발견했다.

상당히 불성실했다. 우리는 노력을 안 해도 두뇌가 명석한 사람이거나 아니면 한계를 받아들이고 낙제를 면할 정도의 점수를 받거나 둘 중 하나였다. 좋은 점수를 받기 위해 열심히 공부하는 사람은 회색분자로 간주되었는데, 이건 옥스퍼드 단어들 가운데 가장 모욕적이었다.18

잰 모리스●는 1970년대의 저술에서 '타고난 우월함effortless superiority'에 대한 옥스퍼드의 숭배를 찬양하면서 '이전의 여자대학들은 높은 비율의 최상위 성적을 자랑했지만 두뇌, 노력, 시험 성적에 대한 강조는 옥스퍼드의 특성과는 거리가 멀었다'라고 기술했다. 모리스는 '여성들의 확고한 지지를 받는 옥스퍼드의 새로운 기준은 (…) 게으른 천재보다 평범한 학생들에게 최상위 성적을 주는 것이다'라

● 1926~2020. 영국의 언론인, 작가, 탐험가. 옥스퍼드대학 크라이스트처치칼리지를 졸업했고,『처웰』의 편집장을 맡기도 했다.『타임스』기자로 활동하면서 1953년 세계 최초의 에베레스트 원정대에 참가하기도 했다. 1964년 여성으로 성전환했다. 여행 작가로 명성이 높다.

고 비판했다.[19]

호주계 프랑스인으로 훗날 프랑스 항공우주 기업인 사프란의 회장이 된 로스 매키니스는 1970년대에 파리의 고등학교를 졸업하고 옥스퍼드로 왔다. 그는 이렇게 언급했다. "옥스퍼드에 와서 제가 놀란 것은 학생들이 학업과 사교활동 그리고 정치활동을 쉽게 조율한다는 사실이었어요. 프랑스와는 많이 다른 점입니다. 만약 프랑스에서 (입학이 까다로운) 그랑제콜에 들어간다면, 죽어라 공부만 해야 합니다. 왜냐하면 학업 성적이 이후의 인생 경로를 결정짓기 때문입니다."

영국에서 대학은 열여덟 살부터 거의 감독받지 않고 기숙사에 사는 것을 의미했고, 학생 대부분의 주된 목표는 인생을 즐기고 평생의 우정을 쌓는 것이었다(향후 인적 네트워크로 활용할 수 있다). 보리스 존슨의 1983년 이튼 졸업 앨범에는 두 장의 스카프와 기관총 한 자루로 장식된 그의 사진과 함께 '나의 남자다운 성기에 더 많은 흉터'를 남기겠다고 다짐하는 문구가 있다.[20]

옥스퍼드를 이력서에 영원히 넣을 수 있다는 데 안도하며, 학생들은 이 환상적인 장소에서 3년을 즐기며 보낸다. 내가 아는 대부분의 학생은 자신을 성장시키고 친구를 사귀고 맥주를 마시며 스포츠를 즐기고 연인을 찾는 데 열정을 쏟아부었다. 내가 재학 중일 때 진행한 조사에 따르면, 학기 중에 학생들은 일주일에 평균 20시간을 공부했다. 일 년에 겨우 24주만 공부한다는 의미였다. 존슨의 대학 동창이자 첫째 부인인 알레그라 모스틴오언이 과장했을 수도 있지만, 어떤 인문학부 학생은 일주일에 4시간 공부한다는 기사를 쓰기도

했다.[21]

미국에서 온 대학원생 로사 에런라이크는 1991년 하버드를 졸업한 후 옥스퍼드에 왔다. 훗날 그녀는 이렇게 표현했다. '대학의 전반적인 기풍은 상당히 반反지성적이고 남성적이며 술에 찌들어 있었다. 가장 뛰어나고 매력적인 학부생들도 방에 틀어박혀 있거나 자기 방어 속에서 생각을 검열하고 또래들처럼 허세를 부렸다.'[22] 또한 옥스퍼드와 케임브리지에는 학문 수준을 끌어올리기 위한 어떠한 유인책도 없었다면서, 그것은 그들이 영국에서 가장 뛰어난 학생들을 거의 독점했기 때문이라고 지적했다.[23]

옥스퍼드의 고객층은 확실히 까다롭지 않았다. 1980년대 영국의 대학생들에게 등록금은 무료였고, 그들은 대학에서 실제로 얼마나 배웠는지와는 상관없이 이미 기득권을 획득했다. 그들은 앞으로의 인생에서 옥스퍼드에 대한 대중의 영원한 경외심으로 기득권을 누릴 것이고, 바닥에서부터 출발할 필요가 없었다. 미국 공화당 여론 분석가인 프랭크 런츠는 1980년대 옥스퍼드에서 박사과정을 밟으며 끔찍한 시간을 보냈다. 졸업하고 나서 옥스퍼드에 대한 불평을 털어놓자 같이 공부했던 친구가 이렇게 말했다. "잠자코 있어. 옥스퍼드는 수없이 많은 데로 널 데리고 갈 마법 같은 곳이야. 그러니까 불평하지 마."

옥스퍼드에서 열심히 공부하는 것도 원한다면 환영받았다. 많은 학생이 지독하게 공부했다. 그러나 1980년대와 1990년대에 이것은 의무가 아니었다. 옥스퍼드에서 다른 건 공부하지 않고 4년 내내 호메로스와 베르길리우스만 공부하는 고전문학 전공 학생들도 있었다.

1980년대 인문학부 학생들은 세미나에 거의 참석하지 않았다. 강의는 영화를 보러 가는 것과 같은 선택적인 오락이어서 소수의 인기 있는 교수만이 학생들을 끌었다. 보통 학생들의 학습은 일주일에 한두 번의 튜토리얼•이 전부였는데, 수업마다 주석을 달지 않는 짧은 과제를 내야 했다. '과제 위기essay crisis'의 공통된 학습 방법은 블랙커피나 각성제를 복용하며 밤을 지새우는 것인데, 멍하게 수업 시간을 보내고 교내 카페에서 회복하는 식이었다.

과제에 본인의 연구는 포함되지 않았다. 몇 권의 책 가운데 일부를 읽거나 최소한 두 권에서 일부는 읽어야 했고(정말 시간이 없다면 한 권), 그 주제에 관한 기존 논리가 모두 오류라는 확실하고 반反직관적인 근거를 제시하는 것이 이상적이었다.

학기말 시험 때는 '서브퍼스크subfusc'라는 어두운색 정장을 입고 3시간에 걸쳐 여러 장의 답안지를 썼다. 남자들은 나비넥타이, 여자들은 짧은 검정 치마를 착용했는데 마치 칵테일 바의 종업원 같았다. 침착한 표정의 학생들이 대학의 복장 검사관을 통과해 줄을 서서 학교로 들어간다.

도발적인 에세이 문체는 여자보다 남자들에게서 더 많이 나왔다. 일필휘지로 명쾌하게 글을 쓰는 학생들은 강한 확신이 없는 주제에 대해서도 논쟁할 수 있다. 때론 모든 문서를 다 읽고 복잡한 뉘앙스

• 학부 과정에서 진행되는 개별 수업 방식. 지도 교수와 1:1 또는 1:2로 진행된다.

까지 고민하는 진지한 학자들보다 더 나았다. 내가 옥스퍼드에서 흡수한 에세이 문체는 신문사의 칼럼니스트로서 경력을 쌓는 데 이상적인 준비 과정이 됐다. 『이코노미스트』를 읽다보면, 주간 기사들 일부가 짧고 도발적인 에세이여서 나만 그런 기사를 쓴 게 아니었음을 알게 됐다. 놀랍게도 내 안에도 옥스퍼드 보수당원 같은 모습이 꽤 있다는 것을 인정하게 됐다. 나는 얕은 지식으로도 글을 쓰고 이야기하며 밥을 벌어 먹고사는 방법을 옥스퍼드에서 너무 잘 배웠다.

자연계나 이공계 학생들은 보통 실험 수업과 전공 강의를 들으며 열심히 공부했다. 하지만 이들은 소수에 불과했다. 1980년대 초 옥스퍼드 학부생의 약 3분의 2는 인문학을 전공했다.[24]

한창때는 튜토리얼 시스템이 잘 운영되었다. 한 시간 동안 일대일로 뛰어난 사상가와 소크라테스식 문답을 하면서 정신을 단련했다. 옥스퍼드의 어느 고전문학 교수는 학생들 스스로 생각할 수 있도록 만들어 그들의 사고를 형성했던 가족과 학교의 '구속'으로부터 자유롭게 하는 것이 자기 임무라고 나에게 말한 적이 있다. 이런 일도 있었다. 내가 여전히 기억하고 있는 것 가운데 하나인데, 17세기 프랑스에서 루이 14세가 새로운 세금을 부과한 것에 대해 아무 생각 없이 중얼거리고 있을 때, '그렇다면 루이 14세가 정말 그렇게 했다고 생각하느냐?'고 교수가 물었다. 갑자기 나는 역사에서 일반적으로 영토를 통치하는 실질적인 문제들을 떠올리고자 했다. 루이 14세는 아마 전령을 말에 태워 보냈을 것이고 지방의 권력자들은 그의 칙령을 무시했거나, 혹은 칙령이 그들에게 전달되었더라도 일부만 시행했을 것이다.

똑똑하고 자기 주도적인 학생은 옥스퍼드에서 많은 것을 얻었다. 훗날 노동당 의원이 된 에드 볼스●의 지도 교수는 이렇게 회상했다. '그는 주제의 중요성을 이해할 뿐 아니라 어떻게 그것이 정책이 될 수 있는지 생각했다. 튜토리얼 후에 그가 자기 생각 속으로 몰입해 들어가는 것을 종종 느꼈다. 그는 X 이론에 대해 알고 싶어할 뿐만 아니라 사람들이 그 이론에 대해 무슨 생각을 하는지, 나아가 어떻게 적용할 수 있을지를 궁금해했다.'[25]

로빈 레인 폭스는 도미닉 커밍스에게 고대사를 가르쳤는데, 그가 알렉산더 대왕에서 레닌에 이르기까지 위대한 의사 결정자들에게 매료된 명석하고 성실한 학생이었다고 회고했다. '그는 3년 동안 학업 성적이나 성실성 두 가지 면에서 최고였다'라면서 커밍스는 '동급생 가운데 존슨보다 더 지적이고 최종 성적도 우수했다'라고 덧붙였다. 커밍스는 웅변술을 단련하느라 대학생활을 낭비하지 않았다. '나는 말주변이 없다'고 했는데, 이는 '멍청한' 토론을 하는 동료 정치인들에 대한 조롱으로 보인다.[26]

그러나 학업 면에서 보면, 우리 대부분은 옥스퍼드에서 별로 얻은 게 없다. 졸업시험을 준비하면서 내가 쓴 에세이를 다시 읽어봤는데, 너무 한심해서 교수님께 사과 편지라도 써야 할 판이었다. 튜토리얼은 보통 다음과 같은 방식으로 진행되었다. 숙취와 오만가지 일에 정

● 에드 볼스(1967~). 옥스퍼드 케블칼리지에서 철학·정치·경제 전공. 대학 졸업 후 『파이낸셜타임스』에서 경제 전문 기자로 근무하다 정계에 입문했다.

신이 팔린 열여덟 살의 학생이 한심하지만 어찌 보면 괜찮은 것 같은 자신의 에세이를 새벽 5시까지 읽는다. 교수가 부족한 지식을 채워준다. 한 시간 동안, 부족한 부분에 대해 자기 방식으로 이야기를 끌어간다.

어떤 교수가 프랑스 학자 롤랑 바르트가 말한 구조주의를 인용해 내 논리의 맹점을 지적했다. 나는 '바르트는 현실이 구조라고 생각했지만, 이후에 그는 세탁물 수거 차량에 치였습니다'라고 말했다. 내가 그에 대해 알고 있는 점은 이것뿐이었다. 나는 굉장히 웃긴 농담을 했다고 생각했다. 교수는 '그랬었지'라고 동의하면서 다음으로 넘어가자고 했다. 그는 내가 위탁 학생으로 간 칼리지의 교수였고 내 사고를 확장하는 것이 그의 우선순위는 아니었다. 마찬가지로 나의 우선순위도 아니었다.

허풍을 떨어 개별 수업을 때우는 것도 능력으로 여겨졌다. 『처웰』(옥스퍼드대학 신문)은 사이먼 스티븐스가 튜토리얼에서 임기응변이 가장 뛰어난 학생이라고 찬사한 적이 있다. 이런 일화도 있었다. '최근 수업에서 사이먼이 에세이의 거의 절반을 교수 앞에서 읽고 있었는데, 옆의 동료는 그가 빈 페이지를 읽고 있는 것을 발견했다.'[27]

물론 일반적으로 교수들은 임기응변에 능한 학생들이 어떤 짓을 꾸미는지 알고 있었다. 나중에 어떤 교수는 내게 이런 말을 했다. '어떤 학생이 허풍을 떠는지 알고 있냐고 묻지만, 그걸 신경 쓰는 게 귀찮을 뿐이야. 교수들은 너 같은 사람들을 많이 봤어. 학생 대부분이 너무 재미없어서 기억도 나지 않는다.'

만약 어떤 학생이 3년의 세월을 맥주만 마시며 허비한다 해도, 1980년대의 교수들은 그건 학생의 문제라고 느꼈다. 젊은 교수들은 자기 연구에 더 많은 투자를 하려고 했다. 일부 연배 있는 교수들은 허술했던 시절에 자리를 잡았기에 박사학위도 없었다. 학술지에 연구 논문 한 편 게재하지 않은 채 정년을 맞았고, 셰리주에 의지해 살았다. 술―학교에서 보조했기에 식당의 상석上席에 넘쳤고, 무료였다―은 1980년대 옥스브리지 교수들의 삶에서 제도화된 요소였다. 운송학 연구소의 마거릿 그리코는 케임브리지대학 교수인 남편이 적당하게 마시던 사람이었는데 부임 석 달 만에 거의 늘 술에 전 상태가 되었다고 말했다.[28]

간단히 말해, 1980년대의 많은 교수는 학생이 에세이를 쓰지 않거나 얕은 지식으로 아는 체하는 것에 전혀 신경 쓰지 않았다. 어쨌든 나중에 알게 된 사실인데, 얕은 지식으로 아는 체하는 것은 직장 생활을 하는 데 쓸모가 있었다―다시 말해 롤랑 바르트를 이해하는 것보다 훨씬 더 유용했다. 내가 졸업할 무렵 옥스퍼드는 교수 대 학생의 비율이 세계 최고였지만, 그럴듯한 언변으로 허세를 부리는 방법 외엔 아무것도 배울 게 없었다. 심지어 1987년부터 2003년까지 대학 총장을 지낸 로이 젱킨스조차 옥스퍼드에서 최악은 '허풍과 건방'임을 인정했다.[29]

옥스퍼드의 국제관계학 교수이고 현재 피렌체의 유럽 대학 연구소에 휴직 중인 칼립소 니콜라이디스는 이렇게 말한다.

만약 어떤 학생이 구조화된 논리로 한 주에 제대로 된 에세이 두 편을 쓸 수 있다면, 주제를 잘 몰라도 무난하게 넘어갈 수 있어요. 피상적으로 들리겠지만, 의사소통은 인생에서 유용합니다. 때론 간단명료하게 사람들을 확신시킬 필요가 있는데, 특히 정치에 입문하게 될 때죠. 옥스퍼드는 그걸 제공합니다.

하지만 그녀는 여기에 덧붙여 다음과 같이 말했다.

옥스퍼드가 추구하는 것은 그런 것만이 아닙니다. 만약 그런 곳이었다면 제가 왜 이 대학의 교수가 되려 했겠습니까? 만약 교수들에게 물어본다면, 그들은 이렇게 대답할 것입니다. '아니다, 우리의 이상과 책무는 가능한 한 깊이 있는 지식을 전달하는 것이다.' 이걸 활용할지는 학생들 자신에게 달려 있습니다.

일대일 튜토리얼은 교수들에게 많은 재량권을 부여했다. 특히 그들이 거주하는 학교 기숙사에서 가르칠 수 있었다. 내가 다닌 칼리지의 어느 교수는 학생들에게 자신의 생활을 공개하는 것으로 유명했는데, 영국정보부SIS에 몇몇 학생의 취업을 알선해주기도 했다. 1980년대 옥스퍼드의 일상처럼, 그의 습관은 약간의 웃음거리가 되었다. 내가 아는 또 다른 교수는 여학생들을 심하게 희롱했다. 학교가 조사를 벌였고 결국 그는 여학생과의 일대일 튜토리얼 수업을 할수 없었다.

당시는 정치적 올바름이 널리 퍼진 시기가 아니었다. 1985년, 옥스퍼드대학의 대부분의 칼리지에 여교수는 한 명만 있거나 아예 없었다.[30] 철학·정치·경제PPE(philosophy, politics and economics)를 전공했던 여자 동기 한 명이 나에게 이메일을 보냈다. '20세기의 철학자에 관한 어떤 수업도 없었고, 3년 동안 문과 내의 모든 수업 중 교수진이나 일련의 논문에서 언급된 여성은 단 한 명도 없었어!' 튜토리얼 수업에서 어느 교수는 그녀와 동료 학생이 어린 남학생이 아닌 점을 아쉬워했다. 그녀는 덧붙여 '그에게는 우리를 불안하게 하고 겁주려는 의도가 있었다. 그리고 그렇게 했다'라고 말했다.

1980년대의 옥스퍼드는 여전히 '남성들의 모임에 여성이 부속'된 것처럼 보였다.[31] 내가 재학 중일 때, 칼리지의 안마당에서 여학생을 성희롱한 남자 학부생들이 한 학기 동안 정학 처분을 당했다. 칼리지의 학부생 휴게실에서 회의할 때 여학생이 발언하려 하면, 남학생들이 '우리에게 네 가슴을 보여줘Get your tits out for the lads!'라고 연호하는 것이 관례였다. 한 시크교도 학생은 '머리에 수건을 뒤집어쓰고 다니냐'는 차별적인 태도(아무도 제기하지 않았던 문제)에 관해 목소리를 높였다. 동성애 차별도 당연하게 받아들여졌다. 이러한 전통에 대해 불평하면 유머 감각이 없는 것으로 치부되었다.

2. 계급 전쟁

사립학교 출신 학생들은 전체가 사립학교 출신으로 구성되지 않은,

심지어 앵글로색슨 계통도 아닌, 바닷가의 모래알만큼이나

다양한 사람의 세상 속으로 들어간다.

그들이 상상할 수 없는 미묘하고 풍요로운 세상이다.

— E. M. 포스터, 「영국인의 특성에 관한 논고」[1]

대학에서 노동계급은 경비와 잡역부(대부분 청소 아주머니) 같은 주로 학교 용역 직원들이다. 이들 가운데 일부는 10대부터 정년 때까지 한 학교에서 일했다. 그들의 서부 지역 말투는 가끔 놀림을 받았지만 친근했다. 1980년대에 옥스퍼드 지역은 쇠락하고 있었다. 1936년 옥스퍼드대학 인근의 도시 카울리는 세계에서 미국을 제외하면 가장 큰 자동차 공장을 두고 있었다.[2] 하지만 1980년대에 이러한 번영은 사라졌다. 옥스퍼드의 자동차 산업 일자리 수요는 1970년대의 2만5000개에서 1990년대 초 5000개로 줄었다.[3] 사실상 자동차 산업 일자리는 도시에서 새롭게 뜨고 있는 서비스 관련 업종으로 대체되었지만, 같은 사람으로 그 자리가 채워지지는 않았다. 1평방마

.

일 면적의 옥스퍼드대학에서 대량 해고는 소리 소문 없이 이뤄졌다.

일반적으로 영국 남부의 학생 조직이 영국 인구의 전체를 대표하지는 않는다. 내가 다녔던 칼리지의 유일한 아프리카계 카리브 출신 학생은 옥스퍼드의 아프리카계 카리브 학생에 관한 주제로 학부 논문을 썼다. 내가 그에게 '옥스퍼드대학에 아프리카계 카리브인 학생은 몇 퍼센트나 되니?'라고 물은 기억이 있는데, 그는 '몇 퍼센트? 6명밖에 안 돼'라고 말했다.

옥스퍼드 학부생들의 핵심적인 계급 구조는 둘로 나뉘었다. 바로 중산층과 상류층이다. 토비 영은 보리스 존슨의 여동생 레이철 존슨이 1988년에 편집한 신입생들의 에세이집 『옥스퍼드 신화Oxford Myth』의 한 장에서 이를 포착했다. 그의 상징과도 같은 의도적인 공격성으로, 그는 학부생들을 '사교계 인사socialites'(상류층을 의미한다)와 '흙수저stains'의 두 범주로 나누었다. 흙수저들은 '작고, 약간 일그러진' 모습으로 후드티를 착용하고 여드름이 난, 명문 학교 출신이 아닌 사람들을 일컬었고, '슬라우, 브랙넬, 밀턴킨스' 같은 지역 출신으로, '학교 정원을 이동식 텐트가 있는 자기 집 뒤뜰처럼 종종걸음으로 가로질러 다니는 사람들이다.'4

나는 어린 시절 대부분을 영국 바깥에서 보냈는데, 영국에서 계급과 성별을 분리해 교육하는 것에 충격을 받았다. 중산층의 학부생 대부분은 공립학교 출신(간혹 일부는 그래머스쿨 출신)이거나 사립 통학학교private day school● 출신이었다. 그렇지만 옥스퍼드 기준에서 이런 사람들은 자수성가한 집안으로 인정받을 수 있다. 여기서 토비 영은 그가 상류층의 벌링던 클럽의 회원인지에 관한 질문에 겸손하게 답변한다. '아닙니다. 저는 공립학교 출신이에요. 벌링던 회원Buller들은 저와 다른 부류입니다.'5 (사실 토비와 나는 햄스테드 히스** 부근에 있는 같은 학교에 다녔다.) 이와 유사하게, 2019년 도미닉 라브가 보수당 대표 경선에 나섰을 때, 거의 전체가 옥스퍼드 출신 남성들로 구성된 판에서 그가 두드러졌던 점은, 그가 숲이 우거진 버킹엄셔의 공립학교를 나왔다는 점이다. 그는 어느 인터뷰에서 유모가 없었다는 사실을 자랑했다('노!' 이건 좀 아니다).6 심지어 도미닉 커밍스(사립 더럼 출신)조차 두 명의 사립학교 출신 동료를 대신해 트위터에 반박하기도 했다. '만약 나와 고브, 존슨을 상류층이라고 생각한다면, 진짜 상류층이 뭔지를 모르는 것이다.'7 상류층의 기준은 좀더 높은데 있었다.

윤기가 좔좔 흐르는 옥스퍼드의 상류층들은 중산층과 소수의 노동계급 출신 학생들을 주눅 들게 했다. 앤드루 아도니스는 '1980년대에 옥스퍼드는 거대한 사립학교 같은 느낌이었는데, 여기에 우리 중 몇몇이 실수로 밀입국한 것 같았다'라고 회상했다.8 남루한 옷차림의 불안한 외부인들은 옥스퍼드에 도착해 자기 자신을 찾기 위해 애썼다. 갑자기 예복을 입고 식당에 줄을 서야 했고, 라틴어로 감사기도를 해야 했다. 1950년대에 노동계급 출신 학생인 데니스 포터가 그랬던 것처럼, 일부(특히 여학생들)는 가면 증후군***으로 힘들어했

• 기숙학교boarding school와 다른 유형으로 집에서 매일 통학하는 형태의 사립학교.
•• 런던 시내 북서부의 고지대에 위치한 햄스테드 인근의 공원. 중산층 거주지로 알려졌다.

는데, '수재들로 가득 찬' 옥스퍼드에 잘못 들어왔다고 확신하면서 두려워했다(데니스는 '약골들로 가득한 곳'이라고 결론 내렸다).9

2019년에 어느 교수는 여학생들이나 좋은 배경을 갖지 못한 학생들에게 그들이 옥스퍼드를 다닐 만큼 똑똑하다는 것을 계속해서 재확인시켜줄 필요가 있었다고 말했다. 반면에 그가 '제이컵 리스모그 일당'이라고 부른 학생들은 그들이 스스로 생각하는 것만큼 똑똑하지 않다는 사실을 계속해서 확인시켜줄 필요가 있었다.

중산층 학생들은 그리 걱정할 필요가 없었다. 영국의 기득권층은 급부상하는 외부 인재를 영입하기 위해 늘 주시하고 있었다. 옥스퍼드의 역할 가운데 하나가 항상 이런 사람들을 선발해 하인들을 거느리는 지배계급의 생활을 가르치는 것이었다. A. N. 윌슨은 그의 저서 『빅토리아 사람들The Victorians』에서 대륙(유럽)에서는 급부상한 중산층이 귀족들을 처형하거나 대체했지만, 영국에서는 '신사' 교육을 받은 중산층 스스로가 상류층의 말투와 사고방식을 익혔다고 했다. 이 시스템은 영국 사회 엘리트의 인재 기반을 확대했고 잠재적 혁명가들을 제거했다.10

또한 신입생들은 옥스퍼드에서 생활하는 동안 기득권층 생활 방식에 익숙해지도록 훈련을 받았다. 편모슬하의 중하류층 출신인 내 동기는 대학생활 초반 정찬에서 접시 옆의 많은 포크와 나이프 중 어떤 것을 써야 할지 모르는 곤란한 상황에 처했다. 다행히 식사를

●●● 자신이 성취한 업적이나 성공을 실력이 아닌 운으로 돌리고 스스로 과소평가하는 심리 상태.

주관하는 교수가 '이렇게 많은 수의 식기에 익숙하지 않은 사람들은 가장자리에서 안쪽 순서로 사용하면 된다'고 알려줬다. 이 친구는 그 식사 자리에서 그를 성공적인 기득권층의 경로로 안내해주는 또 다른 조언을 들었다. '후식으로 과일이 나오면 오렌지는 절대 먹지 마라. 과즙이 터질 수도 있다.' 월터 엘리스는 이들이 옥스브리지를 거치는 경험은 '부모님이 너희를 용서하셨으니, 네 갈 길을 가라. 이제부터는 죄를 짓지 마라●와 같은 두 번째 세례였다'라고 썼다.[11] 그러나 신분이 상승하면 때로 대가를 치러야 했다. 부모와 고향 그리고 어린 시절 친구들과의 영원한 이별이었다.

사립학교 출신들은 어릴 때부터 자신들이 밟아야 할 경로로 옥스퍼드를 그리 대수롭지 않게 여겼다. 내가 이들을 '사립학교 출신'이라고 부른 것은 이들에게 학교란 우리가 경험한 것보다 더 많은 것을 형성했던 경험이기 때문이다. 특히 기숙학교는 상류계급 형성에 일조하는데 그 안에서 보리스 존슨―자유분방한 상류층 자녀―과 같이 선택된 외부인들은 일곱 살 때부터 행동 규범과 말하는 방식을 배우기 시작했다. 리처드 비어드는 『가엾은 꼬마들Sad little Men』에서 '(기숙학교의) 경험은 공통의 사고방식을 형성하는 데 목적이 있다'라고 썼다.[12]

우리가 학교에서 친구들과 하루에 8시간을 함께 보내는 동안 사립학교에서는 24시간을 함께 보냈다. 우리는 대개 가정에서 양육되

● 「요한복음」 8장 11절.

었지만, 그들은 학교에서 정한 틀대로 양육되었다. 그들은 종종 별명으로 각인되었는데 사실상 본명을 대체했다. 존슨의 경우는 그 반대였다. 잘 모르는 사람들은 그를 별명인 보리스로 불렀지만, 친한 사람들은 본명인 알AI로 불렀다. 어떤 이름은 내부자용, 다른 이름은 외부자용이었는데, 상하로 (계층을) 구분하는 효과가 있었다.

상류층은 특히 이튼과 같은 '세습적인' 학교에 다녔는데, 학교 친구들 가문과의 인연은 몇 세대를 거슬러 올라간다. 캐머런과 같은 이튼 출신에게 학교는 늘 가장 강력한 인맥이었다. 그의 최측근 보좌관이나 정치적 동반자들은 옥스퍼드보다 이튼 출신이 더 많았다. 특히 총리 비서실장 에드 루엘린, 국무조정실 장관 올리버 레트윈 그리고 보리스 존슨의 동생인 총리실 정책위원회 의장 조 존슨이 이튼 출신이다. 나는 옥스퍼드가 캐머런보다 존슨, 고브, 해넌과 같은 인물에게 더 많은 영국의 권력을 만들어준 핵심 요인이라고 생각한다.

대부분의 사립학교 학생들은 거의 그들의 계급 안에서 성장한다. 보리스 존슨의 아버지인 스탠리 존슨은 옥스퍼드 입학 전에는 공립학교 출신을 만난 적이 없다고 말했다.[13] 보리스 존슨 자신도 이 계급의 사람들을 '느슨하게 짜인 중산층 대졸자들의 연합이며, 예외 없이 사립학교를 나와 똑같은 말투와 우월의식을 지니고 있고 같은 정당을 지지한다'라고 묘사했다('중산층'이라는 기만적인 용어를 쓴 것에 다시 한번 주목해야 한다). 존슨은 이런 사람들을 '정치적인 대화를 싫어하는 영국 중산층'이라고 했지만, 이들은 자연스럽게 정치 집단이 되었다.[14]

나는 일부 상류층 학생들이 중산층을 '흙수저'이자 '외지인' '평민'이라고 조롱하는 글을 읽은 적이 있다. 옥스퍼드 시절에 그런 용어를 들었는지는 기억나지 않지만, 아마 내가 상류층 학생들과 많은 시간을 보내지 않아서일 수도 있다. 영국 인구의 겨우 1퍼센트만이 기숙학교에 입학하지만,[15] 많은 상류층 학생은 옥스퍼드에 들어와서 자신들의 은밀한 세계 속으로 분리된다. 존슨과 같은 기숙학교 출신들은 대학에 입학했을 때 이미 수십 명의 친구를 알고 있었다. 옥스퍼드에 들어오면 이들의 인맥은 자동으로 움직이고, 미처 몰랐던 다른 상류층 사람들과 만나게 된다. 이들에게 다른 계급의 학생들은 필요 없다는 의미였는데, 매력적인 여성만큼은 예외였다(옥스퍼드대학 상류사회에서는 항상 여성이 부족했는데, 옥스브리지 과정을 거친 상류층 여성이 거의 없었기 때문이다).

리스모그는 내게 이렇게 말했다.

이튼에서 옥스퍼드로 진학하는 것의 장점은 옥스퍼드가 여러 면에서 익숙하다는 것이지. 우리는 집에서 떨어져 생활하는 게 익숙하지만, 너희는 그렇지 않을 거야. 나는 이게 장점이라고 생각해. 아름답고 고풍스러운 건물에서 공부하는 것이 나한텐 익숙하고 그런 곳에서 성장했으니 내 인생의 중요한 부분이기도 하지. 이런 건 옥스퍼드에서 생활하는 데 도움이 됐어.

1980년대에 상류층은 1945년에서 1979년까지 영국의 사회민주주의 시대에 빼앗겼던 자신감을 되찾았다. 이 시기에 영국은 초강대국의 지위를 잃었고 경제적으로도 많은 서유럽 국가에 따라잡혔던 반면, 이전보다 더 단결된 국가가 되었다. 옥스퍼드대학 지리학과 교수인 대니 돌링은 1979년 영국의 '소득 불평등은 이제껏 가장 낮은 수치였다'라고 썼다.[16] 그러나 이후 마거릿 대처가 정권을 잡으면서 불평등은 다시 심해졌다.

대처는 자신을 굳어진 계급에서 비롯된 재앙으로 인식했지만, 부자들과 사립학교의 든든한 후원자가 되었다. 그녀의 재임 기간에 특권층과 보수의 언어는 다시 빛을 봤다. 옥스퍼드에서 사라졌던 만찬도 부활했다. 1980년대 초부터 옥스퍼드 졸업생들의 사진을 촬영했던 청년 사진사 다피드 존스(그는 수십 년이 지난 후에도 런던의 유력 인사가 된 동일 인물들의 사진을 촬영했다)는 2020년에 이렇게 회고했다.

학생들이 더는 장발의 떠돌이 같은 옷차림을 하지 않았어요. 갑자기 정장과 검은 넥타이가 필수가 됐지요. 저는 이것을 1960~1970년대의 비난받던 스타일에 대한 패션 반작용의 일부라고 봅니다. 지금 생각해보니 마거릿 대처가 선거에서 승리한 후였고, 부자들은 감세 혜택을 누리며 자신감을 되찾기 시작했죠.[17]

1981년 그라나다 TV*는 에벌린 워의 「다시 찾은 브라이즈헤드 Brideshead Revisited」를 방영했다. 순수하고 연약한 옥스퍼드 대학생인 주인공 서배스천 플라이트는 치렁치렁한 금발에 나른한 매력을 풍기는 무뚝뚝한 이튼 출신이었다. (에벌린 위의 소설보다) TV 드라마가 1980년대 옥스퍼드의 분위기를 파악하는 데 도움이 된다. 드라마는 상류사회를 둘러싸고 있는 과거의 화려한 분위기를 잘 만들어냈다.

에벌린 위가 상상했던 1920년대의 옥스퍼드는 결코 존재한 적이 없지만, 이상하게도 1980년대 부유층 학생들의 모습이 있었다. 60년의 세월 사이에 대공황, 전쟁 그리고 사회민주주의가 있었다. 이제 원조 「브라이즈헤드」 세대 이후 처음으로 영국의 금수저들이 따분한 좌파 이념이나 복잡한 세계정세에 관한 걱정 없이 옥스퍼드에서 즐길 수 있었다. 1980년대는 정장을 차려입은 사람들이 슬론 스퀘어**에 넘쳐나는 시대였는데, 이는 실직한 노동자들의 마음을 상하게 했다. 「브라이즈헤드」는 상류층 사람들이나 그들을 추종하는 이들 사이에서 번성했다는 것을 제외하곤 펑크나 인디 음악, 축구의 훌리건에 비견되는 새로운 형태의 영국 청년 문화에 영감을 불어넣었다.

「브라이즈헤드」가 방영될 무렵, 『선데이타임스』 기자인 이언 잭은 신세대 학생들에 관한 특집 기사를 준비하며 옥스퍼드를 찾았다. 처칠의 손자인 학부생 루퍼트 솜스는 기자에게 이렇게 말했다. "아시다시피, 1960년대를 겪은 학생들은 세계가 잘못된 방향으로 가고 있으니 이를 위해 무언가를 할 수 있다고 생각했어요. 알고 보니 완전히

• 1956년 설립된 지상파 방송사. 주로 잉글랜드 북서부 지역에 송출되었고 현재는 ITV(영국 최대 민영 방송사)에 합병되었다.
•• 런던의 고급 주택가인 첼시 지역에 있는 세련되고 부유한 거리. 상류층의 중심지로 명성이 높으며 역사적으로 영국 사회의 엘리트들과 관련 있다.

잘못된 생각이었습니다. 지금 학생들은 스스로 너무 심각해지지 않으려 해요. 이건 너무나 매력적입니다."18

솜스는 이어서 설명했다.

우리 '무리'는 사립학교 친구들과 함께 옥스퍼드에 왔고 대부분이 일반 학생들보다 부유하고 유명한 부모님들을 두었습니다. 화려한 의상은 단순한 파티를 이벤트로 만들었는데, 먼 길을 운전해서 친구들과 노섬벌랜드의 본가에 가거나 모두가 옷을 차려입는 식이었어요. 우리는 파티에 주제를 넣었는데, 옥스퍼드에서 이런 주제는 때로 혐오스럽기도 했습니다.

"예를 들면 어떤 거죠?"라고 기자가 묻자, 솜스는 "온갖 종류의 클리토리스 같은 거죠"라고 답했다.

솜스는 "부자가 돼서 아름다운 여자와 사랑에 빠져 결혼하는 것"이 자기 꿈이라고 기자에게 말했다. 얼마만큼 벌고 싶냐고 묻자, "가능한 한 엄청나게 많이 벌고 싶어요"라고 답했다.

솜스의 '무리'에 속하지 않은 사람들조차 그런 이벤트에 동참하고 싶어했다. 훗날 보수 언론인이 된 제임스 델링폴은 상당히 평범한 버밍엄의 중산층 출신인데 옥스퍼드에서 보수 지주 계급처럼 옷을 입고 다녔다. 그는 "귀족 집안에 입양되길 바랐다"면서, 웃으며 당시를 회고했다.19 현재 러시아에 관한 책을 쓰고 있는 오언 매슈스는 이렇게 말했다.

그 매력은 주로 미적인 것이었어요. 의식적이든 무의식적이든 우리는 에벌린 위의 숭배와 모순이라는 묘한 조합을 따라 했습니다. 밝은 옷차림으로 여자들과 놀러 다니면서 오벌 담배를 피우는 게 멋있다고 생각했어요. 우리는 검은색 정장을 입고 서로를 연못에 빠뜨리면서 놀곤 했지요. 보트에서 트위드 정장에 구두를 신고 딸기를 먹으면서 잃어버린 세계 속 사람들처럼 놀았는데, 그중 인기 스타는 제이컵 리스모그였습니다. 마치 우리가 어린 시절에 알고 있었던 미학의 빈곤과 쇠퇴에 관한 해독제로 보였습니다. 저는 1970년대에 쓰레기가 널려 있는 동네에서 촛불을 켜놓고 저녁 식사를 하며 자랐던 것을 기억하고 있습니다.

그러나 1980년대의 사립학교 학생 대부분은 한 가지 결정적인 면에서 에벌린 위의 소설에 나오는 무기력한 서배스천 플라이트와는 달랐다. 이들은 대처 총리의 영국에서 성공하길 원했고, 부자나 유명인이 되고 싶어했다. 이들은 옥스퍼드에 입학했을 때 이미 지배계급의 말투, 수사학 기술 그리고 어떤 환경에서도 자신감을 잃지 않는 주류 세력의 능력(우리가 대학에 와서야 겨우 습득했던 자질들)을 갖추었다. 이튼과 윈체스터 같은 사립학교 출신 학생들의 집안은 이들의 성공을 기대하고 야망을 꺾지 않았다.

대부분의 아이는 가정에서 사랑을 듬뿍 받고 자라지만, 기숙학교 학생들은 학교에서 외모와 성적으로 평가받으며 성장한다. 이들에게 성공은 평생 걸치는 외투가 된다. 레이철 존슨이 그녀의 책에서

'정치'라는 제목을 붙인 보리스 존슨에 관한 장章은 이상ideals에 관한 것이 아니었다. 그것은 정치권력의 정점에 오르는 방법에 관한 것이었다.[20] 보리스 존슨은 옥스퍼드 시절을 떠올리며 이렇게 회고했다. '우리가 얼마나 몰인정하고 자기중심적이며 비호감이었던지…… 토비 영이 학교 신문(『처웰』)에 "나는 내가 아는 누구보다 더 열심히 공부하고 더 많은 것을 성취한다"라고 인터뷰한 기사를 읽고, 이런 지독한 성실함에 감탄하며 다들 낄낄거렸다.'[21]

대학 1학년이 끝나갈 무렵에 나는 상류사회를 엿볼 기회가 있었다. 옥스퍼드 친구가 자신이 졸업한 기숙학교의 입시 설명회에 나를 초대했다. 햄프셔에서 스톡포트를 거쳐 노섬벌랜드까지 영국 곳곳에 있는 대학 친구들의 집을 방문하는 여행이었다. 한번은 잉글랜드 남쪽 전원 지대 깊숙이 기차 여행을 하면서 친구가 졸업한 기숙학교의 전통 있는 건물에서 저녁 식사를 했다. 교장 선생 부부는 친구를 잘 알고 있었고, 옥스퍼드에서 어떻게 지내고 있는지 궁금해했다. 우리는 기숙사에서 열 명 정도 되는 학생들과 같이 잠을 잤고, 오전 7시에 종소리를 들으며 일어났다. 나는 학생들을 보면서 안쓰럽다는 생각이 들었다. 내 어린 시절에는 침실과 같은 나만의 사적인 공간이 있었고, 청소년 시기의 압박에서 벗어날 수 있는 집이 있었다.

나는 입시 설명회 기간에 학생과 졸업생들로 나뉘어 벌어진 크리켓 경기를 경기장 가장자리에서 넋을 놓고 바라봤다. 나와 비슷한 또래에 나처럼 크리켓을 광적으로 좋아하는 학생들이었지만, 기량 면에서는 나와 차원이 달랐다. 네트까지 둘러쳐진 경기장은 완벽했고 게다가 학생들은 전문 코치에게 매일 훈련을 받았다.

교장은 학부모와의 간담회에서 2년도 더 지난 1987년 노동당의 총선 패배를 고소해했다. 그는 사립학교들의 콧대를 꺾고자 했던 노동당을 현재 모든 사람의 적이자 그와 학부모들이 소중히 여기는 세상을 파괴하려는 악의 근원으로 여겼다. 교장은 일곱 살 또는 열한 살의 사립학교 학생들이 떠안게 된 특권은 관례이므로 당연하고, '사회주의자들'만이 이를 모조리 없애기 위해 헛된 꿈을 꾸고 있다고 강조했다. 나는 카스트가 존재하는 것을 느꼈다. 마르크스주의자들이 말했던 계급의 연대는 프롤레타리아 계급보다 이곳 상류층에서 더 견고했다.

30년도 더 지난 지금까지 내게 남아 있는 그때의 느낌 중 하나는 미적 즐거움이었다. 아름다운 전원 속에 있는 친구의 모교는 「브라이즈헤드」의 촬영 장소여도 손색없을 만한 곳이었다. 영국의 이런 목가적인 환경에서 사립학교 학생들은 성장했다. 학교에 가지 않을 때는, 대부분이 잉글랜드 남부의 전원주택에서 살았다. 이들이 사랑한 나라는 고풍스럽게 잘 보전되었거나 아니면 최소한 고풍스럽게 보이도록 빅토리아 시대 양식으로 다듬어진 것이었다.

고풍스러운 영국의 아름다움은 미학을 넘어섰다. 그것은 이들의 세계관의 핵심 이념이었다. 「다시 찾은 브라이즈헤드」의 주인공은 사실상 서배스천 플라이트가 아니라, 항상 현대화의 존재론적 위협 아래 놓여 있는, 영국의 고풍스러운 건물 브라이즈헤드 그 자체였다.

영국 인구의 극소수만이 그런 곳에 살지만, 에벌린 워에게 브라이즈헤드는 영국의 영혼이었다. 고풍스러운 영국식 건물은 범국가적인 사업의 요체가 되기도 한다. 보리스 존슨은 『텔레그래프』 칼럼니스트였던 시절 '만약 영국 역사에서 일부 고위층에게 엄청난 금전적 보상이 없었다면, 채츠워스나 롱리트 같은 건물은 없었을 것'이라는 이유를 들어 '역겹도록 부유한 사람들'을 옹호했다.[22]

건축물은 평민과 상류층을 구분하는 세습 재산의 가장 명백한 요소다. 데이비드 캐머런의 어린 시절 친구는 이렇게 이야기한다. "그 사람이야말로 진정한 영국 귀족입니다. 그가 지키고자 하는 진정한 영국은 평민들의 것과는 차이가 있어요."[23]

옥스퍼드의 보수당 지지자들이 추억에 잠겨 옥스퍼드 외곽―세계대전 이후 난개발된 지역으로 평범한 영국 시민들이 살고 있다―을 둘러보면, 충격적인 변화가 이들을 사로잡는다. 잰 모리스는 '옥스퍼드의 고대 유적지에 들어온 공장과 주택단지는 침입자 같은 느낌을 준다'라고 썼다.[24] 도시가 '무계획적인 기계·자동차 산업 단지'가 되었다며 존 베처먼은 툴툴거렸다. 그는 '옥스퍼드에 진입할 때 보는 최악의 광경'이라고 생각했다.[25] 옥스퍼드 교수였던 J. R. 톨킨●은 호빗 종족들의 이상향인 '샤이어'를 버밍엄 교외로 편입되기 전에 그가

●　영문학자이자 작가(1892~1973). 옥스퍼드대학 펨브로크칼리지의 영문학 교수로 재직 중일 때 『호빗』과 『반지의 제왕』을 집필했다.

성장했던 허름한 잉글랜드 중서부 지방 마을을 토대로 만들었다.26

킹즐리 에이미스●는 『그들의 옥스퍼드Their Oxford』에서 이렇게 불평했다.

시내 중심에 당도하려면 우회전하지 말고 좌회전하세요,

애빙던 가기 전 길목에서

건물들 사이를 돌아 지나가면,

파에야 식당, 미용실, 오디오 전문점

지금 새롭게 마주한……

지저분한 골목 끝의 낡은 호텔27

에이미스의 옥스퍼드 친구 필립 라킨은 나라 전체에 이런 비판을 가했다.

영국은 사라질 것이다,

그늘도, 목초지도, 길거리도,

길드홀과 조각으로 잘 다듬어진 합창석도.

책 속에 남겨질 것이다

● 영국의 작가(1922~1995). 옥스퍼드대학 세인트존스칼리지 졸업 후 첫 장편소설 『러키 짐Lucky Jim』 출간. 2008년 『타임스』가 선정한 '전후 가장 위대한 영국 작가 50인'에 아들인 마틴 에이미스와 함께 선정되었다.

모든 것은 갤러리에 남겨질 것이다

우리에게는 콘크리트와 타이어만 남을 것이다.[28]

로저 스크러턴은 '영국을 위한 조사弔辭'에서, '우리 부모님들이 헌신해왔던 옛날 영국은 고속도로 사이의 외딴 지역으로 사그라들었다'라고 썼다.[29] 2020년에 스크러턴이 사망하자, 보리스 존슨은 다우닝 총리 관저에서 트윗을 올렸다. '우리는 위대한 현대 보수주의 사상가를 잃었다.'[30]

스크러턴, 존슨, 캐머런 같은 보수주의자들은 '진정한 영국'을 과거 산업혁명 이전에서 찾았다. 그들은 1평방마일 면적의 옥스퍼드 중심에서 또 다른 모습을 찾아냈다. 학생 대부분이 생활하는 도시의 이 구역은 영국 명예혁명 이후로 하나도 변한 것이 없다. 잰 모리스는 옥스퍼드가 '폭격을 받거나 불에 탄 적이 없다'고 언급했다.[31] 그대로 보존된 것은 결코 우연이 아니었다. 영국의 권력자들은 그들의 모교에 대한 심정적 애착이 있었다. 1956년 크라이스트처치칼리지의 뒷동산을 통과하는 오래 묵힌 도로 건설 계획이 보수당 내각에 전달되었다. 피터 스노는 이렇게 썼다. '수에즈 위기가 고조되는 상황에서 내각은 도로 건설 계획안을 논의할 시간을 냈고, 예상대로(내각 장관 가운데 다섯 명이 크라이스트처치 출신이었다) 그 계획안은 연기되었다.'[32] 도로는 건설되지 않았다. 현재 크라이스트처치는 잘 보전된 고풍스러운 영국의 완벽한 표본으로 남았고 영화 「해리포터」의 배경으로도 활용되었다.

밤에 칼리지 안뜰에 서서 주위를 둘러보면 지금이 1988년인지 1688년인지 가늠할 수 없었다. 옥스퍼드는 런던에서 60마일의 거리에 있지만 실제로는 몇 세기나 떨어져 있는 느낌이었다. 무한함에는 지적으로 긍정적인 면이 있다. 옥스퍼드에서 현재는 지난 천년의 과거를 감출 수 없는, 덧없는 순간으로 느껴진다. 그런 자세는 현실의 걱정이나 유행에서 그저 삶을 관조할 뿐이다. 존 스튜어트 밀에 관한 수업은 전적으로 밀에 관한 것이지, 대처에 관한 논쟁이 아니었다.

다른 한편, 과거 속에 사는 것에는 부정적인 면도 있다. T. S. 엘리엇은 '옥스퍼드는 너무 아름답지만, 나는 죽어가는 것을 좋아하지 않는다'라고 말했다.[33] 『영국 분석』의 작가 앤서니 샘프슨은 옥스퍼드와 케임브리지의 '매력과 마법'으로 졸업생들이 과거에 집착하고, 사회구조는 영원불변하다는 인식을 갖게 되었다고 생각했다.[34] 영원한 천국인 옥스퍼드는 옥스퍼드대학 출신들이 『이상한 나라의 앨리스』● 『호빗』 『나니아 연대기』●● 같은 판타지 소설을 쓰는 데 영감을 주었고 1980년대 말부터 브렉시트의 씨앗을 품고 있었다.

● 루이스 캐럴이 1865년에 발표한 작품. 캐럴은 옥스퍼드대학 크라이스트처치칼리지를 졸업했다.
●● C. S. 루이스가 1950년에 발표한 작품. 루이스는 옥스퍼드대학 유니버시티칼리지를 졸업했다.

3. 얕은 지식

그래요, 제가 판사가 될 수도 있었겠지만, 라틴어는 절대 배울 수 없을 것
같았습니다. 판결을 위해 라틴어를 배울 것 같지도 않았습니다. 어려운
사법고시를 통과할 만한 실력도 없었습니다⋯⋯. 그래서 결국 광부가 되
었습니다. 석탄 캐는 광부죠. 광부 시험은 통과할 수 있었습니다
―그렇게 어렵지 않았거든요. 한 가지 질문만 받았습니다.
"당신은 누구입니까?" 그리고 75점을 받았습니다.
―피터 쿡, 1960년 초 코미디 풍자극 「비주류를 넘어서_Beyond the Fringe_」에서 광부 역[1]

옥스퍼드에서 공부한 현재 영국 엘리트들의 전공을 보면 뭔가 이
상한 점을 발견하게 된다. 영국에서 수학과 과학은 오랫동안 '상류층
에 맞지 않는non-U'● 전공이었다. 조지 오웰은 그의 기숙학교 시절을
이렇게 서술했다. "어떤 형태로든 과학은 배우지 않았다. 정말로 너
무 무관심해서 자연사에 관한 관심조차 꺾일 지경이었다."[2]
　가장 명백한 반증의 사례 속에서도 이러한 태도는 만연했다. 찰스

● non Upper class, 낸시 미퍼드가 만든 용어.

다윈은 슈루즈베리스쿨 시절에 관해 이렇게 썼다. '내 사고를 발전시키는 과정에서 버틀러 박사의 학교만큼 최악인 곳도 없었다. 엄격하게 고전문학만을 가르쳤는데, 약간의 고대 역사와 지리를 제외하곤 아무것도 배운 게 없었다.' 다윈은 선생님이 자연과학에 흥미를 보인 자신을 질책했다고 불평했다.3 1860년대 초 『종의 기원』이 출간된 직후, 슈루즈베리의 교장은 '자연과학은 교육의 기반이 될 수 없다'며 사립학교를 관장하는 클래런던 위원회●에서 말했다. 의회에서 이 문제를 논의했던 의원들 대부분도 여기에 동의했다.4

앨런 튜링도 셔번 학교에서 고전문학을 공부해야 했는데, 교장은 그의 부모에게 보내는 편지에 '그가 오로지 과학자가 되려 하는 것은, 사립학교에서 시간을 낭비하고 있는 것입니다'라고 썼다.5 스티븐 호킹은 옥스퍼드에서 물리를 전공했는데, 그가 다닌 칼리지에서 수학을 가르치지 않았기 때문이다.6 1980년대 옥스퍼드에서 과학을 전공하는 학생들은 '북쪽의 약사들Northern Chemists'(레이철 존슨의 책에 나오는 비유적 표현)7이라고 조롱당했다. 알레그라 모스틴오언은 약물에 관한 에세이에서 이를 우회적으로 폄하했다. '나이절은 그가 옥스퍼드에서 알고 있는 사람들, 즉 과학 전공 학생이 아닌, 눈에 보이는 사람 가운데 약 30퍼센트가 어떤 형태의 약물에 손을 댔다고 추정했다.'8 「브라이즈헤드」에 등장하는 찰스 라이더도 위층에 사는 그의 이웃을 '자연과학과 연관된 생쥐 같은 사람'이라고 무시하며 여

● 클래런던 경 지휘 아래 설립된, 9대 사립학교(윈체스터, 이튼, 웨스트민스터, 차터하우스, 해로, 럭비, 슈루즈베리, 세인트폴스, 마천트티러)의 교육을 관장하는 왕립 위원회.

기에 동조했다.[9]

영국은 세계 일류의 과학자, 공학자, 수학자들을 보유하고 있다. 하지만 달변의 정치인들이 앞장서서 떠들 때 그들은 연구실에 갇혀 있었다. 현대적인 옥스퍼드는 영국의 국정을 관장하는 정치인과 관료, 경제를 담당하는 변호사와 회계사 그리고 언론인들을 전문적으로 배출해왔다. 이런 사람들(나도 그들 가운데 한 명이다)은 일반적으로 16년 동안의 학창 시절에 과학과 수학을 건너뛰었고 오로지 경제학만 겉핥기식으로 배웠다. 2016년 의회 내에서 정치학을 전공한 의원의 숫자가 공학을 전공한 의원의 숫자보다 일곱 배나 많았다.[10] 숫자는 역사적으로 영국의 지배계급에게는 도전이었다. 더글러스 흄 영국 총리는 예산 심의 과정에서 성냥개비를 사용했다고 시인했다.[11] 이후에도 영국의 지도자들은 원자력 에너지, 기후변화, 코로나19와 같은 이슈에서 과학적 자문을 판단하는 데 어려움을 겪었다. 2010년 조지 오즈번은 옥스퍼드에서 역사학 학위를 취득한 것 말고는 대학 졸업 후에 경제나 경영에 관한 어떤 정규 교육도 받지 않은 채 재무장관이 되었다. 2010년대 후반까지 옥스퍼드에서 가장 많은 지원자가 몰린 학부 전공은 경제와 경영이었지만,[12] 오즈번의 대학 시절에는 그런 전공이 개설되지 않았다.

그 시절 옥스퍼드에서 관료 양성을 위한 핵심 전공은 철학, 정치, 경제였다. 3년의 학부 과정에서 수박 겉핥기식이 아닌 전공은 없었지만, 철학·정치·경제PPE 전공은 학생들의 시간을 세 과목으로 분산시켜 몇 배나 더 심각했다(학생 대부분이 1학년 이후에 한 과목은 포기했다). 철학·정치·경제를 전공했던 어떤 동창은 이렇게 말했다. '재무부에서 일하고 있지만, 전공 가운데 경제 부분은 너무 부족한 점이 많아 전혀 활용하지 못하고 있어.'

2016년 국민투표 이후에 브렉시트와 철학·정치·경제 전공을 연결 짓는 것은 흔한 일이었다. 예를 들면, 공립학교 출신으로 옥스퍼드에서 역사학을 전공했고 2017년 사임하기 전까지 유럽의회의 영국 상임대표였던 아이번 로저스는 브렉시트를 다음과 같이 파악했다. '다분히 영국 주류 계층 스타일의 혁명이며 어떤 계획이나 방침도 없는 철학·정치·경제 전공 수업 수준의 그럴듯한 헛소리가 대부분이다. 다른 사람들의 실제 현안을 그들보다 우리가 더 많이 이해한다는 식의 극도의 자신감을 보였다.' 그러나 이것은 잘못된 진단이었다. 사실 2016년 국민투표에서 철학·정치·경제를 전공한 의원의 95퍼센트가 유럽 잔류에 투표했다.[13] 여기에는 데이비드 캐머런, 제러미 헌트, 필립 해먼드, 맷 행콕, 리즈 트러스, 로리 스튜어트, 샘 지마, 데이미언 하인즈, 닉 볼스, 에드 밀리밴드,• 데이비드 밀리밴드,•• 에드 볼스, 이베트 쿠퍼,••• 레이철 리브스, 피터 맨덜슨이 포함되어 있다. 이들

• 1969년생. 2010~2015년 노동당 당수 역임. 옥스퍼드대학 코퍼스크리스티칼리지에서 철학·정치·경제를 전공했다. 아버지가 에릭 홉스봄과 함께 당대에 유명한 마르크스주의 사회학자였던 랠프 밀리밴드다. 폴란드계 유대인으로 제2차 세계대전 발발 후 나치의 박해를 피해 영국으로 이주했다.

•• 1965년생. 2007~2010년 고든 브라운 내각에서 외무부 장관을 역임했다. 에드 밀리밴드의 형이다. A 레벨 시험에서 BBBD(3과목 B와 1과목 D)를 받고 옥스퍼드대학 코퍼스크리스티칼리지에 입학했다.

••• 1969년생. 옥스퍼드대학 베일리얼칼리지에서 철학·정치·경제 전공. 2008~2009년 고든 브라운 내각에서 재무부 차관을 역임했다. 노동당 동료 의원인 에드 볼스와 1998년 결혼

대부분은 현대적 사고방식을 지닌 사람들로 국가 운영에 필요한 최신 지식을 얻기 위해 전공을 선택한 것으로 보인다. 철학·정치·경제 전공자들 가운데 드물게 유럽 탈퇴를 지지한 사람으로는 리시 수낵 그리고 1950년대 옥스퍼드대학 신문 『처웰』의 총무부장이었던 루퍼트 머독●이 있다(머독은 옥스퍼드 노동당 학생회장 선거에서 당선되었지만,14 제럴드 코프먼이 주도한 부정 선거 조사 이후 자리에서 물러났다).15

반면 2016년의 브렉시트를 주도했던 모든 옥스퍼드 출신 보수당원들은 고지식한 과목을 전공했다. 보리스 존슨은 고전문학, 리스모그와 해넌은 역사학 그리고 커밍스는 고대사와 현대사를 전공했다. 브렉시트 찬성 운동에 80만 파운드를 기부한 (그리고 그 후 국민투표 즈음에 영국 국채 하락에 투자하고 2022년 9월 블랙프라이데이에 국채 상승에 투자해 큰 수익을 남긴) 헤지펀드 매니저 크리스핀 오디는 역사와 경제학을 전공했다. 마이클 고브는 영문학을 전공했지만 주로 고전문학을 공부했다.

2016년 의원들 가운데 브렉시트를 지지하는 의원 대부분의 전공은 고전문학이었다. 하원에서 8명의 고전문학 전공자 가운데 6명이 유럽연합 탈퇴에 투표했다.16 고전문학은 사립학교에 특화된 과정이었고, 극소수의 공립학교에서만 라틴어와 그리스어를 가르쳤다. 레이철 존슨은 오빠인 보리스 존슨보다 한 해 뒤 옥스퍼드에서 고전문

했다.
● 1931년 호주 태생. 1952년 옥스퍼드대학 우스터칼리지 졸업 후 언론인으로 글로벌 미디어 제국을 구축. 타임스, 월스트리트저널, 폭스TV, 스카이UK를 소유한 뉴스코퍼레이션을 설립했다.

학을 전공했는데, 라틴어 몇 줄을 암송하면서 이렇게 회상했다. "모든 것을 기계적으로 외워서 머릿속에 남았고, 그래서 옥스퍼드에 들어갔다."[17] 그 무렵 동생 레오 존슨도 옥스퍼드에 입학해 존슨의 삼남매가 동시에 옥스퍼드에서 고전문학을 전공했다. 막냇동생 조 존슨은 1991년에 옥스퍼드에 입학했지만, 역사를 전공했다.

당시 상류층과 같은 특권층이라면 고전문학은 옥스퍼드에 입학하기에 가장 쉬운 주요 전공이었다. 보리스 존슨이 입학하기 2년 전인 1981년, 옥스퍼드에 지원하는 학생의 4분의 3이 고전문학을 택했다.[18] 그러나 모순적이게도 고전문학은 엄청난 명성을 지니고 있었다. 라틴어의 위상은 1960년까지 옥스퍼드와 케임브리지 입학을 위한 필수 조건으로 남아 있었다.[19] 라틴어를 배우는 데 전혀 관심이 없었던 [물리학자] 프랜시스 크릭은 위의 두 대학 입학시험에서 떨어졌다. 대신에 유니버시티칼리지런던UCL에 들어갔고[20] 이후에 공동으로 DNA 구조를 밝혀냈다.

옥스브리지의 신사적인 전통에서는 덜 실용적인 전공이 더 세련되어 보였다. 시인 루이스 맥니스는 이렇게 말했다.

여기에 있는 모든 사람이 이론의 여지가 없는 죽은 언어를
배울 특권을 갖지는 못했다.[21]

정확히 라틴어와 그리스어는 주로 사립학교에서 가르쳤기 때문에, 보리스 존슨이 대중 앞에서 『일리아드』를 낭송할 때 두 언어 모

두 지배계급을 상징하는 표지가 되었다(런던 시장 재임 시절, 보리스 존슨은 옥스퍼드 은사인 재스퍼 그리핀에게 연설에 쓸 고전 문구를 요청했다).[22] 리스모그는 훗날 '정말로 똑똑한 사람들이 배우는' 고전문학을 전공하지 않은 것을 후회했다.[23]

역사학자 콜린 슈로스브리는 '고전문학은 고대 중국에서 서예가 그랬던 것처럼 통치계급의 수를 제한하고 관리하는 수단으로 빅토리아 시대에도 동일한 사회적 기능을 수행했다'라고 설명했다.[24]

다행히 고대 그리스어나 라틴어 교과서가 많지 않아서 보리스 존슨처럼 옥스퍼드 입학 전에 예비학교에서부터 주요 과목으로 공부했던 사람들은 단지 A 레벨(영국 대학입학시험)을 위해 그리스어와 라틴어를 시작했던 동료 학생들보다 경쟁력이 있었고, 이는 대학에 와서도 마찬가지였다. 2학년 때 존슨은 고전문학 강의 계획서에 포함된 과목이지만 도서관에서 많은 시간을 보내야 하는 고대사를 포기했다.

고전문학 담당 교수였던 조너선 반스는 이렇게 회상했다. "아주 똑똑한 학생이라면, 일주일에 몇 시간쯤 할애하면 철학 과목은 어느 정도 따라갈 수 있습니다. 존슨은 일주일에 한 시간도 할애하지 않았는데, 그건 너무 부족했어요." 반스가 교과서의 번역을 그대로 베끼지 말라고 존슨을 야단쳤지만, 소문에 따르면 존슨은 "제가 너무 바빠서 실수를 바로잡을 시간이 없었습니다"라고 사과했다고 한다.[25] 에벌린 워는 「다시 찾은 브라이즈헤드」에서 "매력적인 사람들은 꼭 머리가 좋을 필요는 없다"라고 표현했다.[26] 존슨은 머리가 좋았고 자신이 너무 매력적이기에 두뇌를 전적으로 활용하는 것은 성가신 일임을 학교에서 이미 알아차렸다. 존슨이 졸업한 옥스퍼드대학 베일리얼칼리지의 교수인 앤서니 케니는 존슨이 졸업시험 전 "6주 동안 정말 열심히 공부했다"라고 훗날 말했는데, 존슨은 전공을 거의 4년 동안 느긋하게 복습하는 것쯤으로 여겼다.[27] 존슨은 능숙하게 글을 쓰기는 했지만, 최우수 등급을 받기에는 부족했다. 여동생 레이철은 막냇동생 조가 최우수 등급을 받았다는 '비보'를 나중에 오빠에게 전하는 것은 자기 몫이었다고 회상했다.

⚜

1980년대 옥스퍼드 역사학 교수진에서 핵심 인사는 노먼 스톤이었다. 파렴치한 성추행범[28]이라는 그의 평판도 1985년 그가 석좌교수가 되는 것을 막진 못했다. 그의 강의는 환상적으로 재미있었다. 오전 9시, 그는 숙취로 인해 비틀거리지 않게 양손으로 교탁을 잡고, 강의 노트도 없이 글래스고 말투로 쉬지 않고 한 시간 동안 즉흥적으로 유럽 역사를 강의했다. 그는 옥스퍼드가 편협하고, 관료적이며, 자유주의적이고 심지어 '마르크스주의적'이라고 생각했다. 그는 이렇게 말했다. "저는 도착한 그 순간부터 옥스퍼드가 싫었어요…… 마태복음의 성구를 인용하자면, '이 사람들은 태어나지 않았다면 더 좋았을 것이다'• …… 여기보다 불합리한 곳은 이제껏 없었습니다."[29]

옥스퍼드 동료 교수들은 그의 지적인 접근 방식이 "의견 일치를 봤으면 그대로 밀어붙여 부딪혀보는 것이었다"라고 회상했다. 스톤은 옥스퍼드에서 대처 총리의 몇몇 자문 교수 가운데 한 명이었는데, 때때로 총리의 고문처럼 행동했다. 그는 파괴적인 본능으로 존 메이저 총리와 같은 나약한 보수 온건파를 경멸했다. 그는 학생들에 대해 "꾀죄죄하고 산만하다"라고 했지만,[30] 보통은 펍에서 학부생들하고 쉽게 어울렸다. 나도 술 마시는 자리에서 그를 만난 기억이 있다. 정치적으로 오류가 많고 무모한 대처주의자이며 초기 유럽연합 탈퇴론자인 스톤은 역사에 관심이 많은 청년 보수당 지지자들에게 치명적인 매력을 발산했다. 소문에 따르면 도미닉 커밍스는 담당 교수가 항상 히틀러 같은 독단적인 의사 결정권자들의 역할을 무시하라고 한 말에 못마땅해하며 강의가 끝난 뒤 스톤을 찾아갔다. 스톤 역시 말도 안 되는 일이라고 맞장구치며, "내가 자네를 직접 가르치겠네"라고 말했고 실제로 그렇게 했다. 두 사람은 서로 영향을 주고받았다.

스톤의 또 다른 제자인 댄 해넌은 2019년 스톤의 추도식에 관해 글을 썼다.

나는 세인트 마틴 인 더 필즈에 수백 명의 보수 지식인(더 나은 약칭이 없어서) 사이에 앉아 있었다. 여기에는 여러 면에서 스톤을 후원해준 많은 보수당 동료와 의원, 명망 있는 작가와 학자 그리고 중부 유럽

• 「마태복음」 26장 24절.

의 반공주의 사상가들이 많이 참석했다.

유럽의회에서 출발해 시간에 맞춰 도착했다. 피터 릴리 그리고 1993년 영국독립당으로 이름을 바꾼 연합반대동맹을 1991년에 설립한 런던 정치경제대학의 역사학자인 앨런 스케드 사이에 앉게 되었다. 뒤이어 도미닉 커밍스가 임시방편으로 검정 패딩 조끼처럼 보이는 옷을 입고 천천히 걸어 들어왔다. 마이클 고브와 앤드루 로버츠는 추모사를 낭독하는 사람들 사이에 있었다. 일파一派 가운데 한 사람을 애도하기 위해 여기에 모였다는 것을 알 수 있었다.[31]

하지만 1980년대 옥스퍼드에서 유럽에 대한 스톤의 관심은 예외적이었다. 학부의 역사학 전공은 영국 역사가 아닌 잉글랜드 역사에 치중되어 있었기에, 옥스퍼드에서 30년간 영국 역사를 가르쳤던 어느 교수는 "잉글랜드 중심이었고 헌법에도 부합했다"라고 회고했다. 당시 강의 계획서도 훗날 옥스퍼드 교구의 주교가 된 윌리엄 스터브스가 1870년대에 작성한 것에서 전해 내려왔음을 알 수 있다. 전공 필수인 잉글랜드 역사 I, II, III은 로마 시대의 브리타니아에서 현대까지 다뤘다. 전공의 핵심은 의회였고 개혁법에 의해 지배계급은 점진적이고도 현명하게 선거권을 하류층까지 확대했다. 이 강의 계획서는 나머지 세계 전체를 '일반 역사general history'로 묶어버렸다.

이 분야에 정통한 어느 교수는 이렇게 말한다. "어떤 의미에서 보면 영국 과거의 이야기를 배운다는 느낌"이었고, "핵심 구조는 국제정치high-political였다. 마드라스에서 멜버른까지 펼쳐진 세계관의 중심지는 바로 웨스트민스터였다".

대부분의 옥스퍼드 졸업생처럼 옥스퍼드에서 역사를 전공했던 이들 다수도 2016년에 유럽연합 잔류에 투표한 것이 거의 확실하다. 그러나 사립학교 출신들은 상당히 특이한 출발점에서 역사학을 전공했다. 잉글랜드 중심, 웨스트민스터 중심의 전공은 그들에게 친밀감을 주었다. 이것은 단순히 잉글랜드의 역사가 아니었다. 지배계급의 역사였고 따라서 그들 가문의 역사였다. 오늘날 여성과 소수민족 사람들은 교과서에 자신들과 같은 부류의 사람이 나오지 않는다고 종종 불만을 터트리지만, 사립학교 출신들에게는 그 반대였다. 교과서에 나오는 거의 모든 사람이 그들과 같은 부류였다. 리스모그는 월폴, 필, 파머스틴(그들 모두 이튼 혹은 해로 그리고 옥스브리지 출신이다) 같은 영국 총리들에 대해 학습했다고 회상했다. 그는 내게 "몇 년 후의 나는 이런 모습일 거야'라는 생각은 하지 못했어. 그렇지만 정치 경력이 잠재적으로 흥미로운 일이 될 것이라는 확신은 들었지"라고 말했다.

그와 같은 소년들은 위인보다는 위대한 상류층의 역사관에 빠져들었다. 똑똑한 영국의 백인 사립학교 출신 소수가 지루한 현실의 걸림돌을 극복하고 더는 경영할 수 없을 때까지 세계를 지배한다는 것이 그들의 역사관이었다. 영국의 지배계급(카스트)은 기사계급이었는데, 수없이 많은 이국땅에 그들의 선조가 묻혀 있다. 사립학교 출신들에게 제2차 세계대전은 영광스러운 영국의 과거에 추가된 하나의 에피소드로, 보편적인 영국인이 가지고 있는 이야기의 중심은 아니었다. 일련의 전쟁은 상류층의 역사책 속에 명예로 자리 잡았다.

「브라이즈헤드」에서 찰스 라이더는 전쟁 경험이 없는 잉글랜드 중부 출신의 중하류층 청년인 동료 장교 후퍼와 자신을 이렇게 대비시킨다.

> 후퍼는 낭만이 없다…… 그가 배운 역사에 전투란 없다. 대신에 인도적인 법령이나 최근의 산업 변화에 관해서는 자세히 배웠다. 갈리폴리, 발라클라바, 퀘벡, 레판토, 배녹번, 론세발레스 그리고 마라톤 —이러한 전투들과 아서가 전사한 서부 전선 전투, 그리고 선명하고 강인했던 어린 시절과 함께 세월의 간극을 거쳐, 지치고 공허한 지금까지도 나를 부르는 거부할 수 없는 수많은 전투의 나팔 소리도 후퍼에게는 헛된 소리로 들렸다.[32]

제국의 역사 또한 상류층에게는 친숙했다. 결국 사립학교와 옥스브리지는, 가톨릭 사제이자 작가인 로널드 녹스의 표현처럼, '여기에서 놀이를 마치고…… 착한 소년처럼 밖으로 나가서 제국을 통치하는' 남자들을 교육해왔다.[33] 옥스퍼드 크라이스트처치칼리지 출신의 인도 총독만 16명에 달한다.[34] 세실 로즈는 옥스퍼드를 '제국의 활력의 원천'이라고 불렀다.[35]

1970~1980년대 사립학교 역사 수업에서 제국은 종종 남자다운 모험으로 표현됐다. 『뉴요커』의 문학 비평가인 제임스 우드는 이튼에서 보낸 학창 시절을 회상했는데, 보리스 존슨과 데이비드 캐머런이

그의 동창이었다.

1학년생들은 주로 고전문학을 전공한 일반 교사들에게 수업을 받았는데, 그들에게 영어, 라틴어 그리고 역사를 배웠습니다. 역사 수업에서 잰 모리스의 대영제국의 흥망성쇠에 관한 3부작● 가운데 제1권 『천상의 명령Heaven's Command』과 함께 다른 두 권의 요약본도 받았습니다.

3부작은 피와 흙먼지가 가득한 제국의 거대한 모험에 관한 낭만적이고도 멋진 이야기입니다. 제2차 세계대전 기간에 제9여왕 창기병 연대에서 제임스 모리스의 이름으로 복무했던 모리스는 군사 작전에서의 숭고한 패배와 잔혹한 승리를 맛깔나게 묘사하고 있습니다. 열세 살 소년들에게 꿈을 심어주기에 좋은 책이었지요.

우드는 모리스의 3부작 마지막 장에서 언급된 1965년 런던에서 열린 처칠의 장례식에 관한 글을 인용한다. "마지막으로 전 세계가 대영제국의 위용을 지켜봤다. 100여 개국의 대표단이 여기에 모습을 드러냈고, 그중 20개국은 바로 이 수도의 지배를 받았다." 우드는 다음과 같이 언급했다.

열세 살에 이런 글들을 읽었는데, 결코 잊을 수 없었어요. 정치 선전

●　팍스 브리타니카Pax Britannica.

은 유연한 힘을 가집니다. 역사는 1965년에 종말을 맞았어요. 얼마나 멋진 문장이고 멋진 생각인가요! 제가 읽은 글들을 데이비드 캐머런도 읽었습니다. 그리고 확실히, 제이컵 리스모그도 읽었어요. 그는 자신의 신작 『빅토리아 시대: 영국을 세운 12명의 거인The Victorians: Twelve Titans Who Forged Britain』의 감사의 글에서 인내심 많은 아내와 자애로운 유모에게 감사를 전하며, '잰 모리스의 『천상의 명령』이 역사에 대한 흥미를 불러일으켰다'면서, 병적인 제국주의의 향수에 관해 세 번이나 언급했습니다.

만약 당신이 리스모그나 보리스 존슨의 청소년 시절을 겪었다면, 위대한 지배계급의 이야기에 흠뻑 빠져들었을 것이다. 그들은 이런 역사 인식을 머릿속에 영원히 간직했다. 우드는 리스모그의 『빅토리아 시대』가 원래 이튼에서 반성문으로 쓰인 에세이를 재활용한 모음집 같다고 했고, 보리스 존슨의 처칠 전기傳記●도 1965년 처칠의 장례식에 대한 모리스와 같은 해설로 '사실상 마무리했다'고 언급했다.36

자신들의 역사와 우호적인 관계를 지닌 나라는 아마 없을 것이다. 그러나 보수당은 역사와 우호적인 관계를 맺고 있는 수호자라고 자칭한다. 사립학교 출신의 보수당원들은 선조들을 숭배하며 성장했는데, 그럴 만도 했다. 제국의 잔혹함을 은근슬쩍 넘기려는 이들에게,

● 2018년 4월 한국어판 『처칠 팩터The Churchill Factor』로 출간되었다.

소수의 이들 계급(카스트)이 이룬 업적은 숨이 멎을 만큼 놀라웠다. 대략 1860년과 1960년 사이에, 사립학교나 옥스브리지를 나왔다든가 아니면 둘 다를 나온 영국 남성들이 근현대를 지배하고 역사를 썼다. 이들이 지구의 4분의 1을 통치했고 두 차례의 세계대전을 승리로 이끌었다. 이들은 『이상한 나라의 앨리스』 『피터 팬』 『셜록 홈스』 『위니 더 푸』, 버티 우스터, 제임스 본드, 『정글북』과 『1984』를 만들어냈다. 이들은 원자를 분리했고 진화론, 텔레비전을 발견·발명했으며 DNA 구조를 밝혀냈다. 컴퓨터와 원자폭탄 개발에 일조했고[37] 세계 최초로 옥스퍼드의 한 경찰관에게 페니실린을 투여했다(약물 공급이 끊긴 뒤 그는 사망했다). 케인스주의와 다수의 현대 스포츠를 세계에 선사했다. 베이징 올림픽 폐막식에 런던 시장으로 참석한 보리스 존슨의 과장된 영국 예외주의의 연설을 떠올려보자.

사실 모든 국제 스포츠 경기가 영국인에 의해 만들어지거나 체계화됐습니다. 그리고 탁구ping pong에서 탁월한 실력을 지닌 주최자인 중국인들에게 정중하게 이야기합니다. 탁구는 19세기 영국의 식탁에서 고안되었고 이를 위프와프wiff waff라고 불렀습니다. 우리와 나머지 세계 사이에는 본질적인 차이가 있다고 생각합니다. 다른 나라들, 특히 프랑스는 식탁을 보면서 저녁 식사를 즐길 수 있겠다고 생각했지만, 우리는 식탁을 보면서 위프와프(탁구) 놀이를 할 수 있겠다고 생각했습니다.[38]

이 계급이 이룬 업적의 목록은 끝없이 펼쳐진다. 매년 겨울 1920년대 복장으로 스키를 타는 영국 상류층 모임을 취재하러 알프스산맥의 어느 봉우리에 올라간 적이 있다. 내가 취재 수첩에 흘려 쓰고 있는데, 한 상류층 여성이 어깨너머로 쳐다보더니 살며시 말을 꺼냈다. "속기법으로 적고 계시네요? 제 고조부께서 속기법을 고안하셨어요." 내가 "고조부님 성함이 어떻게 되나요?"라고 묻자, 그녀는 "피트먼입니다"라고 답했다. 나는 피트먼 속기법으로 쓰고 있었다.

만약 1960년대나 1970년대에 지배계급에서 태어났다면, 현대성은 쇠퇴한 것처럼 느껴질 수 있다. 아버지와 할아버지는 세상을 경영했는데, 자신은 여기의 유럽경제공동체EEC 내의 아등바등하는 중간 규모의 외딴 국가에서 성장하고 있기 때문이다. 채식성, 유순함, 낮은 영향력, 브뤼셀 체제하의 탈제국주의의 화신인 영국은 포클랜드 전쟁 이외에 영광스러운 순간을 맞은 적이 없었다. 1984년에서 1987년까지 옥스퍼드에서 수학한 미국 여론 분석가인 프랭크 런츠는 2021년 내게 이런 이야기를 했다. "지금 미국이 겪고 있는 것은 내가 영국에 있었을 때 영국이 겪고 있었던 거예요. 우리는 정점에 있었죠."

존슨의 세대는 늦게 태어난 것을 아쉬워했다. 런츠의 동료인 미국인 로사 에런라이크는 1990년대 초의 옥스퍼드를 이렇게 진단했다.

그들은 가난한 섬나라에서 태어났지만, 여전히 과거의 영광을 강하게 인식하고 있었다. 존 메이저 총리에 의해 생겨난 치욕스러운 현재와

불확실한 미래를 바로잡는다고 말했다.

그들이 뽀로통할 만도 하다. 열심히 일할 가치가 없는 것도 당연하다. 그들이 저녁 사교 모임, 럭비, 빅토리아 시대의 학문적 전통으로 과거의 확실성을 재현하고자 하는 것도 어쩌면 당연해 보인다.[39]

1980년대의 많은 사립학교 출신은 이런 감정을 과거의 영광에 대한 과장된 향수로 변모시켰다. 보리스 존슨은 외무부 장관으로 미얀마의 수도 양곤의 황금탑(쉐다곤 파고다)을 방문했을 때, 키플링의 시 「만달레이」를 낭송하기 시작했다. "돌아와주세요. 영국 군인이여……." 미얀마 주재 영국 대사는 이건 적절치 못한 말이라고 슬쩍 조언해야 했다.[40]

4. 룰 브레이커

볼린저the Bollinger는 전통 있는 클럽이다. 클럽의 과거 구성원 가운데
통치 군주들도 있었다. 3년 전 마지막 만찬에서 샴페인 병을 던져 우리에
갇힌 여우 한 마리를 죽였다. 얼마나 멋진 저녁인가!

― 에벌린 워, 『쇠락과 몰락Decline and Fall』(1928)

1980년대 옥스퍼드에서 가장 유명한 사진은 아마 1987년 크라이
스트처치칼리지의 톰 쿼드 광장 계단에서 촬영된 데이비드 캐머런,
보리스 존슨 그리고 다른 여덟 명의 단체 사진일 것이다. 토비 영은
이들이 입고 있던 벌링던 클럽의 연미복과 파란 나비넥타이, 그리고
겨자색 조끼를 '지배계급의 유니폼'이라고 불렀다.

열 명 가운데 아무도 웃고 있지 않다. 아마 누군가가 그러지 말라
고 했을 것이다. 레이철 존슨은 '25년 안에 나라를 운영하겠다는 포
부를 지닌 사립학교 출신 상류층 학생들의 단체 사진'을 외부인이
볼 수 있게 되었다고 언급했다.[1] 이 사진은 지배계급의 이미지로 악
명이 높아서 결국 사진 제작 업체인 길먼 앤 솜●은 사진 게재를 철
회했다.[2] 전하는 바에 따르면 노동당은 이 사진을 선거 포스터로 활

용하려고 계획했었다.3

조지 오즈번, 조 존슨 그리고 폴란드의 전前 외무부 장관인 라데크 시코르스키도 벌링던 클럽의 동문이다.4 로리 스튜어트**는 저녁 모임에 참석했으나 클럽이 그에게 맞지 않는다고 판단했다.5 사실 나는 사립학교 출신들의 그런 배타적인 클럽이 있다는 것을 옥스퍼드를 졸업한 뒤에도 한동안 몰랐다. 벌링던 회원들이 누군가의 회원 가입을 거절했다는 사실도 몰랐다(하지만 클럽이 어떤 이들에게는 배타적이지 않는데, 다이애나 왕세자비의 동생이자 보리스 존슨의 막역한 친구인 찰스 스펜서는 회원으로 선출되었지만 본인이 거절했다).6

벌링던 클럽은 대놓고 반反능력주의를 표방했다. 거의 모든 회원이 사회적 배경이나 성별에 근거해 뽑혔는데, 특권의식을 공개적으로 드러내는 행동으로 유명했다. 클럽 회원들은 무리 지어 다니면서 식당이나 신입 회원의 방을 약탈하며 길거리에서 술병을 깨고,7 접대부를 희롱하며 하류층 사람들의 바지를 벗기는 장난을 일삼았다. 그들은 '서민plebs' 피해자들에게 돈으로 때우는 식의 모욕을 주었다. '우리 계급에 규칙은 적용되지 않는다'라는 메시지였다. 어쨌거나 벌링던 회원들은 규칙을 만드는 이들이었다. 그래서 이튼은 상대적으로 아래에 있는 사립학교들보다 '규칙 위반'에 대해 좀더 관대했다. 한 가지 사례를 들자면, 1980년대에 학교들이 대마초를 피운 학생들을 종종 퇴학시켰던 반면, 이튼은 열다섯 살의 데이비드 캐머런에게

• 1856년에 설립된 학생 사진(졸업, 단체) 촬영 전문 업체.
•• 테리사 메이 내각에서 국제개발 장관 역임(2019).

겨우 일주일의 정학 처분만 내렸다.[8]

1987년 어느 날 저녁, 벌링던 클럽의 회원 중 누군가가 식당 밖 창문으로 화분을 던져 몇 명이 체포되었다. 보리스 존슨은 훗날 이렇게 이야기했다. "파티가 끝나자 우리 대부분은 식물원의 울타리를 네발로 기어서 통과해 경찰견들을 피해 도망가려 했어요. 결국 유치장에 갇혔는데, 애처롭고 불쌍했죠."[9] 이때 체포되었던 한 회원은 훗날 존슨이 카울리 경찰서에 하룻밤 갇혀 있었다는 것은 허위 주장이라고 밝혔다. 또한 그날 밤 세 명은 체포되지 않았는데, 그들은 존슨, 캐머런(옆길로 도망쳤다) 그리고 이튼 동기인, 현재 제4대 올트링엄 남작 서배스천 그리그였다. 만취 상태에서도 이 삼총사는 자신들의 이력서를 생각하고 있었다. 10년이 흐른 1997년 총선에서 이들 세 명이 나란히 하원의원 후보로 등장했다. 익명의 한 클럽 회원은 2010년 『파이낸셜타임스』와의 인터뷰에서 이렇게 말했다. "우리는 항상 우리가 나라를 운영할 것이라고 생각했어요. 물론 때가 되면 우리 가운데 누군가가 보수당의 지도자가 될 것인가에 대해서도 이야기했습니다."[10] 어쨌든 체포된 이들은 이튿날 누구도 기소되지 않은 채 풀려났다.[11] 벌링던 회원들은 젊은 시절의 범죄 사실로 인해 경력상의 어떤 불이익도 받지 않았다. 『처웰』의 편집장으로 옥스퍼드에서 존슨을 알고 지냈던 앤 매켈보이는 이렇게 덧붙였다. "서로에게 꽤 불쾌하거나 타협할 만한 일이 있지만, 벌링던에서 함께 상처를 겪었기에 유대감이 형성됐다." 데이비드 캐머런은 총리 사임 이후 회고록에서 "벌링던은 정치 인생 내내 여전히 나를 따라다닌다"라고 썼다. 그는 "과도하게 자신만만한 '특권층 자식들'의 널리 퍼진 사진을 지금 다시 바라보자니 민망하다"면서 "ITV의 「다시 찾은 브라이즈헤드」 재방송 이후 우리 가운데 에벌린 워처럼 옥스퍼드의 존재에 관해 환상을 가진 사람이 꽤 많이 있었다"라며 이해 차원에서 덧붙였다.[12] 존슨은 본인이 클럽 회원이었던 것이 "부끄러웠다"고 이야기한 적이 있는데, 벌링던 클럽을 "거의 초인超人처럼 행동하는 어리석고 거만한 상류층 학생들의 정말로 부끄러운 일화"로 기억했다.[13] 하지만 그는 "그때는 거들먹거리고 돌아다니는 것이 멋지다고 여겨졌다"라고 덧붙이기도 했다.[14]

역설적으로 그는 벌링던 클럽에서나 다른 모든 일상에서나 별 차이가 없었다. 2013년에 런던 시장으로서 중국을 방문했을 때, 베이징 시장인 왕안순은 옥스퍼드 유학생활을 회상하며, "매일 저녁 연회가 열렸고 마지막에는 다 함께 노래를 불렀습니다. 정말로 행복한 시간이었습니다"라고 말했다. 존슨은 벌링던 시절을 바로 떠올리며, "재무장관과 저도 마찬가지였습니다"라고 대답했다. 같은 주週에 조지 오즈번도 중국을 방문 중이었는데 비록 동행은 아니지만 동시에 두 명의 벌링던 회원이 영국을 대표해서 중국을 방문하게 된 것이었다.[15]

상류층 남성으로만 이루어진 사실상의 인맥사회가 미래 권력의 요람으로 보이는 것은 당연했다. 확실히 벌링던 클럽은 학창 시절부터 맺어진 인연을 다져주는 역할을 했다. 하지만 옥스퍼드 보수당 지지자들의 대학생활에서는 상당히 지엽적인 부분이었다. 존슨은 술로 자제력을 잃는 것을 좋아하지 않았고,[16] 신중한 성격의 캐머런은 선천적으로 남의 감정을 상하게 하지 않는 유형이기 때문에 합류한 것으로 보인다.

캐머런은 옥스퍼드 보수당 지지자들 사이에서 특이하게, 대학 시절에 인맥을 쌓는 데 거의 시간을 쓰지 않았다. 캐머런의 동창인 레이철 존슨은 "이상하게 들리겠지만, 모임에서 그를 만난 적이 한 번도 없다"라고 말했다. 캐머런은 최우수 성적을 받았고, TV 프로그램 「네이버」와 「고잉 포 골드Going for Gold」에 출연하기도 했다.[17] 여자친구들을 사귀기도 했으며 처음으로 중산층 사람들을 만났고 저녁 모임을 즐겼다. 1987년에 대처가 선거에서 승리하자 그의 집에서 축하 파티를 열었는데,[18] 학생 정치로 이력서에 광을 내려는 저속한 짓 따위는 하지 않았다. 그는 이렇게 회상했다.

> 저는 (모임에) 거의 참석하지 않았습니다. 정치에 점점 매력을 느끼고 있었지만 어떤 이유에서인지 그렇게 행동하고 싶진 않았어요. 옥스퍼드 유니언에 몇 번 나갔는데, 여기서 이미 재미있는 연설가로 알려진 보리스 존슨 같은 유명인들과 닉 로빈슨 같은 토론의 달인들도 봤습니다. 로빈슨은 나중에 BBC 보도국장이 되었더군요.[19]

캐머런은 나중에라도 충분히 따라잡을 수 있다고 생각했다. 어쨌든 그는 여왕과 먼 친척뻘*이었고 그의 아버지는 상류층 클럽 화이트스White's(벌링던 클럽의 성인 버전)의 회장이었다. 그의 사촌 퍼디낸드 마운트는 대처 총리의 정무수석이었다. 보수당에서 캐머런의 정치적 미래는 보장되었다.

옥스퍼드에서 인맥 쌓기는 존슨처럼 벼락출세한 집안에서나 하는 일이었다. 존슨의 아버지는 서번의 이름 없는 기숙학교에 다녔다. 성공한 중상류층과 인정받은 소수의 하류층이 세습 귀족의 중심부로 편입되었는데, 존슨은 영국의 지배계급을 구성하고 있는 연합의 사례다.

존슨은 벌링던 클럽보다 더 중요한 무대에서 정치 경력을 쌓아야 한다고 느꼈다. 바로 옥스퍼드 유니언이었다. "이렇게 많은 사람이 정치인이 되는 방법을 배우는 곳은 아마 지구상에 없을 것이다." 잰 모리스는 예리하게 지적했다.[20]

- 캐머런은 외가 쪽으로 윌리엄 4세(1766~1837)의 후손이다.

5. 아이들의 의회, 옥스퍼드 유니언

옥스퍼드 유니언은 우리 나라 역사에서 특별한 위치를 차지한다.

―해럴드 맥밀런[•1]

『처웰』은 늘 옥스퍼드 유니언에 관한 글을 썼다. 1823년 콘마켓 거리 뒤편에 근거지를 마련하고 세워진 토론 클럽인 옥스퍼드 유니언은 일종의 작은 의회였다. 런던의 의회를 본떠 회원 클럽에는 독서실, 집필실, 바가 갖춰져 있었고 정원을 가로질러 유럽에서 가장 큰 토론 전용 공간이 있었다.[2] 옥스퍼드 유니언은 윌리엄 헤이그[••]와 테리사 메이[•••] 같은 중산층 출신 10대들이 상류층으로 착각하게 만드는 옥스퍼드대학 기구 중 하나였다. 유니언 임원들은 하얀색 타이를, 연

• 제65대 영국 총리(1957~1963).
•• 1961년생. 옥스퍼드 모들린칼리지에서 철학·정치·경제를 전공했다. 재학 시절 옥스퍼드대학 보수연맹 회장과 옥스퍼드 유니언 회장을 지냈으며 1997년 36세의 나이에 보수당 대표로 선출됐다. 2010년 캐머런 내각에서 외무부 장관을 역임했다(2010~2014).
••• 제76대 영국 총리(2016~2019).

설자들은 검은색 타이를 매고 모두가 서로를 '존경하는 의원님'이라고 불렀다. 벽 주변으로 유니언 출신과 전임 총리들의 흉상이 줄지어 있었다. 열아홉 살의 학생들이 초청받은 예순 살의 내각 장관들과 토론을 벌였고 장관들처럼 앞 좌석에 기대어 앉았다. 크리스토퍼 홀리스는 1965년에 쓴 책에서 옥스퍼드 유니언을 "1964년이라기보다는 차라리 1864년 의회의 복사판 같다"라고 묘사했다.[3]

1980년대까지 변한 것은 그리 많지 않았다. 나는 회원이 아니었지만, 이따금 『처웰』의 취재 허가증을 통해 토론장에 들어갔다. 젊은 시절의 베냐민 네타냐후가 야유하는 사람들을 침묵시킨 것도 기억난다. 됭케르크 철수 50주년 기념행사에서 전임 총리인 에드워드 히스•는 독일의 침공이 임박했을 무렵인 1940년의 옥스퍼드를 떠올렸다. 그는 '히틀러에게 네 뺨 모두를 바로 내줬다'며 네빌 체임벌린 총리를 비판한 뒤인 1938년 11월 옥스퍼드 유니언 회장으로 선출되었다.[4]

유니언의 또 다른 매력은 바였다. 토론이 끝난 뒤에도 이른 아침까지, 공손한 지역 경찰이 개입할 때까지 문을 열었는데, 1980년대 영국에서는 거의 기적 같은 일이었다. 1980년대 중반까지 유니언의 재즈 클럽 내에 코미디 클럽이 있었는데, 여기서 아르만도 이아누치 — 나중에 「더 식 오브 잇The Thick of It」과 「빕Veep」이라는 TV 풍자 코미디 프로그램을 만들었다 — 라는 학생 코미디언이 정치인들의

• 제68대 영국 총리(1970~1974).

풍자 기술을 연마했다.5

옥스퍼드 유니언은 철학·정치·경제 전공과 더불어 옥스퍼드가 그렇게 많은 총리를 배출해낸 이유 중 가장 중요한 부분이었다. 입구에서부터 유니언 내부는 이튼 출신이 장악한 하원의 축소판을 연상시킨다.6 1831년 윌리엄 글래드스턴●은 유니언에서 상당히 강한 어조로 개혁 반대 연설을 했는데 이튼 동기가 그의 아버지 뉴캐슬 공작에게 이 사실을 알렸다. 뉴캐슬 공작은 22세의 영특한 청년에게 가문의 선거구를 선물로 내주었다.7 1853년 에드워드 브래들리는 '수염도 없는 신사들이 (…) 그들의 아버지가 하원에서 토론을 벌이는 동안 똑같이 언어유희의 기교를 부리는 것'을 지켜봤다.8

이튼 출신의 맥밀런은 제1차 세계대전이 발발하기 바로 전에 유니언의 도서관장으로 선출되었는데, 그 시절을 이렇게 회고했다.

의회 제도 같은 것을 배울 기회가 있었기에 유니언 활동은 재미있었다. 거기서 나는 늘 야망을 품고 있었다. 유니언은 하원처럼 조직되었고 회장은 하원 의장처럼 의장석에 앉았다. 연설자들은 의장을 향해 연설했고, 마주 보고 배치된 긴 의자는 앞줄의 간부석과 뒷줄의 일반석으로 놓여 있었다.9

유니언의 토론 규정은 하원의 규정을 따왔다. 상대측 연설자들은

● 제41, 43, 45, 47대 영국 총리.

서로 마주 보는 형태로 앉았는데, 하원과 똑같이 가부㳠否를 표했다. 데이비드 월터는 이 장소의 역사에 관해 이렇게 썼다. "1941년 옥스퍼드 유니언은 하원의 것을 본떠 만든 공문서 송달함●들을 하원에 보냈는데, 이는 폭격(런던 공습)으로 사라진 것을 대체하기 위함이었다."10

하지만 하원과 다르게 유니언에는 실질적인 권한이 없었다. 유니언 회장이 할 수 있는 유일한 일은 토론을 진행하는 것이었다. 그래서 유니언은 자연스레 정책보다는 수사rhetoric에 집중하는 것을 장려했다. 유니언은 옥스퍼드의 튜토리얼 및 역설적인 농담으로 이루어진 대학의 사회적 언어와 잘 어울리는 조직이었다. 미래의 정치인, 변호사, 언론인이 되려는 사람들에게 그들이 사실을 믿든 말든 상관없이 어떤 경우라도 반박할 수 있는 논리정연함을 갖추기에 완벽한 곳이었다. 유니언에서 토론자는 한쪽 편에 서서 토론을 준비하지만, 그런 뒤에는 중도에 기권한 상대방을 대체하기 위해 갑자기 다른 편에 서기도 했다.11 나는 이런 수사학적인 전통으로 루이스 맥니스가 1939년에 다음과 같은 글을 썼다고 생각한다.

서둘러 설명하겠습니다.
옥스퍼드대학에 다닌 적이 있기에
누구의 말이라도 정말 다시는 믿을 수 없습니다.

● 하원 중앙 탁자에 놓인 상자. 총리가 여기에 기대어 연설하기도 한다.

우리와 같은 세상에서 그것은 당연히 자산이 됩니다.[12]

　토론자들의 만찬에서 스무 살의 유니언 간부들은 런던에서 온 정치인들과 어울렸다. 1936년 에드워드 히스는 학생 신분으로 처칠을 처음 만났는데, 처칠의 친구인 프레더릭 린더만의 옥스퍼드 저택에서 새벽 2시까지 술을 마시며 이야기를 나눴다.[13] 처칠은 이후 다시 옥스퍼드 유니언을 방문한 자리에서 한 학생을 주목하면서(이후에 보수당의 장관이 되는 퀸틴 호그) 이렇게 말했다. "이 나라에서 말을 할 수 있다면, 무엇이든 할 수 있습니다."[14]

　1960년대 말, 젊은 토론자였던 크리스토퍼 히친스는 기회를 얻은 것을 이렇게 떠올렸다.

고위급 장관과 의원들을 가까운 자리에서 만나 식사도 하고 그런 뒤에는 술도 같이 마셨다. 그런데 나라를 운영한다는 사람들이 무지하고 때로는 정말로 어리숙해 보여 다시 한번 놀랐다. 이 자리는 내 성장에서 매우 중요한 것이었고, 그에 대해 크게 감사하고 있다……[15]

　런던의 일부 정치인들은 스카우터 역할을 했고 야심 있는 학생들은 그 기회를 잡았다.

　옥스퍼드 유니언은 정치에 관심 있는 학생들, 특히 사립학교 출신의 보수당 지지 학생들이 케임브리지보다 옥스퍼드를 선택하는 이유이기도 했다. 내가 댄 해넌에게 현재 왜 이렇게 많은 정치인이 옥스퍼드를 나왔냐고 물었더니, 그는 "영원한 진리지. 그렇지 않아? 내 생각엔 정치에 관심이 꽤 많은 사람이 옥스퍼드에 더 많이 지원하는 것 같은데, 더 많은 것을 할 수 있는 곳이라고 생각하기 때문이야"라고 대답했다. 반면에 케임브리지 유니언은 영국 총리를 단 한 명도 배출하지 못했다. 최근 케임브리지 유니언 동문 모임에 참석했던 한 사람은 모임의 분위기를 묘사하면서 '좌절된 야망과 태연한 척하는 표정으로 가득했다'라고 했다.

옥스퍼드 유니언의 쉼 없는 토론과 선거 때문에 교내는 정치로 들썩였다. 영국은 5년에 한 번씩 선거를 치르지만, 유니언에서는 회장, 사무총장, 총무, 도서관장을 8주에 한 번씩 선출한다. 인류학자인 피오나 그레이엄은 2005년 유니언에 관한 관찰조사에서 일부 학생을 '보좌진을 갖추고 정교한 선거 전략을 짜며 회합을 하는 사실상의 직업 정치인들'로 묘사했다.[16]

득표를 위한 거의 모든 활동은 유니언의 자체 규정 33조에 의해 금지되었다. 때로 런던의 변호사들로 구성된 심사위원회를 거쳐 규정을 강화하려고 했지만, 후보자 대부분은 항상 규정을 무시했다. '학생 정치인'으로 알려진 유니언 간부들은 바로 알아볼 수 있었는데, 그들은 정장을 입고 다녔기 때문이고 쉴 새 없이 칼리지들을 돌아다니며 일반 학생들에게 "한 표 부탁합니다!"라고 했다. 하지만 늘 그렇듯이 유니언과 관계있는 몇백 명의 학생만이 투표에 신경을 썼다.[17]

후보자끼리 연합해서 선거인단 명부를 작성하는데, 정당의 형태를 띤 유니언이지만 이념은 생략되었다.[18] 선거인단 명부는 불법의 공공연한 비밀로 유권자들에겐 감춰져 있지만, 전체 선거 과정에서 핵심이었다. 규정을 전반적으로 어기면서 후보자들은 선거인단에게 투표를 독려했다. '총무는 저에게, 사무총장은 그에게 그리고 회장은 그녀에게 투표해주세요'라는 식의 선거운동이었다. 다시 말해, 선거 시스템에 부정이 있었다.

선거인단의 명부로 유니언 선거는 단체 경기처럼 보였지만, 사실상 개인 경기였다. 거의 모든 유니언 간부가 명부에 들어 있었다. 선거인단 명부는 끊임없는 배신의 단초가 되었다. 선거 며칠 전에 명부에서 빠진 후보자는 친한 친구나 연인을 저버리고 반대 진영에 합류하기도 한다. 그렇다고 서운한 감정이 오래가는 것도 아니다. 한 학기 후에는 배신하고 뒤통수친 사람들이 새로운 선거인단 명부 작성을 위해 협력하기도 한다. 얼치기들의 비정함으로 가득한 분위기였다.

'유니언 경력'은 웨스트민스터(의회)로 가기 위한 좋은 훈련이 되었다. 겉으로는 아군인데 내 바로 앞에서 거짓말한다거나, 내가 그에게 거짓말을 해야 할 때를 알게 되었는데 규정을 어겨도 안전한지, 지키는 것이 나은지도 배웠다.[19] 라데크 시코르스키는 "'비수 꽂기'와 '뒤통수치기'와 같은 표현을 처음 알게 된 곳이 유니언이었다"라고 말했다.[20] 선거 결과는 무자비하게 공표되었다. 에벌린 워는 사무총장에 입후보했다가 꼴찌인 6등에 그쳤다.[21] 유니언 선거의 전통적인 클라이맥스는 회장 자리를 놓고 어느 이튼 출신 학생이 다른 이튼 출신 학생을 배신하는 것이었다. 마이클 헤슬타인은 회장 자리―왕좌처럼 연단 위에 놓였다―에 앉고 나서 그 자리를 '총리가 되기 위한 첫 번째 단계'라고 불렀다. 유니언의 자리에 올라서면 다우닝가(총리 관저)도 멀지 않다고 느꼈다.

옥스퍼드의 학생 정치인들은 작고 긴밀한 세계를 형성했다. 테리사 브레이저와 훗날 그녀의 남편이 되는 필립 메이는 모두 유니언의 간부였는데 1976년 옥스퍼드대학 보수연맹OUCA(Oxford University Conservative Association)의 디스코 파티에서 유니언 회장이었던 베나지르 부토•의 소개로 만났다. 당시 부토는 이미 파키스탄 총리가 되려고 준비 중이었다. 테리사도 비슷한 야망을 갖고 있었지만, 동창생들 누구도 알아차리지 못했다. 1979년 유니언 회장이었던 방송인 마이클 크릭은 이렇게 말했다.

테리사 메이는 토론을 꽤 잘했습니다. 긴장하지 않으면 굉장히 재미있었어요. 하지만 상당히 과묵하고 속을 알 수가 없었습니다. 사람들도 테리사를 잘 몰랐어요. 옥스퍼드 유니언에서 테리사를 안다는 사람 모두가―데이미언 그린조차―'그녀에 대해서는 정말 잘 모르겠어'라고 말할 것입니다. 제 동기생 전부 테리사가 총리가 될 것이라고 생각하지 않았습니다. 겉보기에도 정치적 능력이 없었거든요.

이들 동기생은 그린, 앨런 덩컨, 콜린 모이니핸 또는 대니얼 모일런

• 1953~2007. 파키스탄의 제11대, 13대 총리. 줄피카르 알리 부토 전 총리의 딸이다. 2007년 탈레반을 추종하는 광신도 무리의 자폭테러에 의해 암살당했다.

(현재 남작)이 될 거라고 예상했다고 크릭은 말했다. 권력을 향한 이들의 술수는 옥스퍼드 대학생 이언 히슬롭이 편집한 풍자 잡지 『패싱 윈드Passing Wind』에서 조롱거리가 되었다. 이언은 후에 『프라이빗 아이Private Eye』의 편집장이 되었다.

훗날 호주 총리가 된 맬컴 턴불은 미래의 상대역인 테리사 메이와 부토를 1977년 그가 초청 연사로 옥스퍼드를 방문했을 때 유니언에서 처음 만났다. 그는 결국 부토를 런던까지 차로 바래다주었는데, "솔직히 말해서, 부토처럼 우아하게 옷을 걸치고 미니 마이너 자동차 뒷좌석에 탄 사람은 없었다"라고 회상했다.

일 년 뒤 턴불은 로즈 장학생으로 옥스퍼드에 돌아왔다. 크릭은 턴불을 가리켜 "옥스퍼드에서 내가 만난 사람 가운데, 혹은 그 후를 통틀어서도 가장 역동적인 사람"이라고 말했다.

그럼 옥스퍼드에 대한 턴불의 인상은 어땠을까?

(옥스퍼드는) 누군가가 제게 진지한 어투로 "네 아버지는 뭐 하시니?"라고 처음 물어본 곳입니다. 사람들은 실제로 그들의 말투나 어느 학교 출신인지 등등의 사회적 배경에 집착했어요. 호주에서 이런 차별이 존재하지 않는다고 말할 순 없지만, 제가 옥스퍼드에 있을 때 영국과 비교하면 호주는 아주 미미한 수준이라 할 수 있습니다.

턴불은 이따금 유니언에서 연설했고, 테리사 브레이저의 삶에 개입하기도 했는데, 인생의 절반이 흐른 뒤인 2016년 중국 항저우에서 열린 G20 회의에서 그 사실을 알게 되었다. "테이블 주위로 30여 명과 함께한 양국 간 회담에서 그녀가 말했다. '오! 필립은 당신이 옥스퍼드에서 건넨 조언을 결코 잊지 못한답니다.' 물론 그때 내가 무슨 말을 했는지 전혀 기억할 수 없었다. 나중에야 내가 그에게 머뭇거리지 말고 그녀에게 가서 프러포즈하라고 말했다는 것을 확실히 알게 되었다."

턴불은 옥스퍼드 유니언을 어떻게 생각하고 있을까?

기름진 더미의 꼭대기에 오르는 것을 전부라고 생각하는 학생 정치의 표본입니다. (…) 학생 정치는 정치 놀음을 중요하게 여깁니다. 학생 정치 참여에서 현실 정치에 발을 딛는 일부 사람은 정치의 목적인 훌륭한 공공 정책보다 정치 놀음에 더 매혹되어 있다고 해도 과언이 아닙니다. 유니언은 현재의 시사점을 논의하는 토론의 장場이기보다는 재미있는 연설자를 위한 공간이 되었습니다.

6. 토론의 달인, 보리스 존슨

매력은 심각한 영국병病이다.

이렇게 눅눅한 섬 바깥에는 존재하지 않는다.

그것은 스치는 모든 것을 찾아내 죽인다. 사랑도, 예술도 죽인다…….

—「다시 찾은 브라이즈헤드」에서 앤서니 블랑시[1]

그의 롤모델인 처칠처럼, 보리스 존슨도 대중 연설에서 고전을 활용하는 기술을 연마하는 데 오랜 시간을 들였다.[2] 이튼은 이를 연마할 독보적인 기회를 제공했다. 존슨은 이튼의 토론 클럽을 이끌었는데, 졸업할 무렵에는 풍자를 가미해 연설할 수 있을 정도로 전통적인 연설법에 능통했다. 그의 여동생 레이철 존슨은 이렇게 말한다.

이튼 토론 클럽Eton Debating Society, 이튼 정치 클럽PolSoc(Eton's Political Society) 등 어린 나이에 웅변 기술을 연마할 수 있는 곳이 많았어요. 이 학생들은 선행 교육의 커다란 이점을 누릴 수 있었습니다. 엄청난 유명 인사들이 이튼 정치 클럽에서 연설하고 학생들과 대화를 나눴죠.

이것은 테니스 경기와도 같아요. 로저 페더러를 이길 수 있다는 생각으로 라켓을 들고 센터코트*에 들어가지는 않습니다. 이 모든 것은 연습으로 이루어집니다. 어떤 것이 성공하고 어떤 것이 실패하는지 배우게 되는 거죠. 그리고 제 생각에 문제는 여성들이 도전하고 실패하는 것을 두려워한다는 거예요.

존슨은 이튼에서 상대방의 논리를 무시함으로써, 더 나은 논리를 가진 상대방을 제압하는 법을 배웠다. 그는 시시콜콜한 이야기로 청중을 지루하지 않게 하고 적절히 농담을 섞고 계산된 저음의 목소리와 인신공격성 농담으로 선거와 토론에서 이기는 방법을 발견했다.

야망에 충실했던 그는 1983년 옥스퍼드에 들어갔다. 매우 역설적인 점은 그가 자신에 관해서는 진지하다는 것이다. 그는 사립학교 또래 집단 내에서 마음이 급한 가난한 사람 같다고 느꼈다. 소니아 퍼넬은 저서 『저스트 보리스_Just Boris_』에서 존슨이 세 가지 목적을 갖고 대학에 들어왔다고 했다. 그것은 최우수 성적 받기, 신붓감 찾기(그의 부모도 옥스퍼드에서 서로 만났다), 그리고 유니언 회장 되기였다. 그의 옥스퍼드 동기인 로이드 에번스는 "대학에서 그는 언제나 20년을 앞서 생각하고 있었어요"라고 말했다.[3]

옥스퍼드대학에 입학했을 때 대부분의 학생은 유니언의 존재를 거의 몰랐지만, 존슨에게는 사전 지식이 있었다. 그의 아버지가 유니

---

* 윔블던 테니스 대회의 메인 코트.

언 회장이 되겠다는 목적을 가지고 1959년 옥스퍼드대학에 입학했기 때문이다. 스탠리 존슨은 실패했지만, 그의 아들은 유명 인사가 되었다. 이튼은 학생들이 개성을 키우고, 적어도 자기만의 색깔을 갖도록 장려했는데, 존슨보다 이것을 더 잘 실천한 사람은 없었다. 이튼 기숙사에서 옥스퍼드 유니언까지 존슨과 함께했던 사이먼 벡스너는 이렇게 회상했다. "존슨의 카리스마는 그때도 가늠하기 힘들 만큼 엄청났어요. 너무 재미있고, 따뜻하고 매력적이고, 자기비하적인 유머 감각이 있었습니다. 『비노Beano』와 P. G. 우드하우스를 바탕으로 재미있는 연기를 했는데, 자기 이야기처럼 들렸어요."

존슨은 자신이 연기하는 대로 캐릭터를 만들어냈다. 그는 자기비하를 자기 홍보의 형태로 바꿨다. 많은 유별난 영국인처럼, 그의 정신없는 헤어스타일과 옷차림은 계급을 대변했다. 나는 확고한 특권적 위치에 있기 때문에 규범은 마음대로 어겨도 된다는 식이었는데, 「다시 찾은 브라이즈헤드」 속 서배스천 플라이트의 곰 인형(테디베어)[•] 사례와 매우 흡사했다.

옥스퍼드대학에서 존슨은 브라이즈헤드, 우스터^{••} 그리고 기숙학교 출신 날라리라는 영국 대중문화의 세 가지 원형을 결합했다. 존슨은 학교에서 자율학습을 건너뛰고 럭비 구장 뒤에서 담배를 피우고, 규정을 어기고, 여학생과 사귀며 늘 문제에 휘말렸다. 성인이 되

<small>• 소설 속에서 서배스천이 항상 가지고 다니는 '알로이시우스'라는 곰인형을 말하며, 일반인에게는 허용되지 않는 행동이지만 특권을 누리는 사람들에게는 마음껏 허용되는 행동을 상징한다.
•• P. G. 우드하우스의 소설 속 주인공인 버티 우스터.</small>

어서도 날라리들은 대개 빚쟁이들을 피해 호주로 숨어버렸다.

존슨은 야심 찬 결혼으로 완벽한 출발을 했다. 그는 또래 사이에서 알파걸로 불리는 우아하고 아름다운 대학 동기 알레그라 모스틴오언을 차지했다. 『처웰』은 그들이 실제로 결혼하기 2년 반 전에 약혼 소식을 인상적인 특종으로 보도했다.[4] 잘생긴 외모에 정기적으로 학교 신문에 보도되었던 존슨은 '옥스퍼드의 인물'이었는데, 친한 친구들을 넘어서 교내에 알려진 몇몇 학생 가운데 한 명이었다. 존슨은 그때 이미 쓸 만한 기삿거리가 많은 사람이라는 정치적 자산을 보유했다.

모스틴오언의 엘리트 지위는 존슨의 지위를 보완했다. 그녀는 헤로인 과다 복용으로 사망한 상류층 사교계 여성인 올리비아 채넌에 관해 취재하러 옥스퍼드에 온 티나 브라운 기자를 존슨에게 소개했다. 브라운은 존슨이 자신을 비방했다고 보도했는데, 존슨은 『텔레그래프』에 모스틴오언의 이름으로 올리비아에 대한 근거 없는 공격을 퍼뜨린 것으로 추정된다. 브라운은 올리비아의 당시 일기에 다음과 같은 내용이 기록되어 있다고 주장했다. "보리스 존슨은 정말 쓰레기다. 그가 망했으면 좋겠다."[5]

뉴질랜드 출신인 제야 윌슨은 존슨이 입학 첫해에 유니언에서 열린 신입생 토론회에서 태평양의 섬나라 나우루에 대해 코믹한 연설을 했던 것을 떠올렸다. 이 지역 출신인 그녀는 '그가 나우루에 대해 말한 것은 모두 틀렸다'는 것을 깨닫고 토론 중에 존슨에게 이의 제기를 했다. 토론이 끝난 후 존슨은 그녀에게 다가와 "나우루에 대해 제대로 아는 사람이 여기 있을 줄 어떻게 알았겠어요?"라며 탄식했다. 보리스에 앞서 유니언 회장이 된 윌슨은 이렇게 언급했다. "토론대회에서는 규율과 정확한 사실이 요구되기 때문에 보리스는 토론대회에서 이길 수 없을 것이다."

하지만 사실에 근거하지 않은 토론 스타일은 유니언에서 먹혔다. 토비 영은 1983년 10월 존슨이 유니언에서 연설할 때 그를 처음 봤다고 기억했다.

'의회에서 사형제도를 재도입할 수 있다'는 발의는 정말로 진지했는데, 그의 입에서 나오는 거의 모든 말이 왁자지껄한 폭소를 자아냈습니다. 이건 평범한 대학생이 제안할 수 있는 발의가 아니라 경륜 있는 연기자가 공연장에서 잘 준비된 코미디 쇼를 하는 것과 같았습니다. 그의 준비 부족은 토론자로서 결점을 드러내는 증거라기보다는 당당한 의사 진행과 더불어 다른 연설자들에게 보내는 조롱과도 같았죠.

토비 영은 「다시 찾은 브라이즈헤드」(TV 드라마 버전)를 머릿속에 가득 채우고 옥스퍼드에 왔는데, 그에게 존슨은 '플라톤의 이상향인, 진정한 옥스퍼드'를 대표하는 인물이었다.[6] 그는 "존슨의 매력에 완전히 사로잡혔다"면서,[7] "존슨은 캠퍼스에서 거물이었다. 은백색 고릴라• 같은 리더alpha male였다"라고 말했다.[8] 앤 매켈보이는 존슨이

• 은백색의 털을 지닌 고릴라 집단의 우두머리.

"40년 전의 누군가를 흉내 내고 있음"에도 불구하고 "아주 특별한 무언가"가 있다고 생각했다. 학생들은 곧바로 그가 한 장면의 양식화된 자기 모습을 연기한다는 것을 알아차렸지만, 무척 재미있어했다.

당시 떠오르던 토론 유망주는 훗날 미국의 여론조사 전문가로서 정치 언어의 대가로 알려지는 프랭크 런츠였다. 자칭 '단어 왕'인 런츠는 조지 W. 부시 행정부 시절 '기후변화climate change'라는 용어를 만들어 '지구 온난화global warming'가 위험하지 않은 것처럼 보이게 했다(현재 그는 이 일을 후회한다고 말한다).9 그는 이렇게 회상한다.

> 존슨은 아주 뛰어났어요. 그는 세부 사항을 대충 훑어보지만, 본질을 파악하고 있었어요. 여태껏 그런 사람을 만난 적은 없습니다. 존슨이 중동을 주제로 연설했는데, 중동에 관한 이날의 연설은 제가 지금까지 들어본 것 중 최고였습니다. 중동을 어린이 놀이터에 비유하면서 놀이터에서 아이들이 모여 작은 아이 하나를 공격한다고 이야기했어요. 존슨은 멋진 비유를 들었고 그런 다음 그에 관한 논리를 만들어냈습니다.

존슨은 수준 높은 토론 경합에서 많은 것을 얻었다. 런츠는 이렇게 말한다. "옥스퍼드 유니언의 1984~1986년 학생들보다 더 재능 있는 학생들을 본 적이 없다. 옥스퍼드 유니언에 갔을 때 나는 스물두 살이었지만 그들의 재능 때문에 열여덟 혹은 열아홉 살의 그들을 우러러봤다." 런츠는 그중에서 닉 로빈슨, 사이먼 스티븐스, 마이클 고브를 손꼽았다. 그는 내게 이렇게 말했다.

이 셋 중 누구라도 토론 중간에 개입하면 전체 회의장이 조용해졌고 아무런 잡음도 들리지 않았어요. 모두가 이들을 인정했기 때문이었죠. 이들이 너무 날카롭게 지적해서 연설자는 쩌그러져 있었습니다. 구급차를 불러 사람을 실어 날라야 할 정도로 이 셋이 한 사람을 잘게 조각내고 정신을 잃기 전에 심장을 도려내듯 몰아쳤습니다. 미국에서 우리는 그 누구도 그렇게까지 하진 않습니다.

좋은 논리를 갖고 있어도, 그것을 입증하지 못하면 토론이 끝난 후 뒤풀이에 참석도 못 할 정도로 망신을 당했어요. 만약 사실에 근거하지 않고 반론도 제시하지 못한다면 이들은 그걸 알고 묵사발로 만들어버렸죠. 연설하는 동안에 무슨 일이 닥칠지 모르기 때문에 연설자는 모든 것을 파악해야 했습니다.

이제껏 가장 멋진 토론 형태였어요. 정신적 치유를 받는 것 같았지요. 옥스퍼드는 완벽한 훈련장이었습니다. 옥스퍼드는 이들만큼 재능 있고 목표 지향적인, 수천 명의 사람으로 둘러싸여 있었기 때문에 이들을 훈련시킬 수 있었습니다.

존슨의 또 다른 미국인 옥스퍼드 동기이자 훗날 유럽연합의 미국 대사가 되는 앤서니 가드너는 별 감흥 없이 이렇게 말한다.

보리스는 옥스퍼드 유니언에서 뛰어난 연설가였습니다. 유니언은 사실에 대한 정확성보다 번득이는 재치에 더 가치를 두었어요. 유니언은 전문성을 갖추고자 하는 사람들을 위한 완벽한 연습의 장이었습니다. 많은 미국 학생이 토론 시간에 지루하게 통계 자료를 읽으면 가엾게도 혹독한 비판이 쏟아졌던 게 기억납니다. 대개 논리에 들어맞고 정확했음에도 불구하고 "지루하다" "그래 잘났다"라고 외치는 군중의 조롱을 듣기도 했습니다.[10]

정치적으로 존슨은 대처주의에 관한 일반 신념을 그와 같은 세대의 옥스퍼드 보수당 지지자들과 공유했다. 이들의 정치적 형성기인, 대처의 전성기 1982~1987년이 롤 모델이었다. 대처는 본능적으로 단호한 해결책을 선택했다. 그녀는 보수당의 온건파에서 아르헨티나 전쟁 징집병들에 이르기까지 모든 반대파를 강압적으로 몰아붙였다. 그녀는 승리자들의 후안무치한 부의 축적과, 영국이 의지 하나로 여전히 규칙을 만들어낼 수 있는 세상을 상징했다.[11] 2013년 대처가 사망한 뒤 존슨은 옥스퍼드대학에 대처칼리지를 신설해달라고 요청했다. 그는 "외국 유학생들의 등록금에서 기부금을 모아 전후 가장 위대한 여성을 기념하는 칼리지를 설립하는 게 어떻겠냐?"고 요청하기도 했다.[12]

존슨은 학부생 때 곧바로 모든 조사에서 최고를 차지했다. 그렇다고 친구가 많았던 것은 아니다. 매켈보이는 "그가 원한 것은 팬클럽이었다"라고 말했다. 1984년 수험생인 데이미언 퍼니스가 입학 면접을 위해 존슨이 다니고 있던 베일리얼칼리지에 왔다. "나는 말더듬증이 있는 지방 노동계급의 아이였고 옥스퍼드 입학 대비 과정도 운영하지 않는 공립학교 출신이었다." 2019년 퍼니스는 이렇게 회상했다.

교수들과의 1차 면접이 잡힌 게 아침 식사 이후여서 하룻밤을 지내야 했고, 저녁에 칼리지 바에서 시간을 때웠습니다. 존슨은 그의 농담에 웃어주는 것이 유일한 역할인 듯한 측근들에 둘러싸여 있었어요. 그가 나보다 세 살 많았기에 (…) 그의 칼리지에 입학하고자 하는 후배들을 환영하는 홍보대사 역할을 그에게 기대했지만 (…) 대신에 그는 야비한 농담으로 조롱했어요. 술자리가 계속되면서 자리를 끝내야 한다는 의무감을 느꼈는데, 그는 나의 언어장애, 말투, 출신 학교, 옷차림, 헤어스타일, 배경, 농장 노동과 창고 관리를 하는 아버지의 직업 그리고 장학생 면접 통과 가능성을 조롱했습니다. 그의 유일한 관심사는 상류층 친구들을 재밌게 해주는 것이었죠.

이런 만남 즈음에 존슨은 공립학교 출신 닐 셜록과 유니언 회장 자리를 놓고 맞붙었다. 선거는 상류층 대 '흙수저'의 옥스퍼드 내 계급투쟁으로 비화되었다. 훗날 KPMG와 PwC●의 임원이 되고 자유당 소속의 부총리인 닉 클레그의 특별보좌관을 잠시 맡았던 셜록은 그의 가족 가운데 처음으로 대학에 간 사람이었다.13 그는 '옥스퍼드에 들어왔을 때, 내 인생에서 그런 토론을 본 건 처음이었어요.

● 프라이스워터하우스쿠퍼스. 런던에 본사를 둔 글로벌 회계 컨설팅 기업.

흰색 타이는커녕 검은색 타이를 맨 사람도 본 적이 없었었거든요'라고 말했다.

그는 이렇게 회상한다. "보리스 마크 1세*(보리스 존슨)는 확실한 우파의 전형적인 보수당원이었고, '내가 최고의 위치를 대표하기 때문에 최고의 직업을 가져야 한다'는 전통적인 이튼 출신의 특권 의식을 지니고 있었습니다. 하지만 그는 그 위치에서 무엇을 할 것인가에 대한 분별력이 없었어요."

알레그라 모스틴오언은 닐 셜록과 티타임을 가지면서 그에게 '나의 보리스'에 맞서지 말라고 요구했다. 셜록은 단념하지 않고 '능력주의 대 세습주의, 능력 대 무능'의 구도로 선거운동을 펼쳤다. 제야 윌슨은 존슨이 "사람들과 대화도 하지 않았고, 표를 얻기 위해 어떤 노력도 하지 않았다"라고 회상했다. 그는 자신의 사립학교 인맥을 동원했지만(친한 친구가 별로 없어 보였다), 당시 옥스퍼드에는 이튼 출신이 150명 남짓에 불과해 대규모의 새로운 유니언에서 정치적 기반으로 삼기에는 너무 적었다.14

존슨은 그의 보수주의 노선으로 선거에서 어려움을 겪었다. 보수주의자들은 유니언 내부에서 가장 큰 비중을 차지하고 있었지만, 대학 전체로 보면 소수파였다. 당시 옥스퍼드대학의 교수 대부분은 대처 정부에 반대했다. 정부의 교육연구비 삭감에 대한 항의로 1985년 대처의 명예박사 학위 수여를 거부한 것은 1980년대 옥스퍼드대학

• 보리스 존슨을 지칭하는 용어로 그의 정치적 페르소나의 초기 단계를 설명하고 있다.

의 중대한 정치적 성명이었다. 어느 교수는 '우리를 배신한 사람들을 왜 도와줍니까?'라고 물었다.[15] 런츠가 회상하기를 옥스퍼드대학은 대처를 '지구상에 살아 있는 사람 가운데 최고의 악당'이라 여겼다. 그녀를 대변하는 행위는 그 자신 역시 사회적으로 매장당하는 것이라고 느꼈다. (런츠는 2020년에 뇌졸중을 겪은 후, 과격할 정도로 솔직해진 것도 그런 이유였다고 내게 말했다. "저는 사실 옥스퍼드에서 보낸 3년을 싫어했습니다. 제 마음속엔 전혀 따듯한 감정이 없었어요. 만약 제 인생에서 무엇을 다시 할 것인지 묻는다면, 바로 이것이 첫 번째 질문입니다." 하지만 그는 자신을 탓했다. 흥거운 상황에서 '음치'가 된 것처럼 분위기를 망쳤다고 말했다. 그는 내가 책에 넣었으면 하는 문장을 받아쓰게 했다. '런츠는 자신의 경험에 대해 책임져야 한다고 강조했다.' 미국으로 돌아간 뒤에도 그는 여전히 옥스퍼드 브랜드를 활용해 그의 여론조사 전문가 경력을 시작했다. 줌을 통해 이야기를 나누면서, 그는 카메라를 돌려 어질러진 넓은 침실을 보여주었다. '여긴 진짜 끝내줘요. 정말 재미있게 살고 있습니다. 저는 옥스퍼드를 싫어하지만, 옥스퍼드는 저의 이런 삶을 가능하게 해줬죠.' 그가 옥스퍼드 없이도 잘나가는 여론조사 전문가가 될 수 있었다고 생각하는 것은 아닐까? '나는 그렇지 않다고 생각한다.')

유니언 선거에서 셜록은 존슨을 물리쳤는데, 미사여구나 개성 그리고 위트를 끌어내는 것 이상으로 이를 산만하게 사용하는 존슨에게 별다른 인상을 받지 못했다. 셜록은 옥스퍼드대학 보수협회 회장인 닉 로빈슨이 정치적으로 성공할 것이라 예상했고, 존슨은 '그럭저럭 괜찮은 언론인'이 되리라 생각했다. 하지만 오히려 로빈슨이 BBC

의 시사 프로그램 「투데이」를 진행하게 되었다(2021년 10월, 그는 이 프로그램에서 장황하게 이야기하는 존슨에게 "총리님, 그만하시죠"라고 말했다).[16]

유니언 선거의 격한 감정 표출은 유별났다. 배신이 난무했고 참가자들은 성인이 된 후에 가장 민감한 상황을 접했으며 제대로 잠을 자지도 못했다. 후보자들은 그들의 인생에서 이제껏 맡아보지 못했던 가장 중요한 자리를 위해 선거에 뛰어들었다. 승리자들은 가장 소중한 것을 얻을 수 있었지만, 패배자들은 종종 울음을 터트렸다. 패배자들은 그들이 지닌 정치적 견해뿐만 아니라(견해가 있건 없건 간에), 그들의 본질까지도 거부당했다고 느낀다. 존슨은 셜록에게 패배하고 상처를 받았지만, 거기서 교훈도 얻었다. 퍼넬은 다음과 같이 서술했다. "존슨은 이를 통해 확실히 정치인으로 자리매김했으며, 전적으로 자기 측근에만 의존하면 정치에서 성공할 수 없다는 불변의 진리를 배웠다."[17]

하지만 이튼 출신들은 두 번째 기회를 노렸고, 존슨은 굴욕을 당한 지 1년 만에 유니언 회장 선거에 재도전했다. 그는 개인 성향이 정치를 좌우한다는 또 다른 진리를 받아들였다. 셜록은 존슨이 두 번째 도전에서 '중도파, 사회민주주의자, 따뜻하고 사랑스러운' 재미있는 사람으로 처신하며 자신의 보수 성향을 감췄다고 분석했다. 배후에서 중도좌파 진영을 결집한 것은 사이먼 스티븐스였다. 존슨은 심지어 러스킨칼리지•의 학생회 간부들과 동맹을 맺었고, 대부분 성인 노동자 계급 노조원들로 구성된 학생회에 자신의 지지층을 결집했다. 『처웰』의 기록작가인 존 에벌린은 '인민 궁전의 토론 클럽(유니언)에서 사회주의자들을 위한 불가항력적인 힘으로 (…) 우리의 이튼 출신 레닌주의자가 유니언 곳곳에서 그의 망치와 낫을 휘두르는 것을 누가 막을 수 있을까?'라며 '베일리얼의 금발 미남'을 조롱했다.[18] 존슨은 좌파와 자유주의자들 사이에 끼어들어, 스스로를 낮추면서 성공하는 법을 배웠다. 존슨의 여동생 레이철은 이렇게 말했다. "그는 재미있는 사람으로 처신하면서 보수의 이미지를 교묘히 피해 갔습니다."

그래서 안 될 것도 없었다. 유니언 회장이 학생들의 삶에 관한 정책을 수립할 수도 없었고 존슨도 어쨌든 정책에는 관심이 거의 없었기 때문에 모든 것은 오로지 권력 다툼으로 이어졌다. 두 번째 유니언 회장 선거에서 존슨은 좀더 경쟁력이 있었다. 런츠—처음으로 컨설팅 비용 180파운드를 벌었다[19]—는 존슨을 위해 여론조사를 했는데, 런츠의 회상에 따르면, 거의 모든 질문이 학생들의 성생활에 관한 것이었다. 그는 최근에 이렇게 말했다. "우리 어머니가 '어떻게 사람들에게 감히 그런 걸 물어보냐?'며 그 내용이 『뉴욕타임스』에 실려서 너무 황당해하셨어요."

하지만 사실 성性에 관한 내용은 표면적인 것이었다. 런츠는 "생각지도 않은 게 논쟁거리가 될 수 있음을 알았어요. '사실상 선거운동을 위한 여론조사였습니다'라고 말했다. 그가 끼워놓은 유니언에 관

• 1899년 찰스 비어드에 의해 설립된 학교. 사회비평가 존 러스킨의 이름에서 학교의 명칭을 따왔다. 노동운동과 정치학으로 유명하다.

한 두 가지 질문은 존슨이 2차 결선 투표에서 어느 후보와 연합해야 할지를 알아보려는 의도였다.

존슨은 또한 두 번째 선거운동에서 자신의 배경을 뛰어넘는 매력을 발산했다. 1985년 신입생이었던 마이클 고브는 존슨의 전기작가인 앤드루 김슨에게 이렇게 말했다. "제가 그를 처음 본 것은 유니언 바에서였어요. (…) 그는 친절하고 옥스퍼드 대학생 특유의 기질을 지닌 것 같았습니다. 하지만 그는 거대한 돌묵상어처럼 자신을 향해 헤엄쳐오는 풋내기들을 기다리고 있었던 거죠." 그의 선거운동을 지원했던 고브는 "저는 존슨의 꼭두각시였어요"라고 밝혔다. 그러면서 토비 영과 똑같은 말을 했다. "저는 보리스의 열렬한 추종자였습니다."20

존슨의 이미지는 선거인단 확보의 완벽한 매개체였다. 영국적인 맥락에서, 정계의 고위급 자리는 그 시대의 가장 카리스마 있는 이튼 출신에게 돌아가야 한다는 것이 올바르고 정당해 보였다. 그의 추종자들이 자연스럽게 자리를 확보하면서 그는 유니언 회장에 당선되었다. 존슨에게 패한 상대편 후보였던 마크 카네기는 훗날 이렇게 회상했다. "확실히 그는 매력적이었다. 정말 끝내주는 친구였다."21

토비 영은 1985년 유니언 회보에 이렇게 썼다. "기득권층에게 인기가 없어도, 영리하지 못하고, 내가 다닌 칼리지가 작거나 내가 허세 부리는 사립학교를 나왔다고 해도 아무 상관이 없다. 오로지 의지만 있다면 이길 수 있다." 바로 이것이었다. 영은 유니언에서 성공하는 사람들의 유형을 다음과 같이 설명했다. "어떤 사회적 환경에 부딪혔을 때 (…) 오직 사람들의 지위를 결정하는 계층 구조만을 생각하고 타인을 도구나 적敵으로밖에 여기지 않는다."

영은 그런 유니언이 존재한다는 것이 행운이라고 썼다. "옥스퍼드 대학처럼 무례한 사람과 사회 부적응자로 가득 찬 환경 속에서, 유니언은 이런 사람들을 흡수하고 이들의 자유분방한 에너지를 모두 수용하며 서로에게만 작용하는 권력을 부여하는 기구가 되어야 한다." 그는 기사를 이렇게 마무리했다. "현재의 유니언 회장들이 미래의 하원의원, 내각의 장관, 그다음에는 총리가 되어, 오늘처럼 그들이 최소한 어디에 있는지 알 수 있게 되길 진심으로 바란다."[22]

존슨의 선물은 당선이었을 뿐 그는 아무 일도 하지 않았다. 당시 유니언의 간부였던 팀 헤임스는 존슨이 회장직을 그리 중요하게 생각하지 않았다고 회고했다. "상황은 난장판이었어요. 그는 임기 업무 계획도 짜지 않았는데, 이건 그의 자리를 보전하는 데 필요한 것이었습니다. 그는 지원 조직도 갖추지 못했고 나중에야 필요하다는 것을 깨달았습니다."

존슨은 당선 후 중도의 가면을 벗었다. 베일리얼칼리지의 학과장인 앤서니 케니는 사회민주당의 어느 의원으로부터 인턴 추천을 요청받았을 때 이렇게 답변했다. "그 자리에 딱 맞는 사람이 있습니다. 밝고 재치 있고 적합한 정치적 견해도 갖고 있습니다. 그는 이제 막 유니언 회장 임기를 끝냈고 이름은 보리스 존슨입니다." 하지만 케니가 존슨에게 인턴 자리를 권했을 때, 존슨은 웃었다. "학과장님, 제가 뼛속까지 보수인 걸 모르셨습니까?"[23]

菜

졸업 후에 존슨은 여동생의 저서 『옥스퍼드 신화』에 옥스퍼드 학생 정치에 관한 설득력 있는 에세이를 썼다.[24] 그는 유니언에 관한 비판적인 사례를 언급하며 특색 있게 글을 시작했다.

그 안에 서식하는 온갖 종류의 멍청이, 얼간이, 상류계층 그리고 부적응자의 자존감을 위한 마사지 숍일 뿐이었다. (…) 많은 학부생에게 유니언은 개성과 야망 이외의 모든 문제를 제거한 가장 순수하고 적나라한 정치의 악취를 풍겼다. (…) 선거에서 당선된 사람들이 이력서를 채우는 것 외에 무슨 일을 할까, 라는 생각에 평범한 사람들은 종종 투표를 단념하기도 한다.

그는 런던이 주는 화려한 보상이 여전히 손에 잡힐 듯했다고 언급했다. "영국 정치에서 옥스퍼드 유니언의 중요성을 깨닫는 최고의 방법은 세기별로 계단stair과 층계참landing●의 위아래에 붙어 있는 유니언 상임위원회의 사진들을 잠시 바라보는 것이다." 그가 선택한 롤모델로 마무리하기에 앞서 그는 훗날 유명 인사가 되는 여러 사람('베나지르 부토는 옷을 이상하게 입었고 (…) 히스는 뚱뚱해 보였다')의 학부 시절 모습을 비평한다. "계단 끝에 오르면 학교 크리켓 팀의 득점

● 계단의 방향을 바꾸기 위해 만드는 바닥.

왕처럼 단체 사진의 중앙에 다리를 꼬고 앉아 있는 아주 젊은 청년을 볼 수 있다. 그는 열세 살쯤으로 보인다. 그는 해럴드 맥밀런이다."

그의 에세이는 이어서 중대한 문제를 다룬다. '맥밀런의 차기 주자는 어떻게 준비해야 하는가?' 아마 키케로처럼 연설을 잘한다고 해도, '해킹의 원리를 먼저 파악하고 숙달하지 않고서'는 결코 선거에서 이길 수 없다. 존슨은 유니언 간부들에게 투표를 독려하기 위해 '절제력 있고 환상을 가진 추종자들'을 모으라고 조언한다. '여대 女大의 외로운 학생들, 특히 자연계 학생들'이 쓸모 있었다.

신선하고 화사한 그들의 모습은 지역 보수당 일꾼의 전형이다. 그들은 활기차고, 근엄하고, 통통하지만, 우직한 결단력으로 주로 남성 후보들을 지지한다. 분자와 소립자로 구조화된 세계 속에 살고 있는 이런 젊은 여성들에게, 조직 정치는 인간적인 접촉과 온기를 제공한다.

존슨은 자신이 처음으로 접한 사회에서 여성들이 권력 구조 속에서 일정한 역할을 담당했던 것을 되돌아보고 있다. 이 글을 읽다보면, 보수당의 정치인이 되는 유니언 회장들이 왜 거의 다 남성(그리고 문과 전공자들)인지 알 수 있다.

존슨은 이렇게 덧붙였다. "꼭두각시의 비극은 (…) 그가 후보자와의 관계가 특별하다고 과신하는 나머지 진실에 눈을 감는 것이다. 후보자의 충격적인 수법은 자기기만에 빠진 꼭두각시를 가지고 노는 것이다."

7. 꼭두각시, 추종자 그리고 희생자

이쪽 편에 있는 우리는 서로 안다.

—2021년 10월 제이컵 리스모그가 보수당 의원들이 의회에서
가면을 쓸 필요가 없는 이유를 설명하면서[1]

존 에벌린이 1985년 11월 『처웰』에 기고한 칼럼을 훑어보면, 2020년대 영국 보수 진영의 상당수가 이미 자리를 잡고 있었다는 것을 알 수 있다. '이튼 출신의 레닌주의자' 존슨에 관한 이야기 외에 또 다른 제목의 기사 '그들이 누구라고 생각하십니까?'에서 존슨의 여자친구 알레그라와 토비 영을 '저질 언론에 대한 옥스퍼드의 답변'이라며 비판했다.[2] 에벌린은 존슨에 관한 또 다른 기사에서 옥스퍼드대학에 입학한 지 한 달도 채 되지 않아 이미 명성을 얻은 열여덟 살의 애버딘• 출신의 정치 지망생 마이클 고브를 독자들에게 소개했다. 에벌린은 마이클에 대해 "제인 오스틴 시대의 성직자 같은 풍

• 마이클 고브는 1985년 스코틀랜드 애버딘의 로버트고든칼리지(사립고)를 졸업했다.

모 아래 극렬 수구주의 정치관을 숨기고 있다"라고 썼지만, 이후에는 평소답지 않게 관대해져서 다음과 같이 서술했다. "이렇게 조숙한 유명인에게 최악인 부분은, 사실 그는 혐오스러울 정도로 야심이 없는데 재능은 있다는 점이다. 결국에 부패하고 마는 이야기가 있는 이 공간을 지켜보자……"3

고브의 스코틀랜드 출신 부모는 둘 다 열다섯 살에 학교를 중퇴했다. 가정 형편이 좋지 않아 고브는 장학금을 받고 애버딘의 사립학교에 들어갔다. 그는 젊은 꼰대 같은 녹색 트위드 정장(구세군에서 1.5파운드를 주고 샀다)과 빨간 넥타이를 매고 옥스퍼드에 왔다.4 그는 1980년대 「브라이즈헤드」 계열의 청년 문화에 합류했다. 자신감을 키우고 인맥을 구축하기 위해서는 그에게 이튼 출신들보다 유니언이 더 필요했다. 그에게 유니언은 낯선 곳이었지만, 거기에 완벽하게 적응했다. 『처웰』은 그를 '유니언 최고의 논객'이라고 일컬었다.5 그는 학생 관객들에게 성생활의 자유로운 선택에 반대하는 그럴싸한 논리를 펼치기도 했다.6

어떤 동기생은 그가 '오늘 아침에 내가 필리핀 하인에게 말했던 것처럼……'과 같은 일상적인 농담으로 토론을 시작했다고 회상했다.7 고브는 토론 때 킬트•를 입었고8 그 속에 무엇을 입었는지를 가지고 의례적인 농담을 즐겼다. 그는 옥스퍼드대학에서 공적인 삶에 뛰어들었다. 1987년 『처웰』은 그가 유니언의 '행사 저녁에 가장 좋

• 스코틀랜드 남성의 전통 의상으로 체크무늬가 있는 타탄이라는 천으로 만든 치마.

아하는 유니언 회원을 살 기회'인 '노예 경매'에서 유니언 회장인 제시카 폴레이에게 6파운드를 지불했다고 보도했다. 고브 자신에게도 35파운드까지 '열광적인 경매'가 붙었다. 반면에 보리스 존슨은 부재한 상태에서 팔렸다9(예상대로 폴레이는 여러 투자은행, 영국 국채관리국DMO 그리고 국립오페라단의 재단 이사와 같은 핵심적인 역할을 하는 사회 지도층 인사가 되었다).

고브는 커다란 안경을 썼기에 옥스퍼드 대학생임을 쉽게 알아챌수 있었다. 그는 일상적인 대화에서도 과장된 웅변 느낌으로 이야기했다. 훗날 『가디언』 기자가 되는 루크 하딩이 1987년 옥스퍼드대학에 입학했을 때, 고브는 신입생들의 유니언 견학을 인솔했다. "그는 기본적으로 2021년과 같은 모습이었어요." 루크는 이렇게 회상했다. "그는 기이한 자신감과 가식적인 태도를 보였습니다. 꽤 모순적으로 비치기도 했는데 현실 세계에서는 보기 힘든 유형의 사람이었죠."

옥스퍼드대학 시절부터 고브를 알고 지냈던 한 친구는 이렇게 말했다. "그는 사람들이 자신을 특이하고 우스꽝스럽게 여긴다는 것을 잘 알고 있었지만, 그들을 계속 예의 바르게 대했습니다." 이것은 고브, 리스모그, 해넌에 관한 증언에서 한결같이 나오는 내용이며, 정적政敵들마저 이들의 친화력만큼은 인정한다. (존슨은 조금 예외였다. 아마 그는 항상 높은 자리에 있었기에 위기의 순간에서나 동지애가 있는 척했을 것이다.) 고브와 그의 친구들은 자신들과 대화하는 사람에게 진지한 관심을 보였고 중요 인물들과의 대화에서도 긴장하지 않았다. 정치인에 대한 일반적인 편견 때문에 정치인이라는 직업에서 호감도는 당연히 근본적인 자질이 되었다. 옥스퍼드 보수당 지지자들이 정치인이 된 이유는 아마 이들이 근본적으로 친화력 있는 유형이거나 아니면 늘 표심을 살펴야 하는 터라 친절하게 사람을 대하는 법을 배웠기 때문이다.

고브는 유니언의 기준에서 볼 때 상당히 이념적이었는데, 대처 지지자이자 능력 중심주의자로서 이미 자신의 사상이 무엇인지 잘 알고 있었다. 유니언의 동료였던 한 친구는 비록 고브가 "국가보건서비스의 극렬 폐지론자는 아니었지만, 핵무기 사용이라는 황당한 주장을 하는 친구였다"라고 회상했다.

1987년 고브는 유니언 회보에 학교 교육에 관한 짧은 에세이를 썼다. 시작은 오스카 와일드에 관한 엉뚱하면서도 복잡한 농담으로 했지만, 점점 더 진지해졌다. 당시 교육부 장관인 케네스 베이커를 '사기꾼' 같다면서 맹비난을 퍼부었는데, 고브는 탁월했던 빅토리아 시대로 회귀하려는 대처주의 사상으로부터 확실한 영향을 받았다. 스무 살짜리 학생의 주장은 2010년에서 2014년까지 그가 교육부 장관으로 재임하는 기간의 자세한 예고편이었다.

· 영국의 학교들은 명확한 기준이 있어야 하며, 학생들은 요구 기준에 부합해야 한다. '만약 우리가 하등 영장류에게 읽고 쓰기를 가르칠 수 있다면, 우리 아이들에게도 어느 정도 높은 기준의 성취를 보장할 수 있지 않을까?'
· 핵심 교과 과정? 필요하다. 특정 기본 기술과 지식을 전수하고 관련

없는 학습으로 인한 시간 낭비를 피해야 한다.

· 정기적인 시험? 필요하다.

· 교사들의 임금은 성과와 연계되어야 한다.

· '독립 운영, 민영화, 학부모 선택권'은 학교를 '생산자에서 소비자 중
  심의 조직'으로 변모시키는 데 큰 도움이 된다.[10]

한편으로 엘리트주의의 우수성에 찬사를 보내는 유니언 회보에
대해 그는 이렇게 경고했다.

"엘리트주의가 무엇인지 이해해야 한다. 엘리트주의는 파벌이나
극우주의자 또는 이튼 출신의 자존심에 관한 것이 아니다. 그것은
당당한 매력, 설렘 그리고 경쟁 정신이다. (…) 여기에 있는 우리 모두
는 엘리트다. 이것을 명심하는 게 우리 의무다."[11]

청년 고브는 긴장의 끈을 놓지 않았다. 조상 대대로 상류층인 영
국 특권 계층에 대한 영리한 대처주의자 이방인의 경멸은 그들의 전
리품을 획득하고자 하는 열망과 결합했다. 1988년 유니언 회장을
맡을 당시, 그는 토론회에서 흰색과 검은색 넥타이를 착용하는 것을
옹호했다. "어떤 사람들은 그것으로 겁에 질리거나 주눅이 들 수도
있다"고 인정하면서도, "잃는다는 것은 다른 한편으로는 특별한 것
을 얻는 것"이라고 밝혔다.[12]

뛰어난 연설가가 아니거나 자신의 열정을 유니언에서 충분히 발휘하지 못한 야심 찬 보수당 지지자들에게 웨스트민스터로 진출하는 또 다른 경로가 있었다. 바로 옥스퍼드대학 보수연맹ouca이다. 전임 회장으로 히스, 대처, 윌리엄 리스모그(제이컵 리스모그의 아버지), 윌리엄 헤이그 그리고 훗날 투자사를 차린 그의 옥스퍼드 친구 가이 핸즈 등이 있었고, 테리사 브레이저(테리사 메이)는 연맹의 간부였다. 유니언의 간부들과 달리, OUCA와 노동당 학생 조직의 간부들은 실제로 영국의 일반 대중 속에서 약간의 정치적 경험을 쌓았다. 그들은 총선 기간에 옥스퍼드의 노동계급 거주지역에서 유세활동을 벌이기도 했다.

마거릿 로버츠(마거릿 대처의 결혼 전 이름)는 정치적 야심을 OUCA에서 펼쳐야 했는데 당시 유니언이 여성의 가입을 막았기 때문이다. 1946년 그녀가 OUCA의 회장이 된 후 『아이시스Isis』*는 "마거릿 로버츠의 여왕 같은 활약으로 옥스퍼드 보수연맹의 확대는 전쟁 이후 절정을 맞았다"고 언급했다. 그녀의 재임 기간에 OUCA의 회원은 1920년 이후 처음으로 1000명을 훌쩍 넘었다.

대처는 상류층 보수 남성들에게 둘러싸여 있는 것을 좋아했다. 하지만 OUCA의 어느 동료가 회고하기를, 그들은 그녀를 '성실한 일꾼'으로서 '믿고 잡일을 맡길 사람'으로 '용인했을 뿐'이었다.13 데이비드 블레어(OUCA 회장을 역임했고, 현재는 보리스 존슨의 연설비서관)는

• 1892년 창간된 옥스퍼드대학의 교지.

OUCA의 역사를 이렇게 서술했다. "대처의 영향 아래 OUCA는 래브 버틀러•로 상징되는 새로운 현실 보수주의를 수용했다. 애틀리••의 노동당 정부가 시행했던 것을 상당 부분 받아들인 것이다. (…) 전후 합의에 대한 정쟁으로 절정에 달할 정치 연혁이 이를 수용함으로써 시작된 것은 아이러니였다." 대처의 뒤를 이어 OUCA 회장이 된 에드워드 보일이 1967년 히스의 그림자 내각shadow cabinet에서 사임했을 때, 대처는 그를 그림자 교육부 장관으로 임명했다.[14]

1980년대 후반까지 OUCA는 1800명(최소한 존슨의 계산에 따르면)의 회원을 보유했다.[15] 『처웰』은 OUCA를 '서유럽에서 가장 큰 학생 정치 단체'라고 불렀다.[16] 이 단체의 신규 회원 모집 문구는 '사회주의자가 아닌 사회 유명 인사가 되자'였다.[17]

OUCA의 1987년 회장은 제러미 헌트•••였다. 팀 헤임스는 이렇게 요약했다. "보리스의 매력은 바로 보리스라는 점이다. 마이클(고브)은 이념과 기획에 관심이 많았다. 제러미는 좀더 온건한 관리형 보수주의자였다." 제러미 헌트는 카리스마가 없고 언변이 좋지 못한 데다 확실한 정치적 열정도 없었지만, 전형적인 학생회장 유형이었다(차터하우스••••에서 학생회장을 맡았다). 『처웰』은 "헌트 제독은 폴라

• 1902~1982. 1941년 처칠 전시 내각에서 교육부 장관을 맡은 이래 여러 내각에서 부총리, 수석 장관, 외무부 장관 등을 역임했다.

•• 클레멘트 애틀리(1883~1967). 영국의 제43대 총리(1945~1951).

••• 1966년생. 옥스퍼드대학 모들린칼리지에서 철학·정치·경제 전공. 5선 의원으로 문화부 장관(데이비드 캐머런 내각), 외무부 장관(테리사 메이 내각), 재무부 장관(리즈 트러스 내각)을 역임했고 현 리시 수내 내각에서 재무부 장관으로 유임되었다.

•••• 영국의 명문 기숙 사립학교 가운데 하나(이튼, 해로, 윈체스터, 웨스트민스터, 차터하

리스● 미사일 발사의 통제권을 쥐고 있다. 그는 상당히 강력한 화력을 통솔하고 있다"며 그의 아버지를 언급했다.[18]

여왕의 먼 친척으로 키 크고 예의 바른 제러미 헌트는 옥스퍼드에서 보수당의 계파주의에 휘둘리지 않으려고 애썼다. 당시 OUCA는 난해한 정파적 공세를 일삼던 대처 진영(주로 공립학교 출신들)과 히스 진영의 '온건파Wets'(부유한 사립학교 출신들)로 양분되어 있었다. 헌트는 모든 사람을 통합하는 것을 사명으로 여겼다. 『처웰』이 '자유주의 계파'가 OUCA를 '장악'하려는 시도와 OUCA의 간부 한 명이 '무니Moonie'(통일교 신도)라는 것을 보도하자, 헌트는 편집장에게 『처웰』에서 보기 드문 정식 문서 형태로 다음과 같은 내용의 편지를 썼다. "OUCA는 자유주의 계파나 보수당 내의 어떤 계파에도 좌우되지 않는 중도적인 단체로 남을 것이며, 옥스퍼드대학 내의 모든 보수 학생의 시각을 대변하는 단체로 존재할 것입니다." 그는 또 무니를 축출했다고 덧붙였다.[19]

기준들이 헌트의 임기 이후에는 준수되지 않았다. 1989년 대학 감사실은 OUCA의 공식적인 지위를 즉각 박탈했다. OUCA(해넌은 OUCA가 '진정한 기업가 정신'을 지녔다고 썼다)가 카바레에서 모금활동을 기획하면서 실망스러울 정도로 적은 30명의 관객 앞에서 남성과 여성 스트리퍼들이 마시멜로를 사용해 성행위를 흉내 냈기 때문이다.[20]

우스, 럭비).
● 미국 록히드마틴사가 개발한 잠수함 발사 탄도미사일SLBM.

❖

제이컵 리스모그는 그와 같은 사회적 계층의 아이들과 마찬가지로, 어린 시절부터 무엇보다 글쓰기와 말하기를 제대로 배웠다. 웨스트민스터 부속 예비학교의 동창인 오언 매슈스는 동물 학대에 관한 주제로 학생들이 모인 자리에서 연설한 열한 살, 열두 살 ― '쉰한 살의 제이컵과 너무나 똑같은' ― 시절의 그를 기억했다. 그런 상황에서 그의 목소리는 우스꽝스럽게도 영국 상류층 말투였고, 너무 어른스럽게 연설해서 전교생들의 웃음을 자아냈다. 리스모그는 동요하지 않고 연설을 마쳤으며, 그의 용기는 찬사를 받았다. 이것은 값진 훈련이었다. 이튼에서 토론 클럽에 가입했고, 스톡턴 클럽을 만든 다음엔 스톡턴 백작인 해럴드 맥밀런을 설득해 연설을 부탁했다.

리스모그의 조상이 대대로 상류층인 것은 아니었다. 오언 매슈스는 대신에 그가 '입학한 학교의 간판을 활용했다'라고 진단했고, 책을 좋아하는 비쩍 마른 아이에게 이는 방어기제로 작용했다고 봤다. 1988년 옥스퍼드대학에 입학한 후 곧바로 그는 놓쳐서는 안 될 존재가 되었다. 비쩍 마른 십대 소년은 빅토리아 시대의 교구 사제와 같은 옷차림으로 더블 재킷 정장에 우산을 들고 브로드가를 거닐었다. 시간과 장소를 고려했을 때, 상상할 수 있는 범위 안에서 가장 독특한 옷차림이었다. 사실 펑크 스타일 의상보다 더 이상했다. 2021년에 내가 그에게 그런 사실을 인지하지 못했느냐고 물었다. 그는 "이미지를 크게 고려하지 않았어"라며, "사실 아무도 내가 옥스퍼드에서 지녔던 이미지를 떠올리지 못했을 거야"라고 답했다. 하지만 내가 다른 이튼 출신 친구에게 리스모그의 대학 시절 옷차림의 의미가 무엇이냐고 묻자, 그는 "말하자면 '나는 당신과는 다른 리그에 있습니다. 좀더 나은 곳이죠'"라고 설명했다.

거의 40년 전에, 리스모그의 아버지 윌리엄도 '포로들 가운데 가장 나이 많은 청년'으로 불릴 정도로 1950년대의 옥스퍼드 사람 같았다.[21] 데이비드 월터는 이렇게 썼다. "그의 옷차림은 빅토리아 시대의 총리들도 부끄럽지 않을 정도였다. 옥스퍼드 출신인 [윌리엄] 리스모그는 유니언 선거에 열 번이나 출마했지만, 각각 다른 이유로 네 번의 임원 선거에서 모두 떨어졌다." 하지만 그는 결국 마지막 학기에, 늘 스탠리 존슨(보리스 존슨의 아버지)을 피해갔던, 유니언 회장에 당선되었다.[22]

제이컵은 아버지(윌리엄)의 학창 시절을 세세한 부분까지 재현하려 했다. 그는 내게 이렇게 말했다.

옥스퍼드에 입학하던 날, 아버지의 권유로 유니언에 가입해서 회원 자격을 받았어. 옥스퍼드 유니언에서 거의 3년을 살았지. 옥스퍼드에 입학하고 며칠 안 지나 옥스퍼드대학 보수연맹에도 가입했어. 사이먼 호어(현재 보수당 의원)가 실제로 가입 등록을 해줬는데, 너랑 통화하려고 사무실로 돌아오는 길에 의회 복도에서 말 그대로 우연히 그와 마주쳤어.

제이컵 리스모그는 대처의 '경제 기적'에 대한 찬사로 유니언에서
데뷔 연설을 했다. 방에서 큰 소리로 연설 연습을 했다고 했다. 그는
훗날 이렇게 회상했다. "그런 사람이 나 말고 아무도 없었지만, 나는
말하는 것을 좋아해서 유니언 토론에서 자주 발언했다. 나약한 자
유주의자들을 비판하는 열정적인 대처 진영의 주장을 담았다.[23] 아
마 내가 옥스퍼드에서 배운 몇 가지 일상적인 웅변 기술은 모든 것
을 세 부분으로 나눠야 한다는 일종의 강박관념 같은 것이었다."

『처웰』은 바로 '진취적인 신입생Pushy Fresher'이라는 전통적인 이름
의 상을 그에게 수여했다(마이클 고브도 첫 학기에 받았다).[24] 이 신문
은 "제이컵은 수업이 없는 화요일이면 대개 런던으로 돌아가서 보수
당 중앙 사무처의 일손을 돕고 있다"라며 리스모그가 이미 대학을
넘어 확대된 정치적 인맥을 가지고 있다고 보도했다. 리스모그가 정
장을 입고 연설하는 사진을 기사에 실으면서 문구는 이렇게 넣었다.
"더 이상 무슨 말이 필요할까요?"

중세 시대 상류층 같은 옷차림을 한 열여덟 살 소년의 사진을 살
펴보노라면, 30년이 더 지난 지금도 리스모그는 변하지 않았다는
것을 알 수 있다. 존슨과 고브처럼, 리스모그도 옥스퍼드대학 시절
의 헤어스타일을 여전히 고수하고 있다. 내가 그의 학창 시절 옷차림
에 관해 물어봤을 때, 그는 이렇게 답했다. "지금 입고 있는 정장이
아마 (그때하고) 완전히 똑같은 종류일 거야. 재미있지 않아?"

보수 성향의 사립학교 출신들은 옥스퍼드에 입학했을 때 거의 완
벽하게 갖춰 입고 다녔다. 사립학교는 이들에게 자신감, 명확성 그리

고 옥스퍼드를 장악할 수 있는 노하우를 제공했다. 이들은 이미 카툰으로 자신들의 개인 브랜드를 구축했는데, 이로써 옥스퍼드에서 곧바로 유명세를 탔다. 이들은 대학에서 새로운 말투를 배우거나 이미지를 가꾸기 위해 시간을 들이지 않았다. 왜냐하면 이들은 어렸을 때부터 이미 자신이 커서 어떤 사람이 되고 싶은지 알고 있었기 때문이다. 대부분의 학생이 자리도 찾기 전에 이들은 최고의 자리에 올라서고 있었다.

리스모그는 존슨 이후에 가장 영향력 있는 인기 학생으로 변모했다. 댄 해넌은 "그가 중요하고 가치 있는 인물이라는 인식이 널리 퍼져 있었다"라고 회상했다.[25] 리스모그는 한물간 의상을 입은 우스꽝스러운 귀족으로 그레이프라이어스 스쿨●의 몰레버리 경과 『비노』지에 등장하는 스누티 경의 계승자라 할 수 있었다. 조지 오웰은 "영국 사람들은 작위를 받은 이들을 아주 좋아한다. 점잔빼는 말투와 외눈 안경을 쓴 바보처럼 보이지만, 위기의 순간에는 늘 앞장서서 행동한다"라고 썼다.[26]

옥스퍼드 유니언을 연구한 인류학자 피오나 그레이엄은 "영국적인 관념에서 괴짜는 사회를 비판하며 사회 밖에 있는 것이 아니라 그 자신이 사회의 필수적인 부분이다"라고 언급했다. 그녀는 괴짜는 일반적으로 신념에 순응하며, '태도, 옷차림, 언행, 눈치 같은 외형적인 방식'에서만 괴팍할 뿐이라고 이야기한다.[27]

● 소설에 등장하는 사립학교 이름.

1990년 유니언 회장 선거를 위해 리스모그는 자신의 자금 일부를 선거운동에 투입했다. 다른 학생들보다 유명인을 더 많이 알고 있는 그는 향략적인 영국인의 전형이었다. 비록 조롱이라 해도 그에 관한 기사는 『처웰』에 거의 매주 실렸다. 그러나 지금 그는 이렇게 말한다. '내가 친대처 성향을 솔직하게 드러내지 않았다면 더 나을 수도 있었어. 그치만 그건 당선을 위한 올바른 방법이 아니었어.' 사실 옥스퍼드 내 최대 기관의 임무를 맡기에는 미래의 브렉시트 담당 장관이 아마 너무 특이했을 것이다. 그는 선거에서 훗날 보수당 소속의 영국 안보부 장관이 된 데이미언 하인즈에게 패했다. 1991년 리스모그는 아버지의 뒤를 이어 OUCA 회장이 되었는데, 『처웰』은 그의 선거운동을 '세계 제패와 사회 적합성을 위한 운동'이라고 언급했다.28

옥스퍼드대학 출신 보수당 브렉시트 찬성론자들을 설명하는 데는 사립학교가 이야기의 큰 부분을 차지하지만, 대학도 마찬가지다. 레이철 존슨은 이렇게 말한다. "옥스퍼드 인맥도 중요하고, 유니언도 중요하고, 보수당으로 통하는 공급 네트워크도 중요해요. 게다가 매우 예민한 정치적 안테나를 가진 야심 찬 청년들의 존재도 중요합니다. 왜냐하면 그들끼리 서로에게 자극이 될 수 있기 때문입니다."

만약 1980년대의 옥스퍼드 학부생들에게 2020년대에 누가 영국을 통치할 것 같냐고 여론조사를 했다면, 내 추측으로 가장 일반적인 대답은 틀림없이 유능한 사이먼 스티븐스와 닉 로빈슨이었겠지만, 고브나 리스모그, 심지어 재담꾼 존슨에게 표를 던지는 사람도 있었을 것이다. 1991년의 유니언 회장이었던 올리버 캠벨은 이렇게 덧붙였다. "어떤 형태의 영향을 미칠 것이라는 예측보다 그들이 영향력 있는 사람이 될 것이라는 예측이 더 쉬웠다."

이 세대는 이유 없는 야심을 가졌다. 나는 그들이 웨스트민스터에서 정책을 입안하는 꿈을 가졌다고 생각하지 않는다. 이념은 영국의 지배계급을 움직이는 핵심 요인이 아니었다. 로사 에런라이크는 "옥스퍼드에서는 세상을 있는 그대로 받아들여야 한다고 생각했다. 계급 차이가 존재하는 것을 전적으로 무시할 순 없다. 권력 차이도 존재한다"고 언급했다. 그녀는 이렇게 마무리했다. "옥스퍼드는 야망 있는 학생들에게 언젠가 너희도 정상에 오를 수 있다는 확신을 심어주었다."[29]

이런 세계관—혹은 의식 있는 세계관의 부족—은 때론 영국에 혜택을 가져다줬다. 철학에 무지하고 의심 많은 옥스퍼드 출신 정치인들은 한때 프랑스나 독일 엘리트들을 사로잡았던 우스꽝스럽게 들리는 새로운 유토피아적 이념을 본능적으로 비웃었다. 난해한 전문 용어로 가득한 마르크스주의는 영국에서 결코 기회를 잡을 수 없었다. 특히 옥스퍼드대학은 급진주의에 매우 냉소적이었다. 제2차 세계대전 이후, 영국 공산당의 옥스퍼드대학 지부에 가입한 소수의 학부생 가운데 한 명이었던 킹즐리 에이미스는 훗날 이렇게 설명했다. "그렇게 예쁘지는 않았지만, 어쨌든 (…) 여자들도 가입되어 있었다."[30] 미사여구가 빠진 위트를 강조하는, 영국적인 방식 그 자체가 위험한 발상을 막는 보루가 되었다. 유럽 대륙의 지성인으로 케임브리지대학의 교수가 된 조지 스타이너는 이렇게 진단했다.

만약 신이 영국으로 내려와 그의 신앙을 자세히 설명하기 시작했다면, 영국인들은 뭐라고 했을까? 그들은 이렇게 말했을 것이다. "아이고, 집어치우세요!" 그렇다. 이 나라는 평범한 생각들이 힘을 갖는 축복받은 땅이다. 그것이 공산주의 그리고 파시즘으로부터 이들을 구했다. 결국 이들은 고통을 초래하는 발상에 큰 관심이 없다.[31]

리스모그 일파는 웨스트민스터에 가서 처칠의 '피와 땀 그리고 눈물'을 인용한 위대한 영국에 관한 연설을 하고 총리 질의응답 시간●에 재치 있는 답변을 하고 싶었다. 하지만 이들은 영국을 변화시키거나 자신들을 제외한 다른 이들의 삶을 변화시키는 데는 그다지 열정이 없었다.

● 매주 수요일 하원 회의에서 총리가 의원들의 질의에 답변하는 시간. 야당 대표는 총 여섯 차례의 질문 기회를 얻는다.

8. 옥스퍼드 유니언과 노동당 학생회

교정 한가운데에 진리를 추구하고 즐거움을 찾는 사람들의 행복한 섬이
있다. 우리는 출입구 앞에 진을 친 채 분노에 찬 일그러진 표정을 짓고
있는 비회원들을 늘 의식하고 있었다.

—회장 재임 시절 옥스퍼드 유니언이 어떻게 인식되었는지를 회고,
보리스 존슨, 2002년[1]

1980년대가 시작될 무렵, 유니언은 토론에 집중하는 작은 모임이
었다. 하지만 당시 경제 위기가 터지면서 좀더 광범위한 배경의 학생
들이 유니언에 가입했다.[2] 1988년까지 절반에 가까운 옥스퍼드대학
의 학부생이 65파운드의 회비를 냈다.[3] 하지만 대부분의 신입 회원은
계층, 성별 혹은 정치적 관점에 따라 이방인으로 남았다. 이런 엘리
트 양성소로부터 배제된 이들이 현재 영국의 정치를 형성하고 있다.

훗날 노동당 정치인이 되는, 키프로스 이민자 출신 우체부의 아들
인 앤드루 아도니스는 한동안 보육원에서 자랐다. 옥스퍼드대학 재
학 중에 그는 딱 한 번 유니언의 토론에 참석했는데, 토론의 발의안
은 '의회의 사립학교 폐지'에 관한 것이었다. 아도니스는 지지 발언을
하려 했지만, 그의 기억에 따르면, 그 자신도 공립학교 출신인 회장

윌리엄 헤이그가 오로지 사립학교 출신 친구들에게만 발언권을 주었다.

아도니스는 그의 정치적 열정을 다른 곳에서 펼쳤다. 1987년 그는 당시 학생들 사이에서는 완전히 특이하게도 옥스퍼드 시의원으로 당선됐다. 그의 선거 포스터는 시내 중심가를 도배했는데, 베일리얼칼리지에서 고전문학을 전공하는 어느 학생의 호기심을 불러일으켰다. 수십 년이 흐른 뒤 아도니스가 교통부 장관으로 재임 중일 때, 런던 시장이었던 보리스 존슨은 그에게 이렇게 말했다. "당신의 선거 포스터를 도시 곳곳에서 볼 수 있었습니다. 훌륭하고 멋진 아도니스를 늘 만나고 싶었습니다."

유니언의 복장과 토론 규칙들—'의사 진행!Point of order,' '이의 제기!Point of information'—은 대부분의 학생에게는 위협적이고 생소했지만, 공개 토론과 함께 성장한 사립학교 출신들에게는 습관과도 같은 것이었다. 이는 마치 그들만이 알고 있는 언어 같았다. 어찌 됐든 토론에 나선 훈련받지 않은 이방인들은 산 채로 잡아먹히는 것과 같은 위험을 감수해야 했다. 런츠는 이렇게 회상한다. "제가 연설을 시작했을 때 토론장의 적대감과 중간중간의 끼어들기 때문에 몹시 당황했습니다. 그래서 자신감도 꺾였고요. 그들이 저보다 훨씬 더 나았어요. 그들에게 익숙한 단어들이 제겐 쉽지 않았습니다. 전에는 제가 뛰어난 토론자라고 생각했지만, 아니라는 것을 깨달았죠."

1980년대에 여성은 여전히 유니언에서 배제되었다. 40년간 요구한 끝에 유니언은 1963년 여성들을 정회원으로 인정했다.[4] 1938년

히스는 여성의 가입을 반대하는 연설을 하기도 했다.[5]

유니언 간부였던 조 존슨(보리스 존슨과 관련 없음)은 1987년 여성이 유니언과 의회(하원) 양쪽 모두에서 늘어나지 않는 이유를 돌이켜보며, 다음과 같이 언급했다. "엄숙한 실내에서 버티고 토론하는 것이 여성에게는 더 어려웠습니다. 나긋한 고음의 목소리는 무관심 속에 파묻혔지요. 연설 내용보다 외모가 더 큰 주목을 받았습니다."[6]

대부분의 여성은 수사학적 훈련 면에서도 부족했다. 내가 레이철 존슨에게 그녀가 다녔던 브라이언스턴이나 세인트폴 여학교와 같은 명문 학교에서 공개 연설을 배웠느냐고 물었을 때, 그녀는 이렇게 대답했다.

> 결코 없었어요! 제가 생각하기에 이제껏 세인트폴에서 유일하게 토론에 참석한 것은 세인트폴(모교)에 와서 토론에 관한 강의를 해달라고 요청받은 것뿐이었어요. 영국에서 가장 우수한 여학교인 세인트폴에서조차 다른 학교와 견줄 만한 경험을 제공하지 못했습니다. (남성과) 동일한 방식으로 과시하거나 현혹하거나 재미를 주는 것은 매우 중요한 일이지만 여성에게는 권장되지 않았어요. 이건 핵심적인 자질의 일부이지만 테리사 메이가 결코 갖고 있지 못한 매력이었습니다. 만약 매력을 발휘할 수 있다면, 이미 이긴 거나 마찬가지입니다.

그래서 많은 학생이, 심지어 정치에 관심 있는 학생들조차 유니언 토론에서 입을 닫고 지켜보거나 혹은 아예 참석하지 않으려 했다.

소수의 엘리트가 무대를 독차지했다. 중하류층의 어느 남학생은 너무 겁이 나서 토론 중간에 이의 제기도 못 했다면서 이렇게 말했다. "토론은 정말 멋지고 흥미로웠습니다. 이들은 재미있었고 사람들은 즐거워했죠. 관중석에서 야유도 나오고 이의 제기를 하면 환호성을 지르기도 했습니다. 일종의 서커스였어요. '이 사람들이 앞으로 총리가 될 것'이라고는 생각하지 않았습니다."

1980년대의 진보 진영 학생들은 유니언에서 스스로 빠져나왔다. 옥스퍼드에서 아주 소규모인 노동당 학생회는 유니언의 미숙함과 비싼 가입비 저지를 명목으로 1972년 이후 유니언 참여를 거부했다. 보리스 존슨은 "그들이 볼품없는 노동자들의 전당대회로 돌아갔다"며 비웃었다.[7]

노동당은 옥스퍼드 유니언에서 오랜 전통을 지녔다. 마이클 풋은 1933년에 회장이 되었고(비록 그때는 자유주의자였지만),[8] 그의 경쟁 후보 가운데 세 명—토니 벤, 토니 크로슬랜드, 로이 젱킨스—이 1976년에 노동당 지도부가 되었다. 그들은 유니언의 간부를 역임하기도 했다. 젱킨스는 수십 년이 흐른 뒤 유니언 시절을 되돌아보며 이렇게 고백했다. "1940년 6월, 프랑스가 함락된 것만큼이나 회장 선거에서 패하고 크게 낙담했다."[9] 그러나 노동당은 보수당처럼 유니언에서 한 번도 중심 세력이 된 적이 없었다. 클레멘트 애틀리, 휴 게 이츠컬, 해럴드 윌슨, 토니 블레어 등은 옥스퍼드 재학 시절에 유니언에 크게 관심이 없었다. 애틀리는 유니언의 도서관을 이용했을 뿐이다.[10] 블레어는 공연 무대나 록밴드 같은 장소에서 커뮤니케이션 기술을 연마했다.

노동당 학생회가 1983년에 유니언 참가 거부를 끝낸 이후에도[11] 진보적인 학생 중 소수만 유니언을 수용했다. 대니얼(댄) 해넌은 옥스퍼드에서의 마지막 학기에 그들이 유니언에서 얻을 수 있는 게 많지 않다고 지적하는 글을 교지에 기고했다. "옥스퍼드 정치에서 성공을 거둔 야심 찬 보수 청년은 거의 확실한 선거구를 보장받는다. 반면 빛나는 옥스퍼드 경력을 기반으로 스스로 길을 선택한 야망 있는 청년 사회주의자는 그가 가입한 노동조합에서조차 냉담한 대우를 받을 가능성이 크다."

옥스퍼드 노동당 학생회는 자신들이 살고 있는 도시의 노동계급의 어려움에 크게 관심을 기울이지 않았다. (아마 옥스퍼드 노동계급은 그들의 투쟁에 학생들이 참여하는 것에 별다른 간절함이 없었을 것이다. 1960년대 후반, '사회주의 인터내셔널 조직'의 옥스퍼드 지부에 가입했던 크리스토퍼 히친스는 이렇게 회상했다. "대규모 공장 정문에서 부지런히 전단지를 배포하며 시위를 준비했지만 어떤 노동자도 시위에 나타나지 않았다.")[12] 노동당 학생회는 1984~1985년의 광부 파업 때 피켓 시위를 하며 전국적인 투쟁에 더 큰 관심을 보였다. 이것이 노동당 학생회원들이 실제 현실의 노동계급 사람들을 만나는 방식이었다. 그리고 파업 광부들은 최고의 우상이었다.

대체로 야심 있는 노동당 학생들은 그들 자신의 삶에 영향을 미치는 정책에 집중하고자 했다. 해넌은 그들이 '학생 대출금, 주거 또는 지자체 활동과 같이 극도로 긴밀한 문제'에 관심을 둔다면서 비난했다. 데이브 밀리밴드는 옥스퍼드대학 학생회Oxford University Student Union, OUSU(옥스퍼드 유니언과는 완전히 별개인 곳)의 학생복지위원장이었다. 이베트 쿠퍼, 에디 볼스, 에드 밀리밴드는 각각 소속 칼리지의 학부 휴게실junior common room, JCR 관리위원장이었는데, 사실상 학부생 대표였다. 이들 세 명은 소속 칼리지에서 쟁점 사안인 기숙사 비용 협상을 이끌었다.

키어 스타머는 리즈대학에서 법학을 전공한 뒤, 1985년 옥스퍼드 대학원에 2년간 민법을 공부하러 왔다—영국의 '기타 계층other ranks' 사람이 대학원을 활용해 옥스브리지 엘리트에 합류한 드문 사례였다. 스타머는 노동당 학생회 모임에서 회원들과 20대들 사이에서 곧 유명해졌다. 그는 진정한 노동계급 출신으로, 카리스마가 있고 잘생긴 외모에 열성 진보주의자이자 축구 팬이었다. 북부의 춤을 능숙하게 추는 스물세 살의 청년이었지만 꽤 성숙해 보였다. 그는 또한 사회주의 자치Socialist Self-Management라는 소규모 급진좌파 행동주의자 단체에 가입한 적이 있다.[13]

그러나 그는 옥스퍼드에서 중요한 정치적 경험을 놓쳤다. 나중에 그의 노동당 학생회 동료 중 한 명이 내게 유니언 참가 거부에는 대가가 따랐다고 말했다. "유니언의 장점은 말하는 기술을 배울 수 있다는 것이었다." 노동당 학생회 회원들은 아무것도 배우지 못했다.

아도니스는 이렇게 말한다. "2020년대 보수당의 정치 스타일은 '옥스퍼드 유니언에서 나온' 토론 기법을 특색으로 삼았지만, 노동당의 수사학은 '후기 마르크스주의에 관한 지루한 토론과 PPE 과목의 세미나에서 비롯된' 것이다."

존슨은 유니언 회장석에 앉아 웃긴 농담을 갈고닦았지만, 노동당 학생회 회의는 모든 게 국제적 혹은 요식적인 발의의 제안이나 제청에 관한 것이었다. '우리는 현미 주간Brown Rice week에 10파운드 제공을 결의한다', 또는 '우리는 팔레스타인 해방 기구PLO의 군사활동 지지를 결의한다' 등이었다. 볼스는 1985년 노동당 학생회의 첫 번째 회의를 이렇게 회상했다. "의제의 주요 항목은 학생회의 새로운 현수막에 망치와 낫의 이미지를 포함시키느냐 마느냐였다."14

노동당 학생회는 그다지 미디어 친화적이지 못했다. 반면 보수당 지지 학생들은 그때나 지금이나 미디어에 친숙했다. 1989년 한 학기 동안 『처웰』의 편집장을 지낸 루크 하딩은 이렇게 회상한다. "그때는 옥스퍼드 우파 정치가 좀더 매력적이었어요. 좌파 정치는 괜찮기는 했지만 그리 끌리는 요소가 없었습니다. 우리는 『처웰』에 진지한 주제의 글을 썼지만, 귀족들과 이들의 사교 놀이 그리고 정치적 책략에 얼마간 현혹되었습니다. 우리는 이들을 비판함으로써 이들의 영향력을 줄일 수 있을 거라 생각했죠."

노동당 학생회는 이따금 토론회를 개최했다. 한 토론회에서 스타머는 와핑• 지역의 루퍼트 머독의 새로운 인쇄소에서 일어난 인쇄공들의 파업을 지지하며 데이브 밀리밴드와 스티븐 트위그•• 주변의 우유부단한 중도 계파들을 격렬하게 비판했다.[15] 그러나 노동당 운동에서 애호하는 규정과 절차가 대담한 연설을 말살시켰다. 대부분의 노동당 지지 학생들은 이런 기교를 학교에서 배우지 못했다. 그 결과는 현재 눈에 띄게 나타난다. 스타머는 대중 연설을 잘하지만, 코맹맹이 목소리로 따분하고 재미없었다.

1980년대 옥스퍼드에서 유일하게 한 사람만이 노동당 학생회와 유니언의 분열을 성공적으로 아울렀는데, 바로 사이먼 스티븐스였다. 그는 공립학교 출신이며, 그의 아버지는 침례교회 목사이자 교사였다. 1986년 그는 존슨, 런츠와 함께 미국으로 유니언의 토론 여행을 떠났다.[16] 스티븐스와 존슨은 친구 사이였고, 2019년에 존슨은 자신이 유니언 회장으로 당선되는 데 스티븐스가 도움을 주었다고 정확히 기억했다.[17] 1987년 스티븐스 자신도 회장에 당선되었다. 그는 회장을 맡으면서 하얀 넥타이 규정을 없애고 유니언과 옥스퍼드 대학 보수연맹과의 유대를 활성화하는 것도 고민했다.[18] 그가 웨스트민스터까지 노동당의 정치 노선을 추구했다면, 아마 꽤 큰 세력을 얻었을 것이다.

• 런던 중심부 동쪽의 런던탑과 타워브리지 인근의 템스강과 인접한 지역. 19세기 해상무역 전성기의 건물들(창고, 부두)이 남아 있다.
•• 1966년생. 옥스퍼드대학 베일리얼칼리지 졸업. 1997년 동성애자임을 밝히고 최초로 하원의원에 당선되었다.

9. 브렉시트의 탄생

우리는 유럽인 대부분이 유럽연합국가 창설에 반대한다고 굳게 믿습니다.
— 옥스퍼드대학 역사학과 학생이자 브뤼주 회의 초대 회장인
패트릭 로버트슨의 창립 선언문, 1989년 2월 9일

1980년대 후반까지 대처 총리는—당시 대부분의 보수당원이 그 랬던 것처럼— 유럽의 충실한 구성원이었다. 유럽연합 집행위원회는 그녀가 요구한 특권을 영국에 제공했고, 그녀는 유럽 단일시장을 만들기 위해 위원회 의장인 자크 들로르와 협력하고 있었다. 1986년 영국은 유럽공동체의 단일유럽법 제정에 찬성했다.

당시 옥스퍼드에서 유럽의 정치적 이슈는 완전히 관심 밖이었다. 주요 쟁점은 영국의 핵무기 배치, 광산 파업, 남아프리카공화국의 아파르트헤이트(인종차별 정책. 보수당원 대부분은 아파르트헤이트에 반대하지 않았다)였다. 그러나 1988년 9월 리스모그와 내가 옥스퍼드에서 학업을 시작하기 2주 전, 대처 총리는 유명한 '브뤼주 연설'●을 했다. 여기서 그녀는 '브뤼셀에서 유럽 전체에 새로운 지배권을 행사

하는 초국가적 조직'의 탄생 가능성을 경고했다. 그녀는 단일시장이 정치적 통합을 수반할 것이라는 사실을 다소 늦게 깨달았다. 당시에는 유럽 대륙의 단일통화에 대한 논의가 불거지고 있었고, 그녀 역시 유럽연합 회의론자로 변모했다.

그녀의 연설은 옥스퍼드대학의 보수 지지자들을 놀라게 했다. 영국을 통치하는 것은 그들의 계급이 가진 특권이었기 때문이다. 그들은 유럽연합 정부에 있는 외부인이 이러한 특권에 개입하는 것을 원치 않았다. 이렇게 보수당의 유럽 회의론은 어떤 면에서는 우버 택시에 맞서 싸우는 개인택시 기사들의 투쟁처럼 일자리 보호를 위해 시작된 것이다. 그리고 사립학교 출신 옥스퍼드 학생들은 그들이 통치할 나라를 그들 자신의 계급과 동일시해 생각하게 되었다. 아무리 세계대전 이후 영국의 국력이 약해졌다고는 해도, 누군가 영국에게 이래라저래라하는 것은 여전히 용납할 수 없는 일이었다.

유럽 회의론자로 돌아선 이들 가운데 패트릭 로버트슨이 있었다. 그는 당시 옥스퍼드 역사학과 2학년생이었고, 주로 파리와 로마에서 성장기를 보낸 스코틀랜드인이었다. 그의 아버지는 정치적 좌파로 반대처주의자였고 파리와 로마의 영국 관광청에서 일했다.[1] 로버트슨은 자신의 어린 시절을 이렇게 회상했다. "우리 형제들은 9월에 영국을 방문해 큐가든(왕립식물원)을 가고, 셀프리지 백화점에서 교복을 사고, 프롬스 음악 축제의 마지막 밤 공연을 TV로 보면서 이국적인

- 유럽연합 회의론자들에게 기념비적인 연설로 일컬어진다. 대처 총리는 벨기에 브뤼주에서 유럽연합이 단일시장보다는 초국가적인 연방주의로 변모하고 있다며 비판했다.

영국 분위기에 취하곤 했습니다." 그는 이렇게 덧붙였다. "영국 밖에서 성장기를 보내면, 영국에 거주하고 있는 대부분의 사람보다 영국 민주주의의 기반이 되는 요소들에 더 많은 애정을 품게 됩니다."

열두 살이 됐을 때 로버트슨은 커서 정치인이 되기로 마음먹었다.[2] 그는 덜위치칼리지(사립고교)의 기숙사에서 한동안 생활하다가 마르크스주의에 빠지면서 영국을 '현재 남아 있는 대로 보존해야 할 국가'로 바라보게 되었다. 그리고 옥스퍼드에서는 유니언의 열렬한 회원으로 거듭났다. 1988년 번스 만찬에서 당시 유니언 회장이던 마이클 고브는 로버트슨을 같은 스코틀랜드인 노먼 스톤 옆에 앉히는 배려를 해주었다. 로버트슨과 스톤은 함께 술에 취해 하일랜드 댄스를 추면서 어울렸고,[3] 서로가 이탈리아어를 유창하게 구사하는 유럽 회의론자라는 사실을 알게 되었다(스톤은 이탈리아어를 완전히 독학으로 습득했다).

대처 총리가 브뤼주 연설을 했을 때까지만 해도 로버트슨은 상황을 아직 잘 모르고 있었다. 당시 언론들이 이 주제를 별로 다루지 않았던 데다 로버트슨 자신도 반유럽연합론의 세부 사항들을 작성하느라 바쁜 시간을 보내고 있었기 때문이다. 그는 대처 총리가 자신과 같은 생각을 하고 있다는 것을 1988년 후반에야 알아차렸다. 보수당의 고위 의원들 중에서도 그와 같은 생각을 하는 사람들이 있었다. 로버트슨은 그들과 접촉하기 시작했다. 『처웰』은 그에게 '진취적인 신입생'이라는 별명을 지어주었고, 학교를 방문 중이던 에드워드 히스에게 크립트 와인 바에서 만나자고 초대하는 쪽지를 보냈

다는 이유로 그를 몽상가라 부르며 조롱했다.[4]

그러나 로버트슨은 사실 어느 정도 성과를 거두고 있었다. 그는 유럽 회의론자들을 만나기 위해 런던을 방문하기 시작했다. 대처 총리는 그를 매우 아꼈고, 그는 대처가 자신의 어머니와 비슷하다고 생각돼 그녀에게 쉽게 빠져들었다.[5] 그는 정책부서의 일원이었던 크리스토퍼 멍크턴의 집에서 열린 만찬에 참석했고, 그곳에서는 유럽 연합 가입 여부에 대한 국민투표를 둘러싸고 토론이 이루어졌다.[6] 비판적이던 『처웰』마저 이제는 로버트슨에게 매료되었다. 1989년 2월의 언론은 "그와 그의 여자친구와 함께 살기 시작한 중년 여성은 사실 그의 비서였다. 그 중년 여성은 로버트슨이 정치적 우파의 경제 논리를 대중에게 홍보하기 위해 당시 막 설립했던 의심스러운 조직, 패디(패트릭)의 브뤼주 회의의 관리를 위해 고용된 사람이었다"라고 보도했다.[7]

그로부터 얼마 후 스무 살의 나이에 로버트슨은 학위를 포기하고 옥스퍼드를 떠나 본인이 설립한 새로운 싱크탱크에서 연구에 전념했다.[8] 그는 "나는 유럽 국가들에 친근함을 느끼지만, 영국이 웨스트민스터 정부가 아닌 다른 외부 권력에 좌지우지되는 것은 옳지 못하다"라고 말했다.[9] 당시 유럽 회의론자였던 빌 캐시 의원은 이 브뤼주 회의야말로 유럽경제공동체를 '유일하게 반대하는 영국 내 파벌'이라고 평했다.[10] 로버트슨이 사무실에 사진을 놔두었던 노먼 스톤은[11] 조직의 사상적인 대부가 되었다.[12] 이 조직은 그 후 몇 달 만에 100명 이상의 비주류 의원을 회원으로 받아들였다.[13] 로버트슨에 따르면 원래 조직의 목표는 유럽을 '개혁'하는 것이었다. 당시에는 영국이 유럽연합을 탈퇴하는 것을 그 누구도 상상하지 못했다.

현재 로버트슨은 홍보회사인 월드PR을 운영하고 있으며 스위스의 생모리츠에 거주하고 있고, 동시에 바하마 주재 카자흐스탄 명예영사이기도 하다. 그는 여전히 대처주의자로 남아 있다. 그의 역외 재무 기록에 따르면 2011년에 그는 대처 전 총리에게 보낼 꽃을 구매하는 데 100파운드를 지불했다. 월드PR의 고객 중에는 카자흐스탄 말고도 아우구스토 피노체트와 아제르바이잔의 독재자도 포함되어 있다. 그리고 월드PR은 브렉시트 이후 '글로벌 브리튼' 캠페인도 진행했다.[14]

로버트슨의 엄청난 노력에도 불구하고 초기의 옥스퍼드 유럽 회의론자들은 보잘것없는 비주류 세력이었다. 유럽은 여전히 멀게만 느껴졌다. 1989년 11월 9일 저녁, 친구 녀석이 내 방문을 두드렸을 때 나는 방에서 논문과 씨름 중이었다. "뭐야?" 나는 짜증을 내며 물었다. 친구가 "베를린 장벽이 무너졌어!" 하고 외쳤다. 당시 나는 고작 스무 살이었고, 전공도 역사와 독일어였기 때문에 이 사건을 그때까지의 내 인생에서 가장 고무적인 정치적 사건으로 받아들였다. 지금에 와서도 그 생각에는 변함이 없다. 나는 그날 라디오 뉴스를 들으며 밤을 지새웠다.

이튿날 오후, 세상을 바꾼 전날의 사건에 대해 다 함께 토론하고 싶은 마음에 나는 학교 휴게실에 가서 문을 열고 주위를 둘러봤다. 놀랍게도 바뀐 것은 아무것도 없었다. 학생들은 여전히 스포츠 기사를 읽으며 남의 뒷담화를 하거나 「네이버」를 시청하고 있었다. 나는 그들이 잠깐 집단으로 장난을 치고 있다고 생각했고 잠시 후 다 함께 프라하의 민주화 시위의 반향에 대해 토론을 시작할 것이라 기대했지만 그런 일은 절대 일어나지 않았다.

그 주 토요일 콘마켓 거리에서 나는 공산주의 신문 『모닝 스타』를 팔고 있는 어떤 학생을 만났다. 내가 "그 소식 들었어?" 하고 묻자 "당연하지, 친구!"라는 대답이 돌아왔다.

그다음 주에 나는 친구와 함께 문학 교수 테리 이글턴의 '마르크스주의 문학이론'이라는 강의를 들으러 갔다. 이 강의는 큰 인기를 끌었다. 이글턴의 첫마디는 "동유럽에서 최근 일어난 사건들이 증명하는 것은 마르크스주의가 후진국에 적용될 때는 작동하지 않는다는 것뿐입니다"였다. "동독과 체코슬로바키아를 말하는 거야?" 친구가 속삭였다. 강의 뒷부분은 마르크스주의에 대한 찬사로 채워졌다. 수업 내내 내 오른쪽에 앉아 있던 학생은 꼼꼼하게 필기했다. 나는 어깨너머로 그가 뭘 그렇게 열심히 적고 있는지 훔쳐봤다. '말도 안 되는 이야기'라고 적혀 있었다.

당시는 한겨울이었다. 공산주의가 무너졌고, 1990년 2월 11일에는 넬슨 만델라가 감옥에서 석방되었다. 그러나 나는 먼 곳에서 일어난 일련의 대사건들이 옥스퍼드에서는 하찮은 취급을 받고 있다는 것을 전혀 알 길이 없었다. 하루는 『처웰』의 초청으로 부총리이자 최근까지 외무부 장관직에 있었던 제프리 하우가 OUCA에서 주최하는 '점심시간의 대화'에 참석했다. 나는 감격했다. 최근의 대사건들의 중심에 서 있는 사람이 우리에게 사건의 진실한 내막을 알려주리라 기대했기 때문이다. 나는 대화의 장이 사람들로 가득 찬 모습을 기대하며 입장했다. 하시만 곧바로 어리둥절해졌다. 거기에는 나와 정장 차림의 보수당 지지자 열댓 명 외에는 아무도 없었다. 누구도 그에게 동유럽에 관해 묻지 않았다. 지금에 와서는 당시 그가 무슨 말을 했는지조차 기억나지 않는다. 그는 대체 왜 왔던 걸까?

그해 가을에 펨브로크칼리지에 도착한 헝가리 석사과정 학생 역시 옥스퍼드대학이 혁명을 경험할 수 있는 곳은 아니라는 결론을 내렸다. 그는 빅토르 오르반으로, 학업을 중단하고 귀국해 1990년 3월 헝가리 총선거에 출마했다. 옥스퍼드가 그에게 남긴 유일한 흔적은 그의 공식 이력에 있는 한 줄, 즉 1989~1990년, 옥스퍼드 펨브로크 칼리지에서 소로스 재단의 후원으로 영국 자유주의 정치철학을 공부했다는 것뿐이었다.[15]

그러나 1990년에 유럽 대륙이 스스로 재편성하기 시작하면서 유럽은 마침내 옥스퍼드에게도 관심의 대상이 되었다. 그 후 대학에서 일어날 일련의 사건들은 2016년까지 영향을 끼치게 된다. 아마 옥스퍼드에서 처음으로 부화된 혁명, 바로 브렉시트였다.

베를린 장벽의 붕괴는 유럽을 변화시켰다. 프랑스와 독일은 곧 유럽경제공동체가 외교 정책과 통화를 공유하는 연방 연합에 좀더 가까워져야 한다는 데 동의했다. 회원국들은 연방주의 색채를 띤 마스트리흐트 조약의 청사진을 그리기 시작했다. 한편 영국의 보수당은 1990년 11월 초국가적인 연합에 대해 경고했던 대처 총리의 주장이 현실화되는 것을 보고 그녀의 주장을 옹호하기 시작했다. 그러나 3주 후 그녀의 후계자인 존 메이저는 마스트리흐트 조약의 개요를 승인했다.

대처주의자인 역사학도 댄 해넌은 옥스퍼드에서의 첫 학기인 그해 연말을 분노에 차서 보냈다. 그는 보수당원들이 유럽의 단일통화에 반대하는 것은 결과적으로 그가 신봉하던 대처주의를 저버린 것이라 생각했다.

브뤼주 회의의 패트릭 로버트슨처럼 해넌도 영국 밖에서 영국을 숭배하며 성장했다. 그는 페루에 있는 그의 아버지 소유의 대규모 양계장에서 자랐다. 그의 가족은 제1차 세계대전 후 영국의 랭커셔에서 남미로 이주했지만,[16] 집안의 남자들은 계속해서 영국인 아내를 데려왔고, 리마의 천장이 높은 상류층 클럽 건물에 자주 들락거렸다. 해넌은 정신적으로 더 이상 존재하지 않는 과거 영국의 유산 속에서 성장했다.

페루에서의 그의 기억 중 가장 오래된 것은 연로한 아버지가 자기 재산을 빼앗으려는 폭도들과 맞서 싸우던 일이다.[17] 해넌은 2021년 줌 화상 통화 중 내게 이렇게 말했다. "저는 정부가 제대로 작동하지 않는 나라에서 어린 시절을 보냈어요. 정권 붕괴가 반복됐고 사회는 무질서했고 헌법은 걸핏하면 수정되었습니다." 이것은 1980년대에 역사상 가장 안전한 시기에 가장 안전한 지역에서 성장한 대부분의 옥스퍼드 출신 정치인들의 경험과는 매우 다른 것이었다. 해넌이 페루에서 했던 경험은 그에게 변치 않는 영국의 제도를 숭상하도록 가르쳤다. 열아홉 살이 되던 해에 그는 이미 말버러고교(사립학교)와 옥스퍼드대학 두 곳을 다녔다.

그는 이렇게 말한다.

페루에서는 사람들이 정치를 매우 심각하게 받아들입니다. 정치를 잘못하면 그 결과가 매우 끔찍하기 때문이죠. 그리고 옥스퍼드에 오기 전까지 저는 '정치는 재미있는 취미이자 가십거리일 뿐'이라는 사고방식을 전혀 이해하지 못했어요. 도대체 정치활동을 왜 하는 걸까요? 강력한 의제도 없이 선출돼서 정치에 뛰어드는 것이 대체 무슨 의미가 있습니까?

해넌이 동료 옥스퍼드 출신 정치인들과 또 다른 점은 그가 민족주의자임에도 불구하고 국제적인 세계관을 지녔다는 점이다. 마스트리흐트 조약이 체결되었을 때 그는 그것을 매우 진지하게 받아들였다. 그는 민주주의 역시 영원불멸은 아니라고 생각했기 때문에 동유럽의 격변을 아주 진지하게 탐구했다.

최근의 코로나바이러스가 뉴스를 장악하는 방식으로 1990년대 초약 3년 동안은 마스트리흐트 조약이 뉴스를 장악했습니다.
저는 당시 갭이어gap year를 우리가 여전히 동유럽이라 부르던 곳에서 전개되던 혁명을 지켜보며 보냈습니다. 당시 제가 방문했던 대부분의 장소에서 자유 선거가 예정되어 있었지만 1990년 초까지 아직 실시

되지 않았고, 공산주의자들이 여전히 권력을 잡고 있었어요. 그러나 그들을 제외한 모든 사람은 변화가 다가오고 있음을 직감할 수 있었습니다. 저는 헝가리 친구와 대화하면서 민중이 어떻게 선거에서 승리할 수 있는지, 그리고 소위 민주 저항 세력이 무기도 없이 마리화나와 핑크 플로이드 앨범을 손에 들고 저항을 계속하고 있다는 것 등을 그 근거로 들었습니다. 저와 같은 사람들은 그들이 영어를 상당히 잘해서 더더욱 그들에게 빠져들었습니다.

이러한 일련의 과정에서 민주주의를 회복하는 '민중의 힘'에 영향을 받아 마스트리흐트 조약은 신속하게 전개되었습니다. 1990년 체코슬로바키아, 폴란드, 루마니아를 비롯한 여러 국가에서 외세의 점령을 종식시키는 것이 곧 민주주의 혁명의 주된 원동력이라는 것은 매우 분명해 보였습니다.

당시 라트비아의 외무부 장관이 영국을 방문했을 때 매우 충격적인 일이 있었어요. 발트 3국이 소련에서 가장 먼저 탈퇴하면서, 그는 영국 언론으로부터 "당신의 나라는 정말 독립을 이룬 건가요? 라트비아는 아직 독자적인 통화조차 갖고 있지 않죠?"라는 질문을 받았습니다. 이러한 질문에 대해 그는 "우리는 영국보다 더 독립적인 국가입니다"라고 대답했습니다.

지금 그때를 기억하면, '이런 젠장, 사실 엄밀히 말하면 그의 말이 맞지 않나? 라트비아는 자신들의 영토를 관할하는 완전무결한 주권을 갖고 있어서, 자국의 법령을 뒤집을 수 있는 국외 사법기관도 없잖아. 먼 옛날 잠깐 존재했다가 소멸한 이 작은 나라가 다시 주권을 얻을 수 있었다는 것은 정말 놀라워. 언제 우리가 우리 주권을 포기하자고 토론한 적이 있었나? 그리고 합의한 적이 있었나?'라는 생각이 듭니다. 결단코 없었죠. 바로 이러한 여론의 흐름 속에서 마스트리흐트 조약이 부각된 것이었습니다. 민주 국가의 자치정부와 그 조약은 양립할 수 없다는 것이 제가 그것을 반대하는 주된 이유였습니다.

명석한 사립학교 졸업생 해넌은 첫 학기에 이미 옥스퍼드의 정계에서 입지를 다졌다. 마스트리흐트 조약과 관련해 그는 이렇게 말했다.

당시 이곳저곳에서 여러 사람과 몇 가지 대화를 나눴던 기억이 납니다. 그리고 영국이 더 큰 단위의 구조인 유럽 내에서 하나의 지방으로 전락할지도 모른다는 이야기를 들었을 때의 충격은 너무 커서 차마 말로 표현할 수도 없었어요. 유럽연합은 독자적인 국기, 국가, 여권을 비롯해 한 국가로서 가질 수 있는 모든 것을 갖고 있습니다. 많은 사람이 당시 상황에 대해 저와 같은 불안을 느끼고 있다는 사실을 알고서 저는 큰 충격을 받았습니다. 그리고 이것은 촌각을 다투는 중대한 문제라는 생각이 들었습니다.

그의 동지들 가운데 보수당원들 말고도 영국독립당 의원이 된 그의 말버러칼리지 동창생 마크 레클리스와 공산주의 붕괴 이후 헝가리에서 잠시 살았고 지금은 지휘자로 활동하고 있는 음악가 제임스 로스가 있었다.[18] 1990년 12월, 이 세 사람은 장소에 약간 이견이 있긴 하지만 17세기 옥스퍼드의 하이스트리트에 지어진 퀸스 레인 커피하우스나 13세기에 지어진 베어 인 펍에서 만나 '영국의 독립을 위한 옥스퍼드 캠페인Oxford Campaign for an Independent Britain, CIB'을 시작했다.

결론적으로 보면 브뤼주 회의와 얽혀 있는 이 캠페인이야말로 브렉시트의 기원이라고 볼 수도 있다. 칵테일 파티를 조직하는 데 유능함을 보여서 주로 사회적 활동을 맡게 된 오언 매슈스는 이 집단을 '유어 브렉시트 갱Ur-Brexit gang'으로 부른다. 그는 이 캠페인의 창립자들과 지상낙원을 만들고자 했던 초기 볼셰비키 당원들을 비교하곤 한다. 오언은 이후 브렉시트 이론에 관한 가장 영향력 있는 전문가가 되었으며, 대처 이후 영국의 가장 영향력 있는 정치사상가가 되었다. 리스모그는 그에 관해 "나보다 훨씬 더 이른 시기에 그가 논리적인 결론을 통해 유럽연합 탈퇴를 생각했다"라고 떠올렸다.

오언은 이 운동이 "조금 생경하지만 순수한 근본주의 운동이라는 매력을 지녔다"고 말한다.

댄 해넌은 보수당에서 브렉시트 논쟁이 유행하기 한참 전에 외롭게 홀로 브렉시트를 주장하던 사람이었습니다. 하지만 옥스퍼드 캠페인이 정말로 중요한 이유는 그것이 하이에크의 이론에 근거해 영국의 자유화를 구축하려던 자유주의 운동이었다는 점입니다. 해넌은 궤변가들이나 떠들어대던 유럽 회의주의를 데이비드 캐머런이 국민투표를 추진하기에 충분한 비중을 가진, 보수당의 소수파이지만 지적으로 영향력 있는 구성원들의 의견으로 성장시키는 데 큰 역할을 했습니다.

나중에 브렉시트 관련 논평을 하게 될 버밍엄 출신의 변호사이자 유럽 회의론자 데이비드 앨런 그린은 당시를 이렇게 회상한다. "해넌은 예의 바르고 유쾌한 사람이었습니다. 나는 그가 정말로 최고의 재능을 타고난 사람이라고 생각했어요. 그는 실제로 마스트리흐트 조약을 완전히 이해하고 인용할 수 있는 능력이 있었습니다. 그는 또한 역사가로서도 높은 평가를 받고 있었습니다. 우리는 그가 1학년 기말고사에서 최고 등급의 성적을 받았다는 것도 알고 있었죠."

해넌이 훗날 브뤼셀에서 보수당의 유럽의회의원MEP으로 재임할 때 그의 방에는 옥스퍼드 캠페인 위원회 사진이 걸려 있었다.19 그와 함께 자신 있게 미래를 바라보는 맑은 눈을 가진 12명의 학생 가운데 그의 아내가 된 세라 메이너드와 잠시 영국독립당의 사무총장을 맡았던 로저 버드가 포함되어 있다.

옥스퍼드 캠페인은 해넌만큼 호화스럽지는 않지만, 저녁 식사 모임의 보수당원 같은 옥스퍼드의 상류층을 끌어들이는 경향이 있었다. 제이컵 리스모그도 캠페인의 초창기 회원 중 한 명이었다.20 그는 옥스퍼드대학 시절 전공(역사)에 집중했던 시기가 그때였다면서 최종 시험에 더 몰두했다고 회상했다. 당시 보수당 지지 학생들─조지 오즈번, 로리 스튜어트(이튼에서 리스모그와 같은 기숙사에 살았다), 니키 그리피스(결혼 후 니키 모건이 되며, 2014년 고브의 후임 교육부 장관으로 임명)—도 활동에 그다지 적극적이지 않았다. 오언은 "그들은 캠페인이 경력에 도움이 되기는커녕 주류에서 벗어나 있고 지나치게 저항적이라고 생각했다"라고 말했다.

해넌은 '처음 집을 떠날 때 약간 어리둥절한 시기를 겪는 사람'처럼 옛날 잉글랜드인 같은 유형이 캠페인에 일부 포함되어 있음을 인정했다. 하지만 그의 기억 속에서 캠페인은 나중의 학생 세대가 영향을 받을 심각한 외국인 혐오주의가 출현하기 이전의 순수한 유럽회의론Euroscepticism을 대변했다.

해넌은 캠페인 시작 후 겨우 한 학기 만에 300명 이상의 회원을 모집했고, 최종적으로는 회원 수가 더 늘어났던 것으로 기억한다. 그러나 이 캠페인은 학생 전반에 막강한 영향력을 떨친 모임은 결코 아니었다. 회원 수만 보면 일단 주류라고 말할 수 있었을지 모른다. 그렇지만 그 숫자가 다른 모임에 비해 압도적으로 높은 것은 아니었다. 편향된 사회적 배경을 가진 구성원으로만 이루어진 옥스퍼드 캠페인은 교내 정치 관련 모임 중 회원 수 3위에 그쳤다.

『처웰』은 곧잘 캠페인을 조롱했다. "허구한 날 이탈리안 식당에서 시간을 보내면서 유럽 대륙에서 온 모든 것을 거부하려는 이 사람들이야말로 모순덩어리 그 자체 아닌가?"[21] 그러나 캠페인은 빠른 속도로 주류에 편입되었다. 1991년 11월 옥스퍼드 유니언은 히스와 노먼 테빗을 초청해 유럽연합은 영국에 의미가 없다는 데 동의하려고 논의했다. 유니언 회관에서 히스의 흉상(지금도 거기에 서 있다) 공개와 함께 저녁 행사가 시작되었다. "55년 전 내가 처음 이곳에 앉

앉을 때, 내 흉상이 여기 세워질 것이라고는 상상도 못 했습니다. 그리고 이 모임에서 두 번이나 연설하게 될지도 전혀 상상하지 못했어요." 그러나 바로 유럽연합을 둘러싼 보수당 내부 다툼의 전조가 일어났다. 히스는 발언권 요청을 반복적으로 거부해서 야유를 받았다. 유니언에서 반유럽 동의안은 108표로 가결되었다.[22]

1992년 해넌은 니키 그리피스를 물리치고 대학 보수연맹의 회장이 되었다. 그러나 그는 아직 유럽연합 탈퇴론자가 아니었다. 대부분의 캠페인 회원들도 마찬가지였다. 유럽경제공동체를 떠난다는 생각 자체가 1990년대 초반에는 상상조차 할 수 없는 일이었기 때문이다. 해넌은 당시 영국이 유럽경제공동체와 협력 조약을 체결하고, 그 내용은 유럽이 통일된 외교 정책, 형사, 사법권 등을 가져가며, 영국이 유럽을 지원함과 동시에 경제에 관해서는 독자적인 시장주의 노선을 고수하기를 원했다.

한편 빌 캐시(옥스퍼드 역사학과 선배 졸업생)와 니컬러스 리들리 같은 인물이 이끄는 마스트리흐트 조약을 반대하는 보수당 의원 모임도 등장했다. 해넌은 이렇게 말했다.

이들 대부분을 학부 때 처음 만났어요. 저는 그들이 독립적인 정당을 설립하기에는 역부족이라는 것을 잘 알고 있었고, 생각보다 많은 대중이 그들의 의견에 공감하고 있다는 것을 알려주기 위해 학생의 관점에서 제가 할 수 있는 모든 것을 시도해볼 가치가 있다고 생각했어요. 그래서 그들이 옥스퍼드에 와서 연설할 수 있는 자리를 계속 마련했습니다.

마스트리흐트 반대파는 옥스퍼드 유니언과 옥스퍼드대학 보수연
맹, 그리고 브뤼주 회의에서도 연설했다. 오언은 이렇게 말했다.

그들은 국가적, 정치적 차원에서 우리가 당연히 큰 역할을 하게 될 것
임을 믿고 있다는 것을 드러내며 접근해왔어요. 다시 말해, 브렉시트
의 대부들은 옥스퍼드에서 정치적 활동을 하는 학생들에게는 매우
친숙한 대화 상대였습니다. 물론 이런 흐름을 의회와 내각으로 이어
지게 하는 것은 전체적으로 볼 때 매우 자연스러운 움직임이었죠. 그
런 면에서 댄 해넌은 꽤 일찍 자신이 해야 할 일을 발견한 셈입니다.

그러나 그들은 첫 번째 싸움에서 패했다. 1992년 2월 의원 다수
파는 윌리엄 리스모그가 사법적 제약을 통해 단일통화와 사회 관련
조항을 제외했음에도 불구하고 결국 마스트리흐트 조약을 통과시
켰다. 리스모그는 이를 최근 300년 동안 벌어진 가장 중요한 헌법적
사건이라고 여겼다.[23]
　이는 패배이기는 했으나 동시에 지적으로 성숙할 기회이기도 했
다. 유럽 회의주의 사상의 생태계가 갖춰지기 시작한 것이다. 로버트
슨은 내게 "마거릿 대처가 1991년 1월 사임 직후 가장 먼저 한 일은
브뤼주 회의의 의장이 된 것입니다. 이는 상당히 중요한 사건입니다.
나이절 패라지도 이 사건이 자신에게 상당한 영향을 끼쳤다고 말했

어요"라고 했다. 1991년에는 런던정치경제대학 유럽학과의 학과장이었던 앨런 스케드가 나중에 영국독립당으로 이름을 바꾸게 될 반연방주의 연맹을 창설했다.[24] 그리고 비슷한 시기 영국독립당 창설 운동도 때맞춰 등장했다. 당시 노동조합과 소련이 붕괴하면서 영국의 정치적 우파는 새로운 적을 필요로 했고, 유럽연합은 새로운 적이 될 요건을 갖추고 있었다.

옥스퍼드의 유럽 회의론자들은 그들이 진정 원하는 유럽의 청사진이 어떤 것인지 찾아내려고 노력했다. 거기에는 여전히 수많은 가능성이 남아 있는 것처럼 보였다. 데이비드 앨런 그린은 "연방주의에 대한 탐구의 결과는 당시에는 매우 불확실했다"라고 말했다. 1992년 6월, 덴마크인들은 놀랍게도 국민투표를 통해 마스트리흐트 조약을 거부했다. 그해 9월 '검은 수요일'에 유럽환율체계ERM가 무너졌다. 이 일련의 사건들은 옥스퍼드의 유럽 회의주의를 뒷받침해주는 것처럼 보였다. 그린은 이렇게 말했다. "이 사건들은 정말 중요했습니다. 당시 사람들이 조약을 무효화하는 것이 정말로 가능하다고 느꼈기 때문입니다. 많은 사람이 조약을 비판하기 시작하면서 점차 브렉시트에 찬성하는 쪽으로 다수의 의견이 기울어졌습니다."

옥스퍼드 유니언에서는 친유럽과 반유럽 파벌로 나뉘어 수많은 논쟁을 벌였다. 유니언 회의장은 물론이고 도서관이나 모리스실室처럼 작은 장소에서도 벌어졌다. 술집에서도 즉흥적인 심야 논쟁이 벌어졌다. 그린은 당시 누군가가 유니언 회관에 침입해 친유럽파인 히스의 흉상을 도둑질했던 사건을 떠올렸다.

1993년 7월 마스트리흐트 조약은 왕실의 재가를 받았다. 대학을 막 졸업한 해넌은 그 순간을 '심각한 패배'라 느꼈고 그 감흥을 남겼다.

우리는 패배했다. 조약은 승인되었다. 앞으로 한동안은 승인을 취소할 수 없을 것이다. 이런 상황에서 유럽 회의론을 부활시키려면 어떻게 해야 할까? 우리는 권력의 중앙집권화가 가져올 폐해에 대해 훨씬 더 폭넓은 비판을 할 필요가 있다. 모든 사람이 공감할 만한 용어로 우리 사상을 표현해야 하며 유럽 대륙에서도 우리와 같은 생각을 가진 동지들을 찾아야 할 것이다. (…) 아직 포기할 수 없다. 왜냐하면 이건 너무 중요한 일이니까. 그리고 내가 알고 있는 관련된 많은 이와 함께 우리가 이 상황을 극복해나갈 방법을 찾아보자.
옥스퍼드 캠페인에 연설하러 왔던 여러 의원에게 편지를 써서 내 생각을 전달했고, 그들 가운데 다수가 "훌륭하다. 전적으로 동의한다"며 회신을 주었다.

이후에 그는 연합 반대파 의원들에게 다음과 같이 제안했다. "의원님들이 힘을 모아서 저를 고용하면 어떨까요. 그러면 저는 이 일에만 전념할 수 있을 겁니다." 의원들은 이 제안을 승낙했다.

스물한 살의 해넌은 이렇게 해서 전임 브렉시트 담당자가 되었다.[25] 그는 정당이 아닌 자신의 사상 그 자체를 정치적 야망으로 삼았다. 정치계의 거의 모든 사람이 이 상황을 관심 있게 지켜보는 가운데 그는 다음 목표, 즉 반유럽파 의원 마이클 스파이서가 유럽연구회의European Research Group, ERG로 수십 명의 반反마스트리흐트 의원을 모아 의회운동을 조직하는 것을 도왔다. 해넌은 "나는 운동의 초대 총무이자 첫 번째 직원이기도 했습니다"라며 당시를 회상했다.

저는 4~5년 정도 이 일을 맡으면서 동시에 수많은 연구도 진행하고 있었습니다. 아마 '유럽연구회의'라는 이름은 의도적으로 위협적이지 않게끔 선택되었을 것입니다. 그러나 그것은 잘못된 이름이 아니었어요. 왜냐하면 이 모임은 실제로 유럽연합의 공동 농어업 정책과 유로화의 문제점, 그리고 영국과 유럽 대륙이 공존할 수 있는 더 나은 유럽연합의 청사진이 무엇인지에 대해 수많은 논문을 작성했기 때문입니다. 그리고 저는 그 연구 결과들을 가지고 다른 사람들을 설득해나가고 있었습니다.

이렇게 유럽 회의론의 생태계가 성장해갔다. 1994년 로버트슨은 국민투표당을 창설한 제임스 골드스미스 경에게 영국의 유럽연합 회원국 성격을 규정하는 국민투표에 관한 생각을 전파했다.26 그 결과 스물세 살짜리 프리티 파텔●이 언론 담당관이 되었다.

미래의 엘리트들은 찬성과 반대 양측에서 해넌의 싸움에 관여했다. 1992년 유럽연합 잔류파인 옥스퍼드 개혁 모임이 옥스퍼드 캠

● 보수당 대표 정치인 중 한 명. 보리스 존슨 내각에서 내무부 장관을 역임했다.

페인에 대적하기 위해 창설되었다. 1995년까지 모임의 회장인 철학·정치·경제를 전공한 올리 로빈스는 리즈 트러스를 포함한 회원들을 독일대사관 재무관의 유로화에 대한 강연이나 '시민에게 유럽을 팔다'라는 행사와 같은 '명소들'에 초대했다. 이후 2016년 국민투표에서 트러스는 유럽연합 잔류에 투표하게 된다. 2017년 로빈스는 테리사 메이 총리의 브렉시트 수석 협상가가 되었다.[27]

1997년에 곧 옥스퍼드로 진학할 예정이었던 17세의 윈체스터칼리지(사립학교) 신문 편집장 리시 수낵은 토니 블레어가 '영국의 해체를 도모하고 궁극적으로는 초국가적 유럽연합의 일원이 될 계획을 세우고 있다'라고 생각하며 초조해하고 있었다.[28] 1998년 26세의 도미닉 커밍스는 블레어 총리의 유로화 도입 계획에 반대하는 조직인 파운드화를 위한 사업Business for Sterling의 책임자가 되었다.[29] 드디어 해넌은 싸움에 임할 소통의 명수들을 얻은 것이다.

10. 비극을 모르는 세대

여기에 들어오는 그대여, 1914~1918년 국가를 위해
헌신한 우리의 아들들 모두를 경애합시다.
— 옥스퍼드대학 모들린칼리지 전쟁기념관

존슨-캐머런-해넌의 세대에는 공통적인 불변의 무언가가 있다.
언변 좋은 젊은이들이 사립학교에서 옥스퍼드를 거쳐 권력의 중심
에 이르기까지 종횡무진으로 활약한다는 점이다. 이런 일은 영국 현
대사 전반에 걸쳐 반복됐다.

그리고 이들에 대한 대중의 불만도 계속됐다. 1850년대에는 크림
전쟁과 인도에서의 반란이 초래한 참사가 영국 신사들의 평판을 훼
손했다. 역사가 리처드 콜스는 크림전쟁에 대해 다음과 같이 기록
한다.

제1보병사단을 지휘하고 있던 35세의 케임브리지 공작이 여왕의 사
촌이었던 사실이나 부사단장 에스트코트가 영국군 사상 초유의 위

기 속에서도 짐칸에서 낮잠이나 자다가 운수 사납게 사진에 찍힌 것 등은 사실 작은 일화에 불과할 수도 있다. 반대로 총사령관 래글런 경이 나폴레옹에 대항하여 최후의 결전을 벌이기 위해 최선을 다했던 것, 카디건 경과 루칸 경이 나폴레옹의 기병대를 거의 전멸시켰다는 역사적 사실도 잊혀선 안 될 것이다.[1]

빅토리아 여왕 치세 초기 카르텔식 민주주의가 횡행하던 시절, 래글런은 네 명의 친척을 자신의 보좌관으로 고용했다.[2] 라이트 돌격대의 자살 특공이 영국인들에게는 황실의 영광스러운 최후의 일격처럼 보였지만,[3] 결국 크림전쟁에서의 패배는 군대와 공공 서비스의 개혁을 촉발했다. 그런데도 옥스브리지가 배출한 어설프고 설익은 통치자들은 영국 역사에 계속해서 등장했다. 예를 들어 1916년 외무부 장관 아서 밸푸어●(이튼과 케임브리지 졸업)에 대한 커즌 경(이튼과 옥스퍼드 졸업. 두 학교의 학생회장을 모두 역임)의 비판을 들어보자. 커즌은 다음과 같이 설명한다.

[밸푸어] 체제의 애석한 무지, 무관심, 경솔함. (…) 그는 자신의 업무 관련 문서를 제대로 읽은 적도 없고 역사적 사실들을 전혀 이해하지 못했으며 매일 아침 내각에 출근해서 외무부의 전보도 거의 읽지 않았고 전황을 예측하려는 노력조차 하지 않았습니다. 그는 어떤 위기

● 1848~1930. 제31대 총리(1902~1905). 1917년 외무부 장관 재임 시 유대인의 팔레스타인 정착을 허용한 '밸푸어선언'에 서명했다.

상황에서 다른 위기 상황으로 가볍게 도망칠 수 있도록 도와주는 비범한 즉흥적 능력을 굳게 믿고 있었기 때문입니다.4

밸푸어에 대한 커즌(위의 글을 썼을 당시 옥스퍼드대학 총장이자 밸푸어의 후임 외무부 장관이었다)의 묘사는 보리스 존슨에게도 그대로 들어맞는다. 그러나 밸푸어의 시대와 존슨의 시대에는 결정적인 차이가 있다. 밸푸어 시대의 영국은 세계의 약 4분의 1을 통치하고 있었다. 식민 지배 경험의 부작용 중 하나는 사립학교 출신의 남학생들이 행정 경험을 습득했다는 점이다.

파멸적인 시행착오를 수도 없이 저지른 커즌은 인도 총독으로 부임하던 1899~1900년 기근으로 100만 명이 넘는 인도인을 죽게 만든 책임자였다. 빅토리아 시대 영국에서 옥스퍼드에 다니던 사립학교 출신 남학생들은 강력한 지방 정부를 운영하면서 행정 경험을 익혔다. 그리고 그들은 전쟁을 특히 심각한 문제로 받아들였다. 왜냐하면 자기 아들들을 전쟁터에 내보내야 했기 때문이다.

1914년 6월 스무 살이던 해럴드 맥밀런의 이력서는 미래의 보리스 존슨의 스무 살 무렵의 이력서와 많이 닮아 있다. 존슨은 중상류층 출신이고, 이튼을 졸업했으며, 베일리얼칼리지에서 고전을 공부했고, 옥스퍼드 유니언에서 겨우 두 표 차로 회장에 당선되었다.5 맥밀런은 방황하는 풋내기 청년이었고, 대중으로부터 고립된 채 성장했다. 평화가 유지되고 그가 유니언 도서관장으로 임기를 계속했다면 그는 그대로 편안한 삶을 살았을 것이다.

그러나 1914년 여름을 기점으로 그와 존슨의 이력서는 달라졌다. '7월 말 위인전을 읽고자 독서 모임에 나가는 대신에 연병장에 서 있게 되었다.'6 그는 아직 소총 지급도 받지 못한 신규 소총대대의 소대장으로 임명받은 것이다.7 당시의 사립학교 남학생들은 비록 기관총은 지니지 않았지만, 전장의 영광에 관한 이야기를 들으면서 자랐다. 그들은 대개 하급 장교가 되어 전쟁에 합류했다. 옥스퍼드 유니언은 자연스럽게 장교들의 식당으로 변모했다.8

맥밀런은 전쟁에서 세 번이나 중상을 입었다.9 한 번은 무릎과 골반에 부상을 입은 후 12시간 동안 포탄 구덩이에 누워 모르핀을 투약하면서 버티다가 독일군이 다가오면 죽은 척하고 몰래 아이스킬로스를 읽으며 버텼다.10 그러던 1916년, 그의 어머니는 노파심에 안전한 행정병 자리에 지원하라고 했지만 그가 거절했다.11

1912년과 1913년 여름 사이에 회장직을 맡았던 4명 중 3명을 포함해, 제1차 세계대전 중에 7명의 유니언 회장이 사망했다.12 그러나 이것은 더 광범위하게 벌어진 계급적 희생의 일부였을 뿐이다. 잰 모리스는 "학부 학생 수가 3000명을 넘지 않던 시절 거의 2700명의 대학 구성원이 그 전쟁에서 사망했다"라며 경악했다.13 "하급 장교들의 전사율이 가장 높았다.14 소설 속의 버티 우스터도 1915년경에 죽었다"고 오웰은 언급했다.15

맥밀런은 전쟁이 끝나고 옥스퍼드로 돌아가지 않았다. 그는 "내가 절름발이가 되었기 때문은 아니었다"라고 훗날 설명했다. "옥스퍼드에는 전쟁으로 인한 수많은 부상자가 있었다. 나는 그런 상황을 마주할 수가 없었다. 나에게 그곳은 유령의 도시였다. 1912년 [베일리얼에 온] 여덟 명의 장학생 가운데 험프리 섬너와 나만 살아남았다. 그건 무척 고통스러운 경험이었다."16

수십 년 후 맥밀런은 노동계급 병사들을 이끌던 자신과 같은 귀족 출신 장교들이 "다른 방법으로는 만날 수 없었던 노동계급 병사들과 함께 편안함을 느끼는 방법을 처음으로 몸에 익혔다"고 회고했다. 맥밀런이 "더럼의 광부나 스톡턴의 철강 노동자들 같은 사회적 약자들이 겪는 불공정을 최대한 개선하는 것을 사회적 의무로 받아들이기 시작한 것은 전시 참호에서 보초병들을 대하면서, 그리고 이후에는 그의 동북부 의회 선거구인 스톡턴온티스에서였다"라고 그의 전기작가 찰스 윌리엄스는 적었다.17

전통적으로 영국에서는 장교가 병사들의 생명을 책임졌다. 가부장적이면서 동시에 책임감을 통해 깊이 얽힌 관계였다. 맥밀런이 나중에 "끔찍한 무슨 일이 곧 일어날 것만 같은 내면의 두려움을 떨쳐버릴 수 없었다"고 했던 것도 어찌 보면 당연했다. 1914년으로부터 거의 70년의 세월이 지난 후에도 그는 "하늘이 그때처럼 여전히 흐리다"라고 회상했다.18

1940년부터 1963년까지 영국은 제1차 세계대전에 자원했던 총리들이 통치했다.19 갈리폴리에서의 참패 이후 정권에서 축출된 처칠은 1916년 41세의 나이에 왕립 스코틀랜드 소총부대 대대장으로 임명되었다. 그는 벨기에 전선에서 거의 죽을 뻔했다.

클레멘트 애틀리도 갈리폴리에서 싸웠다. 그는 수블라 지역의 극소수 생존자 가운데 한 명이었다. 그는 메소포타미아에서 부상을 입었고, 튀르키예 전선에서 싸우는 동안 병사들에 앞장서서 돌격하다가 파편에 맞았다. 나중에 프랑스에서 또다시 부상을 입었다.[20]

앤서니 이든은 무인지경에서 독일군의 포격을 피해 부상당한 하사관을 데려온 공로로 십자훈장을 받았다.[21] 그의 삼형제 중 두 명, 그리고 그의 이튼 학교 같은 반 친구들 가운데 3분의 1이 전쟁터에서 사망했다.[22] 이렇게 전쟁에서 겨우 살아남은 소수의 옥스퍼드 출신 남성들이 정계에서 서로 만났다. 그들은 서로를 애틀리 소령, 이든 소령, 맥밀런 대위 등 전시 계급으로 불렀다.[23]

제2차 세계대전 중에도 추가로 3명의 유니언 회장이 더 사망했다.[24] 히스 자신도 노르망디 상륙작전에 참여했으며[25] 29세에 대영제국훈장MBE을 받았다. 그는 당시 유럽이 제1차 세계대전에 이어 또다시 스스로를 파괴하는 것을 보면서 '오늘날까지 나에게 남아 있는 깊은 믿음, 즉 유럽인들은 다시는 서로 죽이도록 만들어서는 안 된다'라는 생각을 갖게 되었다고 말했다.[26] 1973년에 그는 영국을 유럽경제공동체에 가입시켰다.

동인도 함대의 중위 출신인 제임스 캘러헌은 참전 세대의 마지막 총리였다.[27] 그는 '영웅적인 전쟁 경험은 환상일 뿐'이라고 스스로 적은 바 있다. 그러나 그는 하부 갑판과 병실에서 전쟁과 승리를 모두 겪으면서 해군 장병들이 얼마나 승리를 고대하고 기뻐했는지를 봤다. 그리고 그로부터 4~5년 후 수많은 영국인 남녀가 군인 신분에서 벗어나 고국으로 돌아오는 것을 직접 보고 겪었다. 전쟁 참전용사 총리들의 시대는 또한 영국의 사회민주주의 시대이기도 했다. 그러나 이 시대는 1979년 캘러헌이 대처에게 패배함으로써 종말을 고했다.

이튼은 전쟁에서 사망한 선생님과 학생들을 기리는 명판 및 기념비로 뒤덮여 있다. 훗날 작가가 되는 보수당원 퍼디낸드 마운트는 1950년대 그가 이곳의 학생이었을 때 '우리는 죽은 자들의 그림자 속에서 살고 있다'며 '모든 곳에서 죽은 영혼을 위한 거대한 장송곡이 계속 들리는 것 같았다'고 느꼈다.[28] 이는 옥스퍼드도 마찬가지였다. 그중에서 가장 강력한 인상을 남기는 것은 모든 대학 건물에 걸려 있는 '왕과 국가를 위하여'라는 명판이다. 잰 모리스에 의하면 크라이스트처치칼리지의 전쟁기념관에 있는 전사자 명단에는 자작 2명, 백작 3명, 명예 영주 7명, 준남작 4명, 영예자 11명, 이탈리아 후작 1명, 프랑스 백작 1명이 포함되어 있다. 뉴칼리지에는 제1차 세계 대전 당시 독일 전선에서 죽은 학도병들이 포함되어 있다.[29]

이후 영국 상류층의 계급적 희생은 수십 년 동안 기억되었다. 1990년대 중반의 어느 날 저녁, 나는 라이엘 경(이튼-옥스퍼드 졸업생)과 함께 옥스퍼드의 학생 기숙사에서 열린 영국 상원 의원들의 만찬에 초대받았다. 식당으로 가는 길에 그는 제1차 세계대전에서 전사한 동료들을 기리는 기념비를 가리켰다. 기념비에 새겨진 '라이엘'은 그의 할아버지였다. 그런 다음 그는 그의 아버지 '라이엘'이 적힌 제2차 세계대전 전사자 추모비도 보여주었다.

내가 군인을 이상화하려는 것은 아니다. 전쟁 경험이 항상 영혼의 고귀함을 달성하도록 만들어주는 것도 아니라고 생각한다. 그러나 세계대전은 현대 영국이 여러 사회적 계급을 하나로 모으기 위한 가장 효율적인 수단이었다. 장교들은 침대에서 자고 일반 병사들은 바닥에서 잠을 잔다는 차이는 있었지만, 영국이 하나의 국가적인 이상에 가장 가까이 다가갈 수 있었던 것은 전쟁의 참호 속에서 여러 계급이 함께 생활했기 때문이다.[30] 「브라이즈헤드」의 찰스 라이더는 제2차 세계대전에서 이와 같은 계급의 융합을 발견하고서 이것을 매우 혐오하게 되었다. 1950년대의 옥스퍼드 남학생들은 의무 복무로 희미하게나마 이런 경험을 얻었다(비록 마이클 헤슬타인은 2년의 의무 복무 기간 중 9개월 만에 빠져나와 가망 없는 보수당 의석에 도전하는 자유를 얻기도 했다).[31]

1940년대부터 1970년대까지 영국의 고위 정치인 대부분은 세계대전에 참전했던 옥스브리지 출신의 남성들이었다. 참전이라는 공통된 경험은 상대 정당의 지도자끼리도 일체감을 갖게 만들었다. 애틀리는 1940~1945년 연합 내각에서 같은 퇴역 군인 출신인 이든 및 처칠과 합류하는 것을 자연스럽게 느꼈다.

참전 경험은 이들을 진지한 통치자로 만들어주었다. 이들은 작전 본부나 화이트홀• 책상 뒤에서 이튼 출신들이 내린 결정이 수많은 사람을 사지로 내몰 수도 있다는 사실을 배웠다. 그들의 진지함은 제2차 세계대전 후 50년 동안 영국 정치인들이 짧은 수에즈 위기 기간을 제외하고 전반적으로 평화적인 국가 운영을 해낼 수 있었던

• 의회 의사당이 있는 웨스트민스터와 트래펄가 광장을 잇는 대로. 대로변 주위로 영국 총리 관저가 있는 다우닝가 10번지를 비롯해 행정기관들이 집결해 있다.

이유를 설명해준다.

그러나 2001년 히스, 토니 벤, 피터 에머리, 제프리 존슨 스미스와 같은 사람들을 마지막으로 세계대전의 참전용사였던 의원들은 모두 의회를 떠났다.[32] 이때부터 철부지 문제아들이 정계를 장악하기 시작했다.

❧

1950년대 이후 영국의 대학생들은 전쟁 경험이 없었다. 전쟁의 시대가 끝난 후 옥스퍼드에 온 외국인 학생들의 눈에는 영국 학생들이 평화에 너무 빠져든 것처럼 보였다. 당시 영국 학생 가운데 크리스토퍼 히친스는 이렇게 회상했다. "1960년대 후반 옥스퍼드에서 해 질 무렵 잔디밭에 둥그렇게 앉아 있던 미국 학생들에게 경외심을 느꼈어요. 그들은 월남전 참전을 거부하고 범죄자가 되어 교도소행을 택할 것인가, 아니면 국가의 부름에 복종하고 참전 후 사회 경력을 쌓을 것인가를 두고 각자 개인적인 선언문을 발표하곤 했습니다."[33]

1960년대 말, 미국 로즈 장학생 스트로브 탤벗, 프랭크 앨러, 빌 클린턴은 옥스퍼드 북부의 레크퍼드가 46번지에서 함께 자취생활을 했다. 탤벗은 당시 이 세 명이 '베트남에 대한 항구적이고 유동적이며 진행자가 따로 없는 자유 세미나'를 진행하는 데 많은 시간을 보냈다고 말한다. 그는 두 룸메이트가 칠면조를 요리하는 동안 부엌에서 네 시간 동안 쉬지 않고 전쟁에 관해 토론했던 어느 해 추수감

사절을 기억하고 있다.

클린턴은 옥스퍼드에서 독서하는 데 많은 시간을 보냈다. 나중에 따져보니 첫해에만 300권의 책을 읽었다고 한다.[34] 현역 복무 가능자를 뜻하는 I-A 코드로 분류되어 있던 그는 베트남으로 갈 마음의 준비를 하고 있었다. 전쟁에서 사망한 고등학교 동창들의 이야기를 듣고 그는 병역 연기를 포기하기 위해 애쓰고 있었다. 다른 두 명의 로즈 장학생은 그가 1969년 가을에 옥스퍼드에서 아파트를 임대하는 대신 다른 집에 신세를 지면서 바닥에서 잠을 청하던 시절을 회상했다.[35]

하지만 클린턴은 운이 좋았다. 당국은 생년월일로 소집할 청년들을 추첨하기로 했다. 1969년 12월 1일 추첨이 시행되었을 때 클린턴의 생일에 할당된 숫자는 징집 대상이 아니었다. 반면 운 나쁘게도 프랭크 앨러는 징집 대상자였다. 그는 징집에 저항했고 워싱턴주 스포캔의 연방 대배심에 의해 징병 거부로 기소되었다. 그는 1971년 24세의 나이로 자살했다.[36]

탤벗은 내게 이렇게 편지를 썼다. "베트남 전쟁은 우리 머리 위에 떠 있는 커다란 먹구름 같은 존재였습니다. 프랭크 앨러의 일은 정말 비극이었습니다. 우리 중 누구도 영국 지배계급에 대해서는 별로 관심이 없었습니다."[37] 마틴 워커는 클린턴의 전기에서 미래의 미국 대통령이 될 그가 "옥스퍼드 유니언 활동에는 거의 참여하지 않았다"고 썼다.[38]

그러나 그것은 베트남 전쟁 때문만이 아니었다. 워커는 "로즈 장학생들은 영국의 거만한 학부생들, 열의 없는 교수들, 추운 방과 맛없는 음식들을 떠올렸다. 미국의 엘리트 집단의 관점에서 볼 때 영국은 그저 급속하게 쇠퇴하는 국가로만 보였다"라고 썼다. 로즈 장학생들은 초강대국 미국의 미래를 지배할 엘리트 계급이었다. 그들은 동년배 영국인들과 교류하기 위해서가 아니라 자기네끼리 네트워크를 구축하기 위해 옥스퍼드에 왔고, 이러한 네트워크 구축은 상당한 효과를 냈다. 탤벗이나 로버트 라이시와 같은 로즈 장학생 출신 학자들은 나중에 클린턴과 함께 세계를 다스렸다.

세상에 대한 영국의 무관심은 그로부터 20년 후 캐머런과 존슨의 세대가 되었을 때 그 절정에 달했다. 이들은 살면서 결코 비극적인 경험을 한 적이 없는 사람들이었다. 이들은 300년 동안 혁명, 독재, 기근, 내전, 침략, 경제 붕괴를 겪지 않은 국가의 가장 운 좋은 세대, 그중에서도 가장 큰 특권을 가진 계급의 구성원들이었다. 아일랜드를 비롯해 대영제국 곳곳에서는 계속해서 비극이 일어났지만, 이들 영국 내부의 지배계급에는 거의 영향을 주지 않았고 마치 무대 밖 소음처럼 멀리 떨어진 일들이었다. 두 차례의 세계대전 동안 수많은 전사자를 낳은 귀족계급이 겪은 비극은 시간이 지나면서 영광으로 재탄생했다.

이 세대의 구성원 가운데 일부는 사실 비극을 겪어보려는 큰 욕망이 있었다. 이들은 자신들만의 영웅적인 역사적 사건을 갈망했던 것이다. 그러나 그런 일을 실현한 해년의 시대가 올 때까지 수십 년의 세월을 더 기다려야 했다.

11. 그들의 현재

사립학교에서 대학, 법조계, 의회로 이어지는 명예와 부를 거머쥐기 위한
영국의 고전적인 경로는 타인을 고용, 해고, 관리할 필요 없이 전통적인
사회기관 내부를 통해 다음으로 이동하는 것이다.
중세 시대에 세워진 교육기관의 기초 위에서는 새로 나무를 심는 것보다
이미 서 있는 큰 나무를 기어오르는 가장 전통적인 방식이
야망을 이루는 데 더 효과적이다.
— 앤서니 샘프슨, 『변화하는 영국의 해부학』[1]

그런대로 시간이 흘러 어느 날 갑자기 졸업이 다가왔다. 사회로의
첫발을 내딛는 데는 내가 맥밀런보다 더 순조로웠다. 1992년 7월 아
버지가 런던에서 차를 몰고 와 래드클리프 카메라* 밖에 주차했고,
나는 학교로 달려가 경비에게 내 방 열쇠를 받은 후 10분도 안 돼
짐가방을 차 트렁크에 싣고 옥스퍼드를 떠났다.

내가 옥스퍼드에서 만난 대부분의 사람은 공무원, 학자, 자선사업
가, 변호사가 되어 각종 기관의 말단직으로 들어갔다. 30년이 지난
지금, 그들은 교외에 살면서 걱정거리라고는 주택담보대출 정도밖에

• 옥스퍼드대학을 상징하는 원형으로 된 도서관.

없는 편안한 중산층 생활을 영위하고 있다. 그들은 특정 인맥이나 야망이 없는 사람들에게 알맞은 옥스퍼드 졸업생들의 전형이다.

나는 옥스퍼드에서 나름대로 행복한 학창 시절을 보냈지만, 심리적으로나 지적으로 성인이라고 하기엔 아직 덜 익은 상태였다. 그 후 나는 내가 교육을 제대로 받지 못했다는 사실을 뼈저리게 깨달았다. 내가 어린 시절을 보낸 네덜란드에서는 18세에 고교 기말고사를 치르는 학생들이 7~8과목을 수료해야 했다. 영국에서 나는 A 레벨에서 4개 과목을 공부했는데, 이는 그 밖의 모든 분야에 대한 내 지식이 정상적인 성인 수준에 미달했다는 것을 의미한다. 로사 에런라이크는 이렇게 언급했다. "옥스퍼드는 15세 이후로 문학작품을 전혀 읽지 않은 이공계생, 역사를 전혀 모르는 언어학 전공생, 정치를 전혀 모르는 법대생을 배출하고 있다."[2]

전통적인 영국의 3년제 학사학위는 현재 서구에서 가장 단기간에 수여 가능한 학위다. 그 기간 동안 옥스퍼드에서 보낸 시간은 겨우 약 72주, 즉 3년 동안 술집에서 게으른 동급생들과 술 마시며 보낸 때를 제외하고 실제 학업에 전념했던 시간을 계산해보면 1년 반에 조금 못 미쳤다. 그리고 나는 베를린 장벽이 무너진 직후 베를린 공과대학에서 1년간 공부하면서 아주 즐거운 시간을 보냈다. 옥스퍼드의 학위는 내게 약간의 역사 지식과 독일 문학에 관한 매우 제한적인 지식만 제공했을 뿐이다. 나는 자연과학과 같은 분야에 대해서는 아무것도 알지 못했다. 금리가 변하는 이유는 말할 것도 없고 금리 자체가 무엇인지조차 잘 몰랐다. 돌이켜보니 이후에 도미닉 커밍스가 학부 학위의 한계에 관해 드러낸 일종의 좌절감을 나도 같이 느끼고 있었다.

> 푸틴의 주변 인물들이나 국제 범죄의 현황에 대해 알고 싶다면, 방송 국 프로듀서랑 저녁 식사 자리에서 프랑스의 정신분석가 자크 라캉 에 대해 떠들면서 가짜뉴스나 퍼뜨리는 옥스브리지 영문학과 졸업생 같은 사람들은 이제 더 이상 필요 없다.3

나는 커밍스와 비슷한 입장이지만, 그보다는 덜 극단적인 방법으 로 이러한 무지를 해결하는 방법은 평생 학습뿐이라고 결론 내렸다. 커밍스는 노먼 스톤의 지원을 받아 공산주의 붕괴 직후의 러시아로 가서 한때 유일하게 사마라와 빈 사이에 비행 노선을 운항하던 민간 항공사를 세웠지만 단 한 명의 승객도 태우지 못하고 이륙하는 등 사업에 실패했다.4 그 후 그는 독학해 연구직에 종사했다. 반면 나는 그보다는 안전한 제도권의 경로를 택했다. 나는 하버드에서 1년 동 안 경제학, 정치학, 러시아어를 공부했고 환율의 변동 이론처럼 예전 에는 무지했던 주제들을 학습했다.

하버드의 다양한 수업이 부과하는 총학습량은 옥스퍼드보다 훨씬 더 방대했다. 읽기 과제 분량만 일주일에 1000페이지를 초과하는 일 이 자주 있었다. 옥스퍼드에 재학 중일 때는 학교에 그리 자주 가지 않는데, 그 주된 이유는 학습량이 상대적으로 적었기 때문이다.

매사추세츠주 케임브리지는 옥스퍼드 출신 정치가들에게 인기 있는 목적지였다. 데이비드 밀리밴드, 에드 볼스, 이베트 쿠퍼 등을 비롯해 미래의 보수당 전략가인 닉 볼스와 케임브리지대학에서 교육받은 쿼지 콰텡 모두 1980년대 후반부터 1990년대 사이에 하버드의 케네디 장학생이었다. 에드 밀리밴드는 나중에 그곳에서 안식년을 보냈다. 이 사람들은 하버드 행정대학의 케네디 공공정책대학원에 모여드는 경향이 있었다. 찰스강 주변의 벽돌과 유리로 지어진 학교 건물들은 정치적으로 중도좌파의 요람이었고, 학교의 카페테리아에서는 켄터키 유치원에서 시행하게 될 효과적인 정책의 실험에 대한 탄성이 터져나오곤 했다.

피오나 힐도 당시에 하버드를 다녔다. 그녀는 옥스퍼드대학 입학에 실패한 뒤 하버드에서 러시아 역사 관련 전공으로 박사학위를 받았다. 그녀는 하버드 학력 덕분에 워싱턴의 외교정책 기관에 들어갈 수 있었다. 그녀는 자신의 빈천한 출신과 '매우 독특한 노동계급의 영어 억양'이 영국에서는 장애물이었지만 미국에서는 경력에 전혀 영향을 주지 못했다고 말했다.5 사실 대부분의 미국인은 그녀가 노동계급 출신임을 알아차리지 못했다. 보수 우파 라디오 진행자 러시림보가 그녀를 '옥스퍼드 또는 케임브리지 출신'으로 어림잡아 식별한 것이 고작이었다.6 미국인들에게 그녀의 억양은 그냥 평범하게 들렸다. 러시아 태생이면서 트럼프 정부의 국가안보회의NSC에서 함께 일했던 알렉산더 빈드먼처럼 그녀는 출세를 위해 이민을 떠나야 했던 경우다.

하버드에 있던 다른 영국 출신 학자들은 당시 노동당을 재건하느라 바빴던 토니 블레어 총리와 고든 브라운 총리가 집권하도록 도움을 준 최신 중도좌파 정책 사상을 들고 고국으로 돌아왔다. 장기 실업자를 위한 뉴딜이나 영유아를 위한 프로그램인 슈어 스타트Sure Start •와 같은 노동당의 몇몇 새로운 아이디어는 미국에 그 기원이 있었다.

❧

옥스퍼드대학의 보수당 지지자들은 대학원 진학에는 관심이 없었다. 사립학교의 전통에 따라 이들은 옥스퍼드 학부를 졸업함과 동시에 정식 교육을 완전히 마쳤다고 느끼는 듯했다. 작가 존 스칼지의 타의 추종을 불허하는 표현을 빌리자면, 이성애자 백인 남성들은 난도가 '쉬움'으로 설정된 현실 세계The Real World라는 타이틀의 컴퓨터 게임을 하는 것 같았다.[7] 기본적으로 그들은 성인이 되면 원하는 것은 뭐든 할 수 있었다.

보리스 존슨이 대학을 졸업한 후 첫 번째로 실행한 계획은 바로 결혼이었다. 1987년 후반 옥스퍼드대학의 교지 『아이시스』(레이철 존슨이 편집자였다)는 약 35년 후 모든 영국인이 친숙하게 느낄 그림을 묘사했다.

• 영국의 아동 보육 프로젝트. '가난의 대물림' 같은 사회 문제를 타개하기 위해 빈곤, 소외 가정 아동들에 대한 보육 지원을 통해 '확실한 출발'을 보장하는 정책 프로젝트.

느릿느릿하고 괴상해 보이는 언행이 경력에 도움이 되도록 활용하는 것은 영리한 존슨의 트레이드 마크 중 하나였다. 이러한 그의 성격에 더해서 이튼의 학생회장과 옥스퍼드 유니언 회장이란 경력도 그의 매력을 높여주었다. 이러한 존슨을 사교계의 명사인 알레그라 모스틴오언은 몹시 마음에 들어했다. 그해 여름 그들은 슈롭셔에서 결혼식을 올렸다. 이 결혼식은 그의 인생에서 새로운 장이 열림을 알리는 것이었다. 난생처음 보리스가 주인공이 된 것이다.

결혼식이 끝나고 하객들이 호화로운 리셉션을 즐기고 있을 때, 존슨과 알레그라는 낭만적인 이집트가 아니라 근처의 처치 스트레튼으로 신혼여행을 갔다. 사실 보리스는 이집트를 방문하려면 비자가 필요하다는 사실조차 모르고 있었다.[8]

독일과 미국의 정치인들이 대부분 자기 고향에서 경력을 쌓는 반면, 존슨과 같은 옥스퍼드 보수당원들은 곧장 런던으로 향했다. 맬컴 턴불은 다음과 같이 말했다. "도시 규모의 국가들을 제외하고는 영국만큼 수도가 절대적으로 타지방 위에 군림하는 나라는 없을 것이다. 런던은 영국 그 자체다."

존슨-캐머런 세대는 20대 초반에 이미 영국의 권력을 장악할 계획을 들고 런던으로 입성했다. 런던에 가면 초입부터 어렴풋이 목적지인 웨스트민스터 궁전이 멀찍이 보였다. 이들은 이 궁전과 비슷하게 생긴 건물들에서 성장했으며, 의회 건물(전기작가이자 의원인 칩스 채넌의 표현에 따르면 '갈색에 곰팡이 냄새가 나는 어두침침한 남성들의 천국')9은 그들의 본가처럼 중세 고딕 양식을 본떠 지어진 사립학교 졸업생들의 동문회 같은 곳이었다. 고브처럼 중산층 출신이라면 그러한 분위기를 자기 집처럼 친숙하게 느끼는 법을 별도로 익혀야만 했다. 하지만 스물한 살의 혈기 왕성한 그들조차 곧바로 그 정문을 박차고 들어가지는 못했다.

당시 정치적 야망을 품은 사립학교 남자 졸업생들은 심각한 어려움에 처했다. 『처웰』의 편집자였던 루크 하딩은 나중에 내게 다음과 같은 이메일을 보내왔다. "저는 옥스퍼드 유니언 출신들을 우스꽝스러운 팬터마임을 하는 인물들로 봤어요. 그들의 정치적 브랜드가 결코 번성하지 못할 것으로 생각했습니다." 1965년 더글러스 흄이 당 대표에서 물러난 후 1980년대 후반까지 그 어떤 사립학교 출신 남성 정치인도 보수당 대표가 되지 못했다. 대처는 그런 소위 '도련님들'을 자신의 내각에서 대부분 해임시켰다. 옥스퍼드의 젊은 정치학 교수인 앤드루 아도니스는 '총리 관저에 다시는 이튼 출신이 등용되는 일은 없을 것'이라고 예상했다.10 1990년에는 이튼 졸업생인 더글러스 허드가 대처를 계승하기에는 너무 귀족스럽다는 비판까지 있었다. 자기 아버지는 소작농에 불과했다는 본인의 항의에도 불구하고(비록 상당히 큰 농지인 500에이커의 농사를 짓던 대규모 소작농이기는 했지만) 결국 다음 총리 자리는 브릭스턴● 출신의 존 메이저에게 돌아갔다.11

● 당시 브릭스턴은 런던에서도 매우 낙후된 우범지대였다. 현재는 재개발되어 이국적인 카페와 레스토랑이 많이 들어서 있다.

1986년 빅뱅●이 있었지만, 그때까지는 아직 매우 영국적인 도시로 남아 있던 런던의 시티 지역은 상류층의 시각으로 볼 때 다우닝가보다 더 매력적이었다. 물론 시티뿐만 아니라 런던의 다른 지역들에서도 큰돈을 벌 수 있었다. 대처 말기의 『처웰』은 경영 컨설팅, 회계 및 법률회사들의 채용 광고로 가득 찼다.

그러나 사립학교 출신 보수당원들은 여전히 자신들의 운명이 정치에 있다고 믿었다. 하딩은 '그들이 가진 열정, 야망, 그리고 권력을 가진 사람들에게 직접 접근하는 방식의 힘, 그리고 그들이 매우 강력한 네트워크로 연결되어 있다는 점'을 과소평가했다고 인정했다. 영국 보수당은 선거의 승리를 마구 찍어내는 서구 세계에서 최고의 성능을 가진 기계 같았으며, 바로 그들이 이 기계를 직접 운행하고 있었다. 이제 더는 상류층이 총리에 선출되는 일은 없을지도 모르겠지만, 그럼에도 불구하고 그들은 여전히 최상위권 자리를 확보할 수 있었다. 아도니스는 훗날 이렇게 회상했다. "이튼 출신은 사실 보수당의 최고위원회를 벗어난 적이 없었어요. 그들은 전술상 무대 뒤로 후퇴했을 뿐입니다. 내가 그들의 종말을 예고하고 있을 때조차 무려 61명의 이튼 출신이 대처와 메이저 정부에서 장관직을 역임했습니다."12

대처 총리 시대에 보수당에 들어온 야심 찬 졸업생들의 첫 보직은 연구직이었다. 1988년 6월 15일 옥스퍼드에서 온 청년과 면접 심

● 런던 주식시장이 사유화된 사건. 이때부터 런던 주식시장은 완전히 시장 논리에 따라 움직이는 곳이 되어 자유시장주의를 대표하는 자본주의 주식 거래의 선봉이 되었다.

사를 하러 가던 당의 부대표는 버킹엄 궁전으로부터 온 전화를 받았다. 자신이 누구인지 밝히지 않은 발신자는 '데이비드 캐머런을 만나기로 약속한 것을 알고 있습니다. 나는 그가 정치에 인생을 낭비하지 않도록 최선을 다해 설득했지만 결국 실패했습니다. 당신은 정말 훌륭한 청년을 만나게 될 것입니다'라고 말했다.[13] 캐머런은 곧바로 일자리를 얻었다. 당시 영국에 대한 보수당의 지배력을 고려하면, 이것은 야심 찬 21세의 소련 청년이 크렘린에 사무실을 얻는 것과 같은 정도의 특혜였다. 같은 달 옥스퍼드를 떠난 마이클 고브도 보수당의 연구 부문에 지원했지만, '보수 성향에 맞지 않고' '정치에 부적합하다'라는 이유로 거절당했다.[14]

조지 오즈번은 언론인이 되고 싶었지만 『타임스』의 대학생 인턴 전형에서 거부되었다.[15] 한 동료가 그에게 보수당 연구 부문 행사를 알려주었다. 그곳에서 그는 그와 같은 계급이면서 벌링던 동문인 캐머런을 만났다. 1994년 캐머런이 면접 심사를 했던 데이비드 앨런 그린은 그곳 사무실이 매우 호화로웠다고 회상했다. 그린은 옥스퍼드대학 입학 전에 버밍엄의 공립학교를 졸업했다. 그는 "제 인생 중 그때만큼 저의 사회적, 경제적 배경을 중요하게 느낀 적은 없었어요. 저는 애초부터 거절당할 운명이었습니다"라고 말했다.

오즈번은 나중에 『이코노미스트』에서도 입사를 거부당했다[16](캐머런도 입사 면접을 봤다).[17] 그가 언론인으로서의 꿈을 이루기까지는 그 후 수십 년이 걸렸고 그조차 『이브닝 스탠더드』의 러시아 국적 소유주가 개입했기 때문에 가능했다.

그러나 어쨌든 결과적으로 대부분의 옥스퍼드 출신 보수당원들은 언론계에 뛰어들었다. 고브는 『텔레그래프』의 편집자 맥스 헤이스팅스와의 인터뷰 후 해당 신문의 피터버러 다이어리Peterborough Diary(전통적으로 옥스퍼드 출신이 담당해온 사설 칼럼) 부문에서 일을 시작했다. 다이어리의 내용은 대부분의 일반 독자가 들어보지도 못한 상류층의 빛나는 젊은이들에 대한 것이 많았다. 고브의 인맥은 옥스퍼드 출신치고는 희귀할 정도로 미약했던 터라 지역적 인맥을 새롭게 만들기 위해 그는 곧 『타임스』에 취직했고 런던에 자리를 잡았다(그의 고향은 원래 스코틀랜드다). 그는 댄 해넌의 유럽연구회의 모임에 참석하기 시작했다.[18] 그곳에서 루퍼트 머독이 그의 잠재력을 알아차렸을 때 그는 겨우 20대의 청년이었다.

보리스 존슨은 캐머런처럼 권력을 쉽게 잡을 수 있는 든든한 배경이 없었기에 자신이 상대적으로 불리하다고 여겼던 것 같다. 그는 경영 컨설팅 회사에서 겨우 일주일 근무하고는[19] 『타임스』에 입사했는데, 그곳에서 그와 토비 영은 존슨의 대부인 역사가 콜린 루카스의 말을 기사에 인용하고서 해고당했다. 어쩌면 이때 젊은 언론인 한 명의 경력이 거기서 끝났을 수도 있었다. 그러나 존슨은 1986년의 유니언 회장 재임 기간에 맥스 헤이스팅스를 연설자로 학교에 초대한 적이 있었다. 당시 맥스는 존슨에게서 깊은 인상을 받았고 그를 여전히 기억하고 있었다. 그는 사립학교 출신들이 근무하는 건물 내부에서 '상류계급 모임'으로 알려진 『텔레그래프』 편집국에 존슨을 고용했다.[20] 존슨은 이런 식으로 상류층 전통에 맞게 공채로 뽑

히지 않고 개인적인 연줄을 통해 경력을 이어갔다. 그는 프랑스어가 미숙했음에도 불구하고 1989년 브뤼셀 특파원이 됐으며, 유럽경제 공동체에 관한 흥미로운 기사를 썼다. 그는 바나나 모양과 콘돔 사이즈 따위를 규제하는 것을 통해 영국인을 지배하려는 '브뤼셀의 꼰대 관료들'에 대한 가짜 뉴스를 기사로 내보내기 시작했다. 규제에 대한 그의 이러한 조롱은 그의 계급적 신념의 핵심을 보여준다. 즉, 아무도 그들에게 무엇을 하라고 지시할 수 없다는 것이었다.

맥스 헤이스팅스의 뒤를 이어 『텔레그래프』 편집장이 된 찰스 무어도 거의 같은 인력풀에서 채용했다. 그는 훗날 이렇게 회상했다. "옥스퍼드 유니언에서 보리스를 처음 만났어요. 정말 재미있는 유니언 회장을 만난 것은 그때가 처음이었습니다. 우리는 창조론에 대해 이야기를 나눴습니다."[21]

해넌이 유럽연구회의를 떠난 후, 무어는 그를 논설위원으로 고용했다. 오언 매슈스는 다음과 같이 회상했다. "엄청나게 똑똑하지 않다면 사건 기사를 작성하는 곳에서 계속 일을 하게 되었고, 상당히 똑똑한 친구들은 편집 데스크로 직행하기도 했습니다. 사설 작성이 기본적으로 옥스퍼드의 에세이 작성과 같았기 때문입니다." 노동당 정치인인 이베트 쿠퍼, 에드 볼스, 앤드루 아도니스도 중앙 일간지에 들어갔다. 리스모그는 학창 시절부터 런던 언론계에서 일을 시작했고[22] 이를 천직으로 여겼다. 그러나 그는 "솔직히 나는 언론에서 아버지만큼 성공하지는 못했다"라고 스스로를 평가했다. 아버지인 윌리엄 리스모그는 『타임스』 편집인이 되었다. 제이컵 리스모그는 금융업에 종사하러 홍콩으로 떠났다.

내가 해년에게 원하는 직업을 마음대로 선택할 수 있는 사람들이 왜 굳이 배고픈 기자생활을 하려는지 그 이유를 묻자, 그는 이렇게 대답했다. "항상 칼럼을 쓰고 싶었어요. 『텔레그래프』에 지원했을 때, 그곳이 내 평생직장이라고 생각했습니다." 『파이낸셜타임스』에서 기자생활을 시작한 레이철 존슨은 언론인, 특히 칼럼니스트가 되는 것은 "시중 은행이나 경영 컨설팅 회사에서 얻을 수 없는 자신의 개성을 발현할 기회가 생기는 것이다. 그것은 개성을 추구하고 개인적인 브랜드를 발전시키는 첫걸음이다"라고 봤다.

1994년 캐머런도 다른 사람들을 따라 입으로 먹고사는 분야에 뛰어들었다. 그는 미디어 회사인 칼턴 커뮤니케이션에서 대외 홍보 업무를 맡았다.[23] 이 사람들은 윌리엄 헤이그와 같은 옥스퍼드대학 출신 보수 정치인들의 필수 자질인 토론 기법을 대체하는 미디어 기술을 개발하고 있었다. 다시 말해 이들은 글로벌 공급망보다 TV를 통한 효과적인 정치 메시지(사운드바이트)● 노출에 더 많은 관심을 기울였다.

이 시점까지는 나도 여전히 그들과 거의 같은 곳에 속해 있었다. 그들처럼 나도 서로 밀어주는 옥스브리지 출신 남성의 영국적인 시스템 속에서 경력을 쌓았다. 1994년 『파이낸셜타임스』에 지원했을 때 인터뷰를 보러 온 사람들은 오로지 옥스브리지 출신의 이성애

● 유명인들의 육성 중 가장 임팩트 있는 부분을 15초 정도 따내 흘려보내는 미디어 기법. 시청자들의 뇌리에 박히기 때문에 각종 정치적, 상업적 목적에 이용되었다.

자 백인 남성들이었던 것으로 기억한다(나중에 동성애자로 커밍아웃한 한 명을 제외하고는). 그것이 전통이었다. 얼스터먼 월터 엘리스가 1979년『파이낸셜타임스』에 지원했을 때 그는 "내가 언제 옥스퍼드에 입학했는지보다 어느 칼리지를 다녔는지를 더 중요하게 생각하는 면접 질문에 어리둥절했다"라고 회상했다. 사실 엘리스는 옥스퍼드를 중퇴했고 옥스브리지가 아닌 다른 두 대학을 또다시 중퇴했다.『파이낸셜타임스』는 그 점에 상관없이 그를 채용했다. 그는 붉은 벽돌 대학(레드브릭)● 출신 직원들은 '하급 직원'처럼 취급받는다는 사실을 깨닫고 결국 퇴사했다.[24] 내가『파이낸셜타임스』에 합류한 해에 엘리스는『옥스브리지 음모론: 중세 대학들은 어떻게 기득권층의 숨통을 조여왔는가The Oxbridge Conspiracy: How the Ancient Universities Have Kept Their Stranglehold on the Establishment』를 출간했다.

1990년대의『파이낸셜타임스』는 당시 영국의 대부분의 전통적인 기관들과 마찬가지로 인도의 카스트 제도와 유사한 영국식 계급제도 속에서 운영되었다. 책임 편집자와 작가는 옥스브리지, 일반 편집자는 그 외의 대학을 나왔고, 업무 지원 직원들은 대개 대학을 나오지 않은 사람들이었다. 나는 영국의 지배계급이 유난히 재능 있는 평민들, 그중에서도 되도록이면 안심할 수 있는 백인 남성이면서 옥스브리지 학벌을 가진 사람들을 위한 소규모 우대 정책을 펼치고 지

● 19세기에 설립된 대학들을 일컫는 용어로 붉은 벽돌로 지어져서 생긴 이름. 옥스퍼드, 케임브리지, 세인트앤드루스, 에든버러 같은 중세 대학들과 설립 시기나 건물 외관에서 대비가 된다. 맨체스터대학, 브리스톨대학, 리버풀대학 등이 여기에 속한다.

배계급으로 받아들임으로써 그들의 인재 기반을 유지하고 있다는 것을 이해하게 되었다.『파이낸셜타임스』에서 나의 첫 상사는 앤드루 아도니스였다. 그가 나보다 명석하다는 것을 그와 함께 점심을 한 번 먹고 바로 알 수 있었다. 토니 블레어도 그의 명석함을 알아차려, 키프로스 출신 집배원의 아들로 태어난 보잘것없던 아도니스는 곧 『파이낸셜타임스』를 떠나 내각의 장관이 되었다. 몇 달 후 나는 로버트 톰슨이 총괄하는『파이낸셜타임스』 국제부에서 일하게 되었다. 톰슨은 호주의 시골 출신으로 열일곱 살에 대학을 바로 중퇴하고 『멜버른 헤럴드』에서 교정 심부름을 했다. 톰슨도 아도니스처럼 명석한 사람이었다. 루퍼트 머독은 그를 영입해『타임스』 편집장, 그다음에는 뉴스코퍼레이션의 최고경영자 자리에 앉혔다.[25] 사우샘프턴에서 온 중산층 출신의 경제 전문가이자『파이낸셜타임스』에서 나의 마지막 상사였던 로버트 초트는 10년간 영국 예산책임처OBR 처장을 맡았다.

내게 그런 좋은 기회는 오지 않았다. 창문도 열리지 않는 사무실에서 하루 종일 일하던 나는 결국 옥스브리지 백인 남성들에게 가장 효과가 좋은 업무 스타일을 터득했다. 빈 의자에 양복 상의를 걸쳐놓은 채로 자리를 떠나 개인 업무를 봐도 옥스브리지 동문인 백인 남성 상사는 지나가면서 '쿠퍼 저 친구, 하루 종일 정말 열심히 일하네'라고 생각했을 것이다. 사실 나는 특별한 성과를 낸 적도 없고, 그럴 필요도 없었다. 나는 옥스브리지 출신의 백인 남성이기 때문이다. 내가 일을 막 시작했을 무렵 옥스브리지 출신이 아닌 흑인 친구 한 명이 다른 중앙 일간지에서 기자로서 일을 시작했다. 직속 취재 부장이 그를 전혀 신뢰하지 않았고, 그 친구는 더 이상 올라가지 못했다. 어쩌면 지금 내가 그 친구의 전철을 밟고 있는지도 모르겠다.

12. 우리의 의회

옥스퍼드 유니언에서의 경험은 나에게 큰 도움이 되었다고 생각합니다.

1950년 처음 하원에 입성했을 때,

마치 집으로 돌아온 듯한 느낌을 받았던 것을 기억합니다.

— 에드워드 히스[1]

옥스퍼드 출신 보수당원들은 언론계에 잘 맞았다. 자기 생각을 글로 써내는 기술은 그들이 받은 교육을 통해 이미 습득되었다. 보수 우익 잡지 『스펙테이터』는 그들에게 런던의 사교 모임과도 같은 곳이었다. 1992~1996년 『스펙테이터』에서 일했던 미국인 저널리스트 앤 애플바움은 이렇게 회상한다. "모든 대화와 편집 회의는 진지했고, 전문적인 대화들은 유쾌했습니다. 농담이나 역설이 끊이지 않았어요."[2] 1999년 존슨은 이 잡지의 편집자가 되었다.

당시 그는 「해브 아이 갓 뉴스 포 유Have I Got News For You」 쇼●에 출연하며 옥스퍼드 유니언 회장의 이미지를 TV 화면으로까지 옮겨

● BBC의 시사 풍자 코미디 쇼. 2022년 윤석열 대통령의 바이든 대통령 관련 발언을 풍자하기도 했다.

갔다. 그는 전국적으로 '먹히는 스타일'이었다. 이안 부루마는 이렇게 썼다.

> 존슨은 이튼과 옥스퍼드에서 습득한 상류층의 관습을 의도적으로 과장했다. 그의 더듬거리는 말투, 뼛속 깊이 밴 우월감에서 나오는 자기비하적인 유머, 어리숙하지만 교양 있고, 라틴어를 인용하며, 신중하게 계산된 허름한 옷차림 등…… 그는 자신이 받은 상류층의 교육 경험을 숨기면 더 교활해 보일 뿐이라는 사실을 깨닫고, 그것을 오히려 더 과장해서 표현했다.[3]

한편 그는 유니언 회장의 타이틀로 유명 인사 대접을 받았다. 1998년 그는 홀스텐 맥주 한 병을 들고 토론을 벌인 후 네덜란드 텔레비전 제작진에게 회의실의 적대적인 자리 배치가 사실은 모두에게 좋다는 내용의 강연을 했다. "여러분은 네덜란드에서 왔든 다른 어디에서 왔든 모두 작은 반원 형태로 둘러앉아 서로에게 친절하게 대합니다. 그리고 알다시피, 여러분이 만들어낸 한심한 연합정부는 엄청나게 부패했습니다."[4]

오락성 저널리즘은 진지한 정치적 사상을 싫어하는 존슨에게 딱 맞았다. 그의 오랜 이웃으로 이즐링턴*에 살고 있는 정치사상가 데이비드 굿하트는 "존슨은 그가 '~주의~ism'라고 부른 모든 이념

---

* 런던 도심 북쪽의 중산층 주거 지역.

과 사상을 조롱했다"며 존슨을 평가했다.5 『스펙테이터』 칼럼에서 800단어도 안 되는 짧은 분량으로 설명된 각종 이론은 존슨에 의해 결국 '지루하다'—상류층 어휘의 핵심 단어—고 일축당했다. 이러한 행동은 보수당원들의 일반적인 경향이었다. 1993년 에드 볼스의 조언을 받은 고든 브라운이 연설에서 '신고전파 내생적 성장 이론'이라는 문구를 사용했는데, 헤슬타인은 왁자지껄한 보수당 전당대회에서 "이건 브라운의 이론이 아니고 볼스의 이론이다!"라고 비난했다.6

『스펙테이터』에서의 삶도 그럭저럭 괜찮았지만, 존슨은 더 높은 수준의 말로 먹고사는 직업, 의회로의 도약을 준비하고 있었다. 그의 말마따나 "사람들은 언론인의 동상 따윈 세우지 않으니까" 말이다.7

다행히 보수당은 옥스브리지 출신 남성들을 위한 전통적인 내부 등용 트랙을 운영하고 있었다. 리스모그는 1997년의 선거 시작 전, 그가 27세였을 때 홍콩에서 돌아왔다. 그는 이렇게 회상했다. "홍콩에서 돌아왔을 때, 나는 공정하게 경쟁했다면 이길 가능성이 없는 많은 동료가 자리에 앉아 있는 것을 발견했어. '젠장! 그들이 할 수 있다면, 나도 할 수 있겠어.'"

보수당은 인습에 얽매이지 않고 쇼맨십 있는 남성을 패널로 선호하는 경향이 있다. 2001년의 캐머런과 존슨, 그리고 2005년의 고브는 모두 잉글랜드 남부의 부유한 지역에 있는 안전한 지역구를 받았다. 원내총무는 논란이 많은 지역 현안이 생길 때마다 자신의 지역구로 급하게 돌아가야 하는 의원들에게 중책을 맡기려 하지 않았다. 그래서 안전한 지역구를 가진 의원이 내각의 중책을 맡을 기회를 얻었다.

유명해진 이후에 의회에 입성한 존슨은 말할 것도 없고,『타임스』에서 일했던 무명의 고브조차 단기간 내에 의원에 당선되었다. 그들은 보수당을 넘어 전국구의 인지도를 등에 업고 자신의 프로필을 구축하는 데 도움이 될 언론인 친구들과 함께 정계에 들어왔다. 언론인 출신 정치인들은 그들의 선조들처럼 기업, 지방 정부, 식민지 등을 운영한 전력이 없다는 귀중한 이점을 가졌다. 즉 그들은 상대방으로부터 공격받을 만한 오점이 거의 없었다.

2011년 레이철 존슨이 잠시 보수당에 합류했을 때 파악했듯이 당은 여전히 남성들에게 기울어진 운동장이었다.

데이비드 데이비스가 보수당에서 제가 출마했으면 싶다고 연락을 해왔습니다. 전 최우선 영입 대상자였고 당선 가능성이 컸겠지만, 이런 방식에 강한 거부감을 느꼈기 때문에 거기에 따르지 않았어요. 지원 양식만 봤을 뿐인데도 심한 역겨움을 느꼈습니다. 양식에는 다음과 같은 질문이 있었어요. '당신이 보수당을 위해 캠페인을 벌이고 전단지를 뿌린 모든 예를 나열하십시오.' 여기에는 다른 말을 적을 공간 따위 없었습니다. '그들은 단지 보수당의 드론 같은 인물을 원할 뿐이다. 토요일에 의원들 뒤를 졸졸 따라다니며 전단지 다발을 뿌리는 그런 사람들이다.' 그들은 이런 유형을 원했습니다. 그러나 저는 결코 그런 역할을 맡지 않을 것입니다. 절대로. 저는 어린 자식들을 키워야 했고, 그들이 말한 일이 지극히 제한적이고 배타적이며 반여성적이라고 생각했어요. 저는 지원서를 방 구석으로 던져버렸습니다.

그녀의 동료 남성들은 의회에 들어갔을 때 입학 첫날처럼 새로 적응해야 할 게 아무것도 없었다. 캐머런과 존슨은 이미 사립학교, 옥스퍼드, 언론사, 그리고 저녁 식사 모임을 통해 많은 동료 의원을 알고 있었다. 하원은 상류층 남성에 맞게 설계되었다. 오래된 조례와 바가 있었고 여자 화장실은 거의 없었다. 그리고 당시에는 보육시설도 없었다.[8] 그곳에서 쓰이는 언어는 날것 그대로의 옥스퍼드 영어였다. 학창 시절에 비해 상대방의 말을 비꼬는 습관만 약간 줄이면 되었다. 토론 규칙, 좌석의 대립적 배치, 야유는 모두 옥스퍼드 유니언을 통해 그들에게 이미 친숙한 문화였다.

피오나 그레이엄은 의회에서 조금 진지한 행동이 요구됐긴 하나, 하원에 입성한 유니언 동문들은 "이미 거기에 오래 있었던 사람들처럼 행동했다"고 썼다.[9] 존슨을 비롯한 이들은 옥스퍼드에서의 경험으로 경쟁관계의 동료 초선 의원들보다 몇 년 앞서 출발한 것이나 다름없었다. 이들 스스로가 보수당 계파의 우두머리로 자리 잡을 수 있었다. 존슨은 다른 강점도 갖고 있었다. 그를 유명하게 만든 스캔들이 아이러니하게도 바로 그의 강점이었다. 그는 야간보트경주 축제에서 경찰관의 헬멧을 훔치는 것처럼 상류층이나 할 법한 장난을 치면서 규칙 위반을 하곤 했다. '규칙 따위는 우리 계급에 적용되지 않는다'는 그의 벌렁던 정신은 온전하게 살아 있었으며, 그것은 그의 삶을 통해 끊임없이 검증되었다.

지역구 활동도 별다른 것이 없었다. 많은 옥스퍼드 출신 정치인은 의원이 된 후에야 비로소 일반 영국인들과 처음 만난다. 그들은 갑자기 난생처음 '지역' 학교와 병원을 방문하고, 실업수당이나 공공주택을 제공받지 못했다든가 정신질환이 있는 친척을 돌보고 있는 유권자들과 함께 수술을 위한 자선 모임에 참석하기 위해 지방으로 출장 다니는 경험을 한다. 사실 하원의원이 되는 것은 사회복지사가 되는 것과 아주 비슷하다. 1924년 가난한 산업 지역인 스톡턴에서 의원이 된 것은 맥밀런에게는 참호에서의 경험 이후 두 번째로 큰 깨달음을 주었다(그는 그곳에서 선거운동을 시작할 때까지 티사이드나 타인사이드에 가본 적이 없었다고 훗날 회상했다). 그의 전기작가인 찰스 윌리엄스에 의하면, 그가 스톡턴에서 옥스퍼드 유니언 방식으로 연설하는 동안 전에는 들어보지도 못한 천박한 욕설로 야유받는 것에 큰 충격을 입었다고 한다.[10]

그러나 위트니의 캐머런, 헨리의 존슨, 서리 히스의 고브는 과격한 유권자들을 어느 정도 피해다닐 수 있었다. 그리고 이들처럼 안전한 지역구를 확보한 상류층 유명인들은 보좌관에게 선거구 조정을 쉽게 떠넘길 수 있었다. 보수당 정부에서 장관을 지낸 샘 지마는 이렇게 설명했다. "만약 유명한 의원이라면 사람들은 당신을 만날 수 있다는 사실만으로도 운이 좋다고 생각합니다. 당신이 그들의 주거보조금 문제를 들어줄 시간을 낸 것만으로도 그들은 행운이라 여깁니다."

격변의 시대 속에서 옥스퍼드 출신 보수당원들은 대영제국이나 제2차 세계대전, 심지어 대처 정부의 혁명에 필적할 만한 정치적 명분을 아직 찾지 못했다. 당시는 대처가 이미 영국인들이 보수당에 바라던 대부분의 정책적 요구 사항을 달성한 상태였다. 민영화나 세금 감면을 더 허용했다간 영국이 서구 선진국으로 남지 못할 수도 있었다. 정치적 목표로 삼을 만한 게 거의 없는 새로운 시대에 보수당은 홀로 남겨진 것이나 다름없었다.

그런 상황에서 그들의 강력한 이데올로기는 과거 영국의 위대함에 대한 막연한 동경이었다. 애플바움은 이렇게 썼다. "그들은 지도자들이 강경하게 밀어붙인다면, 세계 무역이든 경제든 외교정책이든 간에 영국이 여전히 규칙을 만들어낼 수 있다고 믿었다."[11] 이라크 전쟁이 발발하자 옥스퍼드 출신 보수당원들은 거의 반사적으로 침공을 지지했다.

그러나 블레어 시절에 보수당의 생각 따위는 중요하지 않았다. 노동당이 여당의 자리를 영원히 찬탈한 것처럼 보였고, 옥스퍼드 출신 보수당원들에게 권력에 대한 전망은 매우 어두웠다. 그들은 과거 200년 동안 진행된 영국의 가장 긴 경제성장기의 결과와 경쟁해야 했다. 블레어 집권 후반기에 접어들면서 영국인들은 전례 없는 부와 교육, 그리고 개인의 자유를 누리고 있었다. 당시 내 동료 중 한 명은 남아프리카공화국에서 두 번째 집을 샀을 때 영국에서 살던 시절이 얼마나 좋았는가를 깨달았다고 말했다. 2005년 7월, 런던에서 '7. 7 폭탄 테러'가 발생하고 나서 며칠 뒤, 한 사립학교-옥스퍼드 출신 보수당원은 '지난주의 사건으로 인해 블레어가 총리직에서 물러나야 할까? 아니! 솔직히 말해 정부가 너무 잘하고 있다'라고 인정했다. 그해 여름에 고브는 내게 이렇게 말했다. "아마 동료들 가운데 내가 누구보다 더 블레어를 존경하고 있을걸."

나는 그해 6월 보수당이 선거에서 세 번 연속으로 패하고 난 뒤, 『파이낸셜타임스』에 게재할 특집 기사를 쓰기 위해 보수당 의원들을 취재했다. 데스크의 간략한 취재 방향은 '보수당은 부활할 수 있을까? 아니면 현대화와 함께 불필요해진 존재인가?'였다. 보수당이 마이클 하워드를 대신할 신임 당 대표 선출 준비를 하고 있을 때, 나는 후보 가운데 한 사람인 38세의 이튼 출신 의원을 만나러 갔다. 살이 오른 얼굴에 고급 정장 차림을 한 데이비드 캐머런이 웨스트민스터의 비좁은 회의실로 들어서는 순간, 나는 그를 올려다봤고 그는 나를 내려다보면서 눈이 마주쳤다. 우리는 각자 이렇게 생각하는 것 같았다. '맙소사, 상류층 그 자체로군!' '맙소사, 중산층 나부랭이잖아!'

캐머런이 어색함을 깨려고 먼저 말문을 열었다. "파이낸셜타임스 맞죠? 『하우 투 스펜드 잇How To Spend It』에서 오셨나요?"

『하우 투 스펜드 잇』은 투자은행가들과 그들의 배우자를 겨냥한 파이낸셜타임스의 고급 월간지였다. 내가 자주 읽는 잡지는 아니었다. 내가 당황하며 『파이낸셜타임스』 일간지에서 일한다고 소속을 밝히자, 캐머런이 말을 가로채며 "농담이에요. 제 아내가 스마이슨•

• 영국의 명품 제조 유통업체. 1887년 런던 시내 중심의 뉴본드가에 처음 매장을 열었다. 빅토리아 여왕, 영국 왕실, 총리, 정치인 그리고 배우 그레이스 켈리, 가수 마돈나 등이 주 고

에서 근무합니다. 그 사람들은 항상 『하우 투 스펜드 잇』에 소개되고 싶어해요. 명품 사업을 한다면 '당연히 들어가고 싶은 곳'이죠"라고 말했다. 그는 이튼 동창인 제임스 우드●가 말한 '매력을 통해 권력을 부드럽게 만드는 이튼 출신들의 기묘한 능력'을 어설프게 따라하고 있었다.12

나중에 스마이슨이 어떤 회사인지 찾아봤다. 본드 스트리트에 있는 명품 문구 제조 회사였다. 300에이커에 달하는 부지의 소유주인 캐머런의 아내 서맨사가 이 회사의 '브랜드 관리 총괄 임원'이었다. 그들의 계층에서 『하우 투 스펜드 잇』은 잘 알려져 있었다. 바로 그의 한마디를 통해 그와 나의 차이점을 확인할 수 있었다.

화려한 귀족의 모습이 선거에 영향을 줄 수 있는지를 묻자, 그는 이미 준비된 대답을 했다. "선거에서 중요한 것은 후보가 주는 메시지가 무엇인지, 앞으로 무엇을 할 것인지라고 생각합니다. 그리고 나는 그런 수준 높은 선거를 치를 수 있는 나라가 바로 내가 살고 싶은 나라라고 생각합니다. 우리는 사람들의 출신이 아니라 그들이 무엇을 이룰 것인지로 판단해야 합니다." 이것은 이튼 출신이라는 이유만으로 자신을 '디스'하지 말라는 항의처럼 들렸다.

거의 30분 동안 이루어진 인터뷰에서 캐머런은 미리 준비된 듯한 진부한 답변만 했을 뿐이다. 그가 명석하다는 사실은 역설적으로 그

객이었다.
● 1965년생. 『가디언』에서 문학비평 편집 책임자를 거쳐 현재 하버드대학의 문학비평 전공 교수다. 『파이낸셜타임스』가 그를 '동시대 최고의 문학비평가'라고 보도하기도 했다. 이튼칼리지를 거쳐 케임브리지대학에서 영문학을 전공했다.

인터뷰를 더욱 견딜 수 없도록 한심한 것으로 만들었다. 그는 '현대적이고 온정적인 보수주의'를 지지했고 '과거에 매달리는 것'에 반대했으며 '국가에 모든 것을 의존할 수는 없지만, 그렇다고 해서 모든 것을 개인에게만 맡길 수도 없다'고 강조했다.

인터뷰가 너무 공허했기 때문에 나는 단지 다음 선거에서 당 대표로 출마하기 위해 이름을 알리려고 이 인터뷰를 이용하고 있다고 생각했다. 그러나 사실 보수당은 구체적인 정책을 가진 지도자를 필요로 하지 않았다. 그들은 단지 시대정신에 반하는 사람이 아니라면 누구든 좋았을 뿐이다. 역대 당 대표들은 동성애자, 외국인, 청년, 미혼모들을 각각 파편화하고 분열시키는 데 모든 에너지를 쏟았다. 그러나 보수당은 수많은 실패를 통해 그런 일이 효과가 없다는 것을 깨달았다.

캐머런이 차기 대표가 되면서 보수당이 40년 만에 사립학교 교육을 받은 의원을 지도자로 선택했을 때 존슨은 짜증이 났다. 그에게 그 일은 마치 자연의 질서를 거스르는 듯한 느낌을 주었다. 캐머런은 사립학교와 옥스퍼드 시절 자기보다 급이 낮은 학생이었다. 의회에서 캐머런만큼 주목받지 못했던 존슨이야말로 과거 이튼의 전교 회장, 옥스퍼드 유니언 회장을 모두 역임한 대단한 존재였다. 그러나 화이트홀(행정부)과 버킹엄 궁전(왕실)의 지원을 받은 자신의 후배가 개인적인 계급투쟁에서는 존슨을 물리치고 승리했다. 그리고 하워드는 불륜 사실에 대해 거짓 발언을 했다는 이유로 존슨을 당의 부의장 자리에서 해임했다. 존슨에게는 우스터 소설 속의 지브스● 같은 존재에 불과한 고브조차 당의 출세 가도에서 자신을 추월했다는 사실 역시 불만스러웠다.

2008년 런던 시장 선거에서 존슨은 옥스퍼드 유니언 회장 선거에서 승리했을 때처럼 무소속으로 출마했다. 그는 '보수'라는 단어를 선거운동 기간에 거의 언급하지 않았다.[13] 그러나 그는 시장이 된 후에도 자기 선조들의 고향과도 같던 의회를 계속 그리워했다.[14]

캐머런이 야당의 지도자가 된 후 나는 『파이낸셜타임스』에 이렇게 썼다. "나는 캐머런이 총선에서 보수당을 승리로 이끌 것이라 생각하지 않는다. 왜냐하면 그는 지나치게 귀족적인 인물이기 때문이다." 에드 루엘린, 올리버 레트윈, 조 존슨 등의 이튼 동문들이 그의 주변에 과도하게 몰려 있었다. 고브는 "무상급식을 받는 서민층 아이들보다 이튼 졸업생들이 옥스퍼드와 케임브리지에 갈 확률이 훨씬 더 높다"고 말했다.[15] 캐머런은 단순히 이튼 출신에게 편안함을 느낀 게 아니었다. 그는 대다수의 보통 영국인들과 거리감이 있었다. 적어도 그와 같은 시대에 옥스퍼드를 나온 나와 데이비드 앨런 그린을 대하는 그의 태도를 보면 알 수 있다. 이튼은 존슨보다는 거의 캐머런의 영지였다.

캐머런이 체커스⁕⁕에 초대했던 유럽 어떤 나라의 총리는 유럽 정상회담에서 함께 비공식적이고 쾌활한 어조로 실용적인 화두를 놓고 토론하던 영국의 총리가 사실은 거의 왕족과 다름없이 귀족 학

⁕ 우스터가 벌여놓은 난장판을 해결하는 조수 역할을 맡고 있다.
⁕⁕ 영국 총리의 전용 별장.

교 친구들과 함께 영국을 통치해온 상류층 귀족임을 나중에 만찬에서 알게 되었다. 중산층 출신인 이 유럽의 지도자는 캐머런의 귀족적인 말투와 화려한 저택에 압도당해서 자신의 보좌관에게 이렇게 투덜댔다. '당신과 내가 영국에서 태어났다면 우리는 여기에 끼지도 못했을 거야.'

캐머런이 인재를 등용할 때 다양한 계층에서 사람들을 모집하곤 했던 것은 맞다. 그의 최측근 비서인 케이트 폴은 이튼을 다닌 적도 없고, 그의 전략 담당 보좌관인 스티브 힐턴은 이혼한 헝가리인 부부의 아들이었으며 가난한 성장기를 보냈다. 그러나 그 둘 다 사립학교 교육을 받고 옥스퍼드대학에서 철학·정치·경제를 전공했다. 캐머런 내각에서는 정보 유출이나 권력 다툼이 거의 일어나지 않았다. 다른 시각의 의견도 거의 없었다.

2010년 내 예측과는 달리 보수당이 정권을 잡자, 나는 내 의견을 재조정해야 했다. 많은 미국 사람이 '하버드 출신'에게 움츠러들고 프랑스 유권자들이 에나르크Enarques(국립행정학교) 출신에게 지긋지긋함을 느끼는 것과 마찬가지로, 이튼과 옥스퍼드 출신이 가진 권력은 때때로 유권자들을 짜증 나게 만든다. 그러나 나는 '이 친구들은 지배하기 위해 태어났다'고 말하는 상반되는 주장을 하는 유권자들도 있다는 것을 알게 되었다. 일반 영국인들이 옥스퍼드대학 때문에 받는 정신적인 스트레스 중 하나는 그들이 옥스퍼드 졸업생들과 자신을 비교해 열등감을 느끼게 되는 것이다. 남아프리카공화국에서 어린 시절을 보내고 대학까지 그곳에서 다녔던 내 어머니는 중년이 되어서도 잠자리에 누워 만약 자신이 열일곱 살 때 영국에서 살았다면 옥스퍼드에 들어갈 수 있었을까? 하고 궁금해했다. '아마 옥스퍼드에는 못 갔을 거야.'

캐머런은 동료 의원들처럼 변덕쟁이 대중에게 휘둘리지 않았다. 오히려 그는 이튼과 옥스퍼드 브랜드를 통해 자신과 유권자들 마음속에 '캐머런은 리더가 되기 위해 태어난 사람'이라고 각인시켰다. 『파이낸셜타임스』에 올라 있는 캐머런의 신상 정보에는 '선천적으로 자신이 국가를 운영하는 데 가장 적합한 인물이라는 정치적 신념을 갖고 있다'고 적혀 있다.[16]

이튼과 옥스퍼드는 선거에 나선 캐머런에게는 약점이 아니라 강점이었다. 레이철 존슨은 이렇게 말했다. "사람들은 그를 한번 보고 나서 '확실히 총리감이구나'라고 생각했어요. 그는 타고난 듯 그 역할을 아주 손쉽게 수행했습니다." 확실히 대중은 그가 총리직을 잘 수행하고 있다고 느꼈다. 전후 영국 총리 가운데 명문 학교에서 교육받지 못한 세 명—캘러헌, 메이저, 고든 브라운—만이 총리 자리를 힘겨워했다는 것은 명확했다. 어쩌면 '지도자의 능력' 가운데 자신을 지도자라고 생각하는 것도 능력의 일부라고 할 수 있다.

캐머런의 가장 강력한 경쟁 상대는 동문들이었다. 캐머런의 의원 보좌관을 지냈고 나중에 보수당의 행동대장을 맡았던 샘 지마는 "캐머런을 탄핵하려는 음모 대부분은 이튼 동문들이 꾸민 것"이라고 언급했다. 이와는 대조적으로 데이비드 데이비스처럼 공립학교를 졸업한 사람은 결코 캐머런을 제거하려고 시도하지 않았다.

통치를 위해 태어난 사람은 자신을 선전할 때 약간 에둘러서 해야 한다. 캐머런과 존슨 모두 자신의 동료들과 네트워킹할 때는 이튼과 옥스퍼드를 언급하지만, 외부인과 소통할 때는 상대방의 반감을 줄이기 위해 모교를 공개적으로 잘 언급하지 않는다. 그래서 존슨은 벌링던 클럽의 동료였던 폴란드의 정치인 라데크 시코르스키에게는 '벌러, 벌러, 벌러!Buller, Buller, Buller!'(같은 벌링던 출신끼리 통하는 구호)라는 '고릴라의 괴성 같은' 인사를 건네지만,[17] 옥스퍼드 시절을 떠올리는 동창들에게는 '오메르타, 오메르타Omertà, omertà(침묵해라)'라고 경고했다.[18]

그들은 다른 사람들에게 자신의 출신을 따로 상기시킬 필요가 없었다. 캐머런의 말투, 자신감, 큰 키, 혈색 좋은 건강한 인상은 항상 그가 이튼 출신임을 강력하게 어필하는 상징이기 때문이다. 존슨은 포스트모던하게 변형된 이튼 졸업생의 유형이지만, 결국은 그 역시 자신의 출신을 성공적으로 어필할 수 있었다. 그러나 노동당은 2010년대 초반에 대표를 맡았던 네 명 모두가 옥스퍼드와 하버드를 졸업했음에도 불구하고, 유권자들이 엘리트들에 피로감을 느낀다는 생각에 과도하게 집착했다.

노동당은 항상 캐머런을 '딴 세상 사람'이라며 조롱했다. 에드 밀리밴드는 대표 시절, 자신이 노동계급의 음식인 베이컨 샌드위치를 먹는 사진을 찍어서 퍼뜨리는 끔찍한 결정을 내리기도 했다. 이 일로 인해 그는 그저 유치하고 철없는 사람일 뿐 아니라 민심을 잘 모르는 사람으로 보였다. 굳이 이런 사고를 치지 않아도, 유권자들이 노동자들에게 권력이 돌아가길 원한다면, 그들은 알아서 노동계급 후보에게 투표하게 될 것이다.

13. 우리끼리 싸우지 말자

영국 기득권층은 '우리는 이렇게 생각한다'와 같은 표현에서
드러나듯 왕실을 끌어들여 우리라고 지칭한다.

— 존 필저, 호주 언론인, 2007 [1]

캐머런이 옥스퍼드에서 갈고닦은 능력은 그가 총리로서 일하는
데 큰 도움이 되었다. 당시 총리 관저의 한 직원에 따르면, 캐머런은
블레어 총리처럼 이전에 한 번도 접해본 적 없는 주제에 대한 브리
핑을 몇 분 안에 소화한 다음 국제 정상회의나 양자 회담에 가서 설
득력 있게 주장할 수 있었다. 그 직원은 고든 브라운도 그렇게 할 수
있었지만, 브라운은 브리핑을 받으면 "2003년에 프린스턴대학의 경
제학자가 작성한 논문이 있는데, 거기에 따르면 당신의 주장은 틀렸
습니다"라며, 사안에 대해 논쟁하는 성가신 버릇이 있었다고 덧붙였
다. 반면 블레어와 캐머런은 머릿속이 비어 있으므로 다루기가 훨씬
더 쉬웠다.

언변이 좋은 이튼-옥스퍼드 졸업생들은 근대 역사에서 일관되게

영국의 지배계급이 어떤 사람들인지 보여주는 완벽한 예시와도 같았다. 이들을 부르는 명칭은 계속해서 바뀌어왔다. 19세기 초 급진파 윌리엄 코빗은 이들을 '그것들The Thing' 또는 '적폐OLD CORRUP-TION'라고 불렀다. 빅토리아 시대 사람들은 전국의 모든 지배층을 하나로 묶은 이름으로 그들을 '상위 1만 명upper ten thousand'이라고 불렀다. A. N. 윌슨은 그들을 '귀족, 문학계, 정치계에 속하며 대학에서 교육받은 계층'으로 묶었다. 그에 따르면 빅토리아 시대의 '교육'이란 이 그룹을 하나의 계층으로 통합시키는 과정으로 설명되었다.[2] 1950년대에 이 계층은 '기득권'으로 불렸으며 현재는 '엘리트'로 불리고 있다.

이 계층의 구성원들은 전통적으로 강한 신념을 가질 수 없도록 분열되었다. 그러나 그들의 변함없는 기본적인 사상은 시스템에 대한 신뢰였다. 그 시스템은 서로 도보 몇 분 거리에 붙어 있는 대학들에서 공부하는 같은 계급의 동료들에 의해 유지된다. 미국, 독일, 이탈리아처럼 권력의 중심이 여러 개 존재하는 국가들과 달리 영국에는 이처럼 단일 지배계급만이 존재한다.

맬컴 턴불은 "영국에는 큰 나라들에서 생길 수 없는 엘리트 집단 내부의 강한 동질성이 있다"고 언급하면서 인구가 영국의 40퍼센트 미만인 호주조차 "어디에서 교육을 받았고, 어느 학교를 나왔고, 어디에서 성장했는지에 따라 사람들의 관점과 태도가 영국보다 훨씬 더 다양하다"라고 덧붙였다.

영국은 근대 이후에 혁명, 내전 혹은 부역 행위 같은 트라우마가 없었기 때문에 기존 사회 구성원들이 서로 삶과 죽음의 문제에 대해 의견이 일치하지 않을 때조차 서로를 좋은 친구처럼 대한다. 앤서니 파월의 12부작 소설 『세월이라는 음악의 춤A Dance to the Music of Time』에 체임벌린이 뮌헨에서 돌아온 직후에 열리는 만찬 장면이 등장한다. 기득권층 대부분을 개인적으로 알고 있는 이튼-옥스퍼드 출신의 파월은 유화 논쟁(히틀러에 대한 유화 정책)에서 서로 대립하는 두 명의 보수당 의원이 흠잡을 데 없이 서로에게 공손하게 대했다고 말했다. 그들은 "분명히 논쟁을 원하지 않았다"고 파월은 기록했다.3 이것이 바로 영국 기득권층의 모습이다. 뮌헨에서의 균열도 곧 봉합되었고, 한때 강력했던 대처주의가 일으킨 균열도 신노동당● 이 민영화, 낮은 세금, 불평등의 심화 같은 대처의 유산을 받아들이면서 봉합되었다.

뒤이은 캐머런 시대에도 영국은 여전히 그 유산에 동의하는 정치인, 관료, 사업가, 금융가들에 의해 운영되었다. 시스템 속에서 좌파와 우파는 서로를 사실상 지원했고, 이러한 모습은 미국과는 완전히 다른 양상이었다.

21세기에는 기득권층이 되기 위한 기준이 매우 높아졌기 때문에 이제는 상류층조차 기득권이 되려면 머리를 써야 했다. 좌우를 막론하고 대부분의 옥스브리지 출신(대부분이 옥스퍼드대학의 철학·정치·

● 1990년 중반부터 2010년까지의 토니 블레어, 고든 브라운 총리 집권기의 노동당을 뜻한다. 자본주의와 사회주의를 결합한 앤서니 기든스의 '제3의 길'에 영향을 받아 평등보다는 사회적 정의, 기회의 평등을 추구했다. 사회의 효율성과 정의 구현을 위해 시장경제를 활용했다.

경제 전공)은 런던에 진출했다. 그들은 런던에 있는 각 기관의 리셉션이나 만찬 자리에서 서로 만났다. 이튼에서 형성되지 않았던 다른 분야 사람들과의 만남은 긴밀하고도 비공식적으로 이루어졌다. 블레어의 전 고문 알레스테어 캠벨과 골드만삭스의 경제 연구가 짐 오닐(집배원의 아들)은 둘 다 맨체스터 유나이티드 감독인 알렉스 퍼거슨의 친구였다. 캠벨과 오닐은 토니 블레어와 긴급 통화를 하는 사이였다.

이제 지배계급은 거의 모든 계층의 사람들을 수용할 수 있게 되었다. 캐머런 총리의 재임 기간에 가장 성공적인 행사였던 2012년 런던 올림픽의 개막식에는 반체제 인사의 최고봉인 가수 섹스피스톨스가 노래한 「여왕을 구하소서」까지 공연되었다. 나 역시 이러한 친화 과정을 내 눈으로 직접 목격했다. 2009년 어느 경영대학원 교수●와 나는 축구와 경제에 관련된 책을 공동 집필했다. 당시 어떤 극좌파 조직의 리더였던 친구가 런던에서 출판기념회를 열어주었다. 그의 극좌파 친구들은 술집에 모였고, 교수와 내가 파티 참가자들에게 신나서 이야기하는 것을 예의 바르게 경청했다. 그들이 우리를 자본가의 하수인으로 보고 있었다는 사실을 감안하면 그것은 극도의 예의를 갖춘 것이었다. 이런 일은 좌파와 자본가의 하수인들이 결코 같은 파티에 참석하지 않는 이탈리아 같은 나라에서는 결코 일어날 수 없는 것이다.

● 스테펀 시맨스키. 런던 시티경영대학원 교수. 사이먼 쿠퍼와 함께 『사커노믹스soccer-nomics』를 집필했다.

블레어와 캐머런이 통치하는 영국에서 기득권층이라면 으레 매일 아침 BBC 라디오 4의 「투데이」에서 다루는 사건들과 이에 대한 청취자 의견을 빠짐없이 공유했다. 이 때문에 많은 사람이 유럽연합에 속한 영국의 위치를 겸허하게 받아들였지만, 가장 중요한 요소인 유로화, 솅겐조약, 유럽 역사상 가장 긴밀하게 엮인 정치적 연합체에 속하는 일 등은 영국에서 이루어지지 못했다. 모든 사람이 사회적 불평등과 기후변화가 큰 문제라는 데는 동의했음에도 불구하고, 이에 대해 별다른 조처를 취하지 않기로 한 것도 이 시기였다.

리스모그가 이끄는 보수 우파의 괴팍하고 반동적인 소모임에 대해서는 아무도 관심을 두지 않았다. 샘 지마는 캐머런에게 "그들은 당신을 다락방에 감금시킨 미치광이 가족 같은 존재입니다. 그들은 모두 집으로 돌아간 금요일 날 의회에 남아 영향력도 거의 없는 의원들의 무관심한 입법안에 대해 오랫동안 흥이 나서 토론하는 괴짜들일 뿐이죠"라고 했다. 이것은 그들의 괴상한 소모임을 완벽하게 표현한 말이었다.

옥스브리지 남성들은 자신들의 힘을 대외로 표방하기 위해 다양한 조직의 설립 축하 연설을 이용했다. 그리고 그들은 실제로 그 힘을 행사할 기회를 찾기 위해 계속 노력했다. 캐머런은 어쩌면 진심으로 언젠가는 다른 계층 사람들이 영국을 이끌게 되리라 믿었을지 모른다. 그러나 그와 동문들은 자신들의 기득권을 유지하고 싶어하기도 했다. 옥스브리지 남성들은 자신들의 권력을 지키기 위해 혁명을 일으킬 필요조차 없을지도 모른다. 옥스브리지 출신의 여성들을 일부 받아들임으로써 계급의 경계를 약간 확대하는 경우는 있을지 모르지만 말이다. 영국의 기득권층은 중상류층 여성이 유리천장에 부딪히는 연령을 점진적으로 높여왔다. 0세에서 적절한 교육을 받고 졸업하는 17세• 그리고 옥스브리지를 졸업하는 21세까지, 결국엔 대부분의 여성이 38세가 되면 육아에 전념해 가정에 머물렀다.

이렇게 상류층 구성원들은 평생 서로를 물심양면으로 도왔다. 한번은 내가 영국에서 멀리 떨어진 나라에서 근무하던 대사관을 찾아간 적이 있었다. 놀랍게도 그 역시 옥스브리지 교육을 받은 백인 이성애자 남성이었다. 내가 그를 만난 적이 없음에도 불구하고 그는 나를 어린 시절부터 알고 지낸 친구처럼 대했다. 심지어 본인의 수영장에서 나에게 현황 보고를 할 정도로 친근하게 여겼다.

이러한 통합성의 존재는 국민 생활의 향상에도 기여한 바가 있다. 하지만 동시에 단점도 존재했다. 그 단점 가운데 가장 치명적인 것은, 통일된 기득권층은 손쉽게 집단 사고의 희생양이 된다는 점이다. 턴불은 "이 점은 호주보다 영국에서 훨씬 더 심각한 문제"라고 말한다. 좌우를 불문하고 모든 영국의 기득권층은 이라크 침공의 정당성, 그리고 은행의 규제는 약할수록 좋다는 언론의 프레임을 그대로 따랐다.

기득권층 내부의 높은 신뢰도는 악용되기도 쉬웠다. 2012년의 리보 금리 조작 사건이 바로 그러한 사례다. 이 사건은 이익을 위해 리

• 1878년 영국의 대학들이 여성을 받아들이기 시작했던 것을 뜻한다.

보London Interbank Offered Rate, LIBOR(런던에 있는 은행들 사이에 협의된 통화 가격)를 조작하려는 일부 은행가의 계획이 발단이었다. 영국 중앙은행이 안전하다고 여긴 시중 은행들이 하나로 통합된 기득권으로 작용해 엄청나게 높은 이율로 '추정'하면서 문제가 터진 것이다. 이러한 사회적 신뢰가 악용당할 것을 누가 상상이나 했을까?

2015~2016년 큰 충격이 영국 금융시장을 강타했을 때, 캐머런 휘하의 통합된 기득권층의 지도자들은 그러한 충격에 대처할 준비가 전혀 되어 있지 않았다.『파이낸셜타임스』의 동료 야난 가네시는 이렇게 썼다. "그들에게 정치는 다수에 의해 움직이는 세상에서 혼합경제를 점진적으로 개선하는 것이다. 하지만 그들은 유럽 회의론, 자국 우선주의, 폭력적 광신주의 그리고 강대국 사이의 경쟁이 급격히 늘어가는 상황에 대해 준비가 되어 있지 않았다." 가네시는 브렉시트 국민투표가 이뤄지는 동안 그들은 "전쟁에 파견된 실험실 기술자들처럼 보였다"•라고 썼다.4

• 브렉시트 국민투표 기간에 발생한 격렬하고 파괴적인 정치적 변화를 처리하는 데 지도자들이 부적합하고 제대로 준비되지 않은 것처럼 보였다는 의미. 브렉시트 이슈의 격렬하고 논쟁적인 성격에 직면해 평소의 정치 전략이 부적절했다는 뜻이기도 하다.

14. 브렉시트와 옥스퍼드 유니언

세상의 모든 위대한 사회운동, 전쟁, 혁명, 정치적 계획은 그 내용이
아무리 교화적이고 유토피아적일지라도 그 이면에는 스스로 권력을
잡으려는 일부 집단의 야망이 도사리고 있기 마련이다.

—조지 오웰, '제임스 버넘에 관한 두 번째 생각'1

　　캐머런의 브렉시트 국민투표 소집 과정은 토니 블레어 전 총리의
이라크 전쟁 결정 과정과 매우 유사했다. 운명적인 순간이 다가왔을
때, 두 사람 다 권력의 정점에 서 있었다. 당시 둘 다 49세, 두 번의
선거에서 연속해서 승리했으며, 총리직은 그들이 스스로 사임하지
않는다면 흔들림 없이 그들의 것이었다. 그들은 반대파를 완전히 무
력화시켰고, 그들이 시도한 거의 모든 계획은 성공적이었다. 자신들
의 인기에 위협이 될 만한 사건이 발생했을 때도 두 사람은 심각하
게 고민하지 않았다. 왜냐하면 그들은 그럴 필요가 없다는 것을 인
생을 통해 이미 터득했기 때문이다. 언제나 그러하듯 (전쟁이나 유럽
연합의 가입 문제에 대해 그랬던 것처럼) 기득권층은 또다시 은밀한 단
합을 이룰 것이었다. 캐머런은 유럽연합 탈퇴 운동이 나이절 패라지

처럼 옥스브리지 출신이 아닌 외부인에 의해 주도될 경우, 결국은 잔류파가 승리할 것으로 예측했다. 총리의 이튼-옥스퍼드 인맥 중 누구도 총리에게 위험 신호를 보내지 않았던 것 같다.

지구 반대편의 맬컴 턴불은 전문가로서 당시 상황을 이렇게 표현한다.

내가 이상하게 생각하는 것은 당시 캐머런 측이 상황을 다소 즐기는 듯한 태도였다. 아마 그들은 스코틀랜드 독립을 내건 국민투표 결과에서처럼 브렉시트 역시 별일 없이 넘어갈 것으로 여겼던 것 같다. 민주주의 국가의 국민이라면 이처럼 중대한 투표를 하기 전에 적어도 저명한 경제학자들로 구성된 왕실 자문위원회를 꾸릴 필요가 있다. 위원회에서 경제 상황을 완벽하게 분석하면 의회에서 연구를 진행할 상임위원회가 조직된다. 위원회는 몇 년 동안 축적된 방대한 정보에 근거해 지속적인 토론을 하게 된다. 그리고 이러한 토론의 결과를 압축해서 "우리가 평가한 바에 따르면 향후 이런 상황이 발생할 수 있다"고 발표하고, 사람들은 적어도 이런 정보를 가지고 투표를 하게 된다.

캐머런이 2016년 2월 20일 국민투표 실시를 요청한 순간은, 댄 해넌이 옥스퍼드의 첫 학기부터 준비하던 바로 그 순간이었다. "권력은 거리에 있었다"라는 레닌의 말을 해넌은 받아들였다. 그는 유럽의 방대한 조약 내용을 숙지하고 있었고 옥스퍼드 스타일의 확실한 어조로 이야기를 풀어내 유럽연합 탈퇴의 위험성에 대한 튜토리얼 형식의 청문회도 잘 넘어갈 수 있었다. 그는 그럴듯하게 들리는 학식과 언변을 활용해서 자신에 대한 모든 반대 의견을 손쉽게 제압했다. 그는 한 질문자에게 "다시 한번 말씀드리지만, 유럽의 단일시장이 우리의 위치를 위협하는 상황에 대해 이야기하는 사람은 아무도 없습니다"라고 말했다.[2]

20년 동안 해년의 영향을 받아온 고브도 합류했다. 그러나 존슨은 옥스퍼드 유니언 시절과 마찬가지로 탈퇴 운동에 대한 자기 입장을 바로 결정하지 않았다. 해년은 당시를 이렇게 회상했다.

그를 영입하기 위해 2015년 많은 시간을 할애했습니다. '그는 경력 관리를 위해 자신에게 더 적합한 자리로 가려고 노력했고, 큰 기회가 다가오길 기다리고 있었습니다.' 저는 존슨과 오래 이야기를 나눴고 그는 고뇌하고 있었습니다. 사적인 대화를 나눴을 뿐, 드러낼 만한 내용은 없었어요. 그는 늘 말했던 것처럼 '유럽연합이 계속해서 영국의 앞길을 가로막을 것'에 대해 걱정하고 있었어요. 그가 가장 염려했던 부분은 영국의 주권 문제였습니다.

물론 다른 문제들도 옥스퍼드 보수당원들에게 영향을 미쳤다. 영국의 장관들은 유로스타를 타고 지극히 현대적인 브뤼셀의 유럽의회로 출장을 가곤 했다. 그곳에서 창문도 없는 방에 앉아 끝없는 회의에 참석해야 했으며, 간접적인 토지의 이용 변화에 대해 라트비아

환경 장관이 영국을 질타하는 내용을 듣고 있어야 했다.

브뤼셀은 재치 있는 영국식 위트가 넘치는 중세식 의회가 아니었다. '가입accession'이나 '결속cohesion' 같은 불어-영어의 혼합어로 가득한 글로비시Globish(국제 영어)를 유럽의회의 관료들이 대부분 제2의 외국어처럼 사용했다. 브뤼셀은 적대적인 싸움의 공간이 아니라, 힘겹게 합의를 형성하는 공간이다. 옥스퍼드 보수당원들에게 브뤼셀은 웨스트민스터의 영국적인 신사클럽과 정반대의 속성을 지닌 지역이었다. 그들은 브뤼셀 중앙역에 도착할 때마다, '홀로 고립된 입장'을 끝까지 고수하다가 다수결 투표에서 밀려나는 과정을 통해 영국 국력의 하락을 체험했다. 그들은 유럽 대륙의 관료들과도 우정을 쌓지 못했다. 켄 클라크와 데니스 힐리 같은 전임자들은 유럽의 정치 모임에 자주 초대받던 단골손님이었지만, 현세대에서 가장 친유럽파로 불리는 의원들조차 그러한 모임에 참석하기 위해 유럽으로 가는 일은 없어졌다.

브뤼셀은 종종 영국에 지시 사항을 내려보냈는데, 그러한 상황 자체가 옥스퍼드 보수당원들이 갖고 있던 특권 의식, 즉 자존심을 상하게 했다. 누구도 그들에게 명령하지 못했다. 규칙은 다른 계층에나 적용되는 것이었다. 그들은 사적인 삶, 금융 거래 그리고 웨스트민스터에서의 최대한의 자유를 누렸다.

브렉시트는 존슨과 고브의 정치 경력에서 부족했던 일종의 대의명분이었다. 브렉시트는 선조들이 그랬던 것처럼 자신들도 영광스러운 시대에 살 기회를 제공해줄 것이었다. 브렉시트로 영국인의 정치에 대한 지극히 미미한 관심이 올라가지 않을까? 화려한 갑옷을 입은 기사단의 돌격처럼 개인적인 위험은 최소화하면서 결과는 영광스럽고 낭만적인 활동으로 비칠 것이었다. 옥스퍼드 보수당원들은 브뤼셀의 침탈자들로부터 자신들이 속한 계급의 태생적 권리인 의회 주권을 되찾을 것이었다. 그들은 사실 마음속으로 브렉시트가 잘 해결되지 않을 것으로 생각했다. 그러나 어차피 영국에는 자신들 위에 위치하는 상위 포식자가 없기에, 실패하더라도 자신들은 살아남으리라고 봤다. 시코르스키는 바르샤바에서 옥스퍼드 동창들의 동정을 지켜보며, 폴란드인에게 유럽연합은 단순한 게임이 아니라고 언급했다.

개인적으로 봤을 때, 2016년 봄 열심히 선거운동을 벌이던 유럽연합 탈퇴론자들은 위치에 맞는 충분한 경력을 갖추지 못했다. 어떤 면에서 그들은 브렉시트를 일종의 옥스퍼드 유니언 회장 선거운동쯤으로 취급했다. 존슨은 자리에 걸맞지 않은 이튼 후배의 자리를 빼앗을 기회를 엿보고 있었다.

한편 고브는 옥스퍼드 출신들 내부의 계급투쟁에서 밀려나 존슨 휘하에 합류했다. 옥스퍼드 보수당원들의 기준에서 볼 때, 사립학교 출신으로 의원이 된 고브는 영리한 것을 빼면 다른 장점이 없는 하층계급 출신의 이방인으로 여겨졌다. 보수당에서 영리함을 지도력의 필수 조건으로 간주하지 않는다는 것을 고브는 잘 알고 있었다. 오히려 영리함은 때로 독이 되기도 했다. 그런 면에서 영국은 프랑스와는 달랐다. 그래도 최소한 고브는 자신이 교육부 장관으로 재직하는 동안에 자신과 캐머런을 '동료chums'라고 생각했다.

그러나 2014년 캐머런이 그를 수석비서관으로 강등시키고, 급여에서 3만 파운드를 삭감했을 때 고브는 완전히 망연자실했다. 그는 캐머런과 그의 이튼 파벌이 그를 마치 '부하 직원처럼' 다룬다고 느꼈다. 팀 시프먼은 『전면전All Out War』에서 '고브와 캐머런의 관계를 이해하는 가장 좋은 방법은 『다시 방문한 브라이즈헤드』를 읽는 것'이라고 제안한다. 고브는 귀족이 되고 싶은 환상에 사로잡힌 중산층 출신의 야심가 찰스 라이더다.3 캐머런이 그를 계파에서 추방했을 때, 고브는 마음에 복수의 칼날을 품었다. 스티브 힐턴도 2012년 캐머런 내각의 전략 담당 보좌관을 그만두면서 비슷한 느낌을 받았던 것으로 보인다. 이후에 그 역시 브렉시트를 지지했다. 커밍스는 고브의 교육 담당 특별보좌관이었다가 캐머런에게 '직업적 사이코패스'로 낙인찍혀 2013년 말에 사임했다.4 2015년 그는 브렉시트 찬성 운동의 본부장 자리를 맡았다.

캐머런에게는 불리하게도 이처럼 국민투표는 지배계급을 분열시켰다. 존슨과 고브의 옥스퍼드 출신 경력은 지도자의 자격증처럼 보였고, 브렉시트 운동의 신뢰성을 높여주었다. 이들이 브렉시트 운동을 승리로 이끌었다. 존슨의 경력, 말투, 자신감, 고전을 인용하는 언어 습관은 그가 그저 웃기기만 하는 사람이 아니라는 것을 보여주었다. 영국식 표현으로 그는 통치하기 위해 태어났다고 해야 할 것이다. 존슨이 "유럽연합에서의 탈퇴 비용은 거의 발생하지 않을 것"이라고 말한 것,5 고브가 "브렉시트는 우리가 투표하기만 하면 나머지 일들은 알아서 풀릴 것이며, 이미 우리는 필요한 카드를 모두 손에 쥐고 있다"[6]라고 말했던 것을 국민이 믿고 따르지 않았다면, 브렉시트는 그저 하나의 촌극으로 끝날 수도 있었다.

브렉시트는 엘리트주의에 대한 반란으로 시작되었다. 더 정확하게는 엘리트가 주도한 반反엘리트주의 반란이었다.● 호주 출신으로 사립학교와 옥스퍼드에서 교육받은 미디어 거물●이 자신을 반엘리트주의자로 가장한 후 브렉시트를 지원했다. 그의 지원을 받아 사립학교 출신 옥스퍼드 졸업생들로 이루어진 그룹이 다른 옥스퍼드 졸업생 집단에 대하여 쿠데타를 일으킨 것이다. 엘리트들이 브렉시트 운동을 주도했기 때문에 실제로 많은 유권자는 국가의 미래를 기꺼이 그들의 손에 맡겼다.

유럽연합 잔류파가 승리했다면, 캐머런은 존슨과 고브에 대해 인신공격을 해야 했을 상황이었다. 그러나 캐머런은 그런 상황을 원하지 않았다. 그는 기득권층이 하나로 통합되어 지속될 것을 믿고 있었다. 그들은 서로 좋은 친구였고, 캐머런이 국민투표에서 승리하면 모두가 다시 화합할 수 있을 것이라 기대했다. 그는 진흙탕 싸움을 하지 않았다. 그는 나중에 조지 오즈번에게 "한쪽 팔을 등 뒤로 묶고 싸우는 것과 같았다"고 당시 상황을 털어놓았다.[7]

옥스퍼드 출신의 브렉시트 찬성파는 스스로 참여를 원한 나이절 패라지와 타블로이드 신문들과 연대해 계급과 정당을 초월한 동맹을 맺었으나, 이 동맹은 내부적으로 심각한 불협화음을 일으키고 있

● 뉴스코퍼레이션의 회장 루퍼트 머독을 일컫는다.

었다. 이에 관해 해넌은 이렇게 말했다.

그때 우리가 직면했던 가장 큰 문제는 총리나 유럽연합이 야기한 것
이 아니었어요. 마지막까지 우리를 가장 골치 썩게 만들었던 문제는
바로 유럽연합탈퇴Leave.EU(패라지가 이끄는 조직)의 장난질이었습니다.
주류이면서도 어딘가 미숙해 보이는 옥스브리지 출신 정치인들이 패
라지의 조직처럼 강경론자들과 공존했다고 보일 수도 있지만, 사실
은 그 반대였습니다. 미숙한 옥스브리지 출신 정치인들은 모든 것을
그저 놀이처럼 다루는 자칭 '브렉시트의 문제아들Bad Boys of Brexit'이
었죠.
반면에 패라지의 야망은 훨씬 더 구체적이어서 국민투표 운동을 통
해 주류 정치인으로 부상하는 것이었습니다. 그는 국민투표 운동의
결과보다 자신의 출세에 훨씬 더 집중했습니다. 그는 사실 출세하는
것 외에는 별로 관심조차 없는 사람이었어요.

브렉시트 찬성론자들은 대중의 지지를 확보하기 위해 힘겨운 투
쟁을 이어나가야 했다. 영국 유권자들이 유럽연합에 대하여 분노하
도록 만들려고 해넌이 지난 25년 동안 벌여온 운동은 아무런 관심
도 받지 못했다. 2005년 고브가 나에게 털어놓았듯 일반 유권자들
은 유럽연합 탈퇴에 큰 관심을 보인 적이 없었다. 국가는 어차피 자
신들과 동떨어진 엘리트들에 의해 통치될 것이었고, 그 엘리트들이
브뤼셀에 있든, 웨스트민스터에 있든 대부분의 국민은 전혀 상관하

지 않을 것이었다.

　패라지는 자유무역과 주권 수호에 대한 호소만으로는 승리를 쟁취할 수 없다는 것을 잘 알고 있었다. 그는 "사람들의 이목을 끌려면 보통의 방법으로는 안 된다"고 말했다. 그는 해넌의 사람들이 "옥스퍼드 유니언에서 토론하던 방식으로 국민투표를 다루는 것 같다. 나는 그들이 평생 보통 사람들을 만난 적이 없다고 생각한다"라고 불평했다.8 결국 커밍스는 대다수 영국인이 관심을 갖는 두 가지 문제, 즉 이민 문제와 국가보건서비스에 브렉시트 운동을 집중시켰다.

　그러나 존슨은 여전히 유니언에서 벌이던 토론처럼 흥미롭긴 하나 실체가 없는 논쟁을 통해 풀어가려고 했다. 영국에서는 유머가 감정적 깊이를 표현하기도 하고, 지루함을 표현하거나 능수능란하게 상대를 위협하고 대화의 맥을 끊는 데에도 이용되곤 한다. 단일시장의 혜택을 유지하면서 유럽연합을 탈퇴하는 것이 가능하다고 주장하던 존슨은 다음과 같은 유명한 말을 남겼다. "나의 신념은 먹을 것이 생기면 바로 챙기고 바로 먹는 것입니다." 그가 상류층으로 살면서 사회 규범을 깨뜨리던 습관으로 나타났던 그의 과격함을 많은 영국인은 진정성의 표시로 오해했다. 그의 헤어스타일은 그 자신과 브렉시트를 무해한 농담처럼 보이게 만들었다. 어떤 면에서 그는 영어라는 언어를 통해 포퓰리스트 운동을 이끄는 것이나 마찬가지였다. 그는 자기 삶의 가치관인 쾌락적 낙관주의를 사회에 투사시키는 재능도 가지고 있었다. 그가 주장한 브렉시트 이후 영국의 '너무나도 밝은 미래'는 원래 그가 자신에 대해 갖고 있는 생각이었다.9

옥스퍼드대학의 티머시 가턴 애시 유럽학 교수는 브렉시트 국민투표를 "현대적인 선거운동 기법을 더한 옥스퍼드 유니언 토론의 연장선"으로 설명했다. 그는 "영국에서 공인으로 사는 장점 가운데 하나는 부드러운 유머 감각이 큰 빛을 발한다는 것이다. 하지만 '모든 특성에는 단점도 있다chaque qualité a ses défauts'"라고 말한다.

존슨은 국민투표가 치러지는 동안 새로운 사실을 배웠다. 그것은 바로 최고의 정치적 위치에서도 당당하게 거짓말을 할 수 있다는 것이었다. 그가 했던 여러 거짓말 중 가장 중대한 것은, 영국이 유럽연합을 탈퇴하더라도 국가보건서비스를 위해 매주 3억5000만 파운드를 확보할 수 있다는 것이었다. 수많은 유권자가 그의 말을 믿었다. 그리고 행여 믿지 않더라도 옥스퍼드 유니언의 관객들처럼 존슨을 좋아하는 유권자들은 사실 여부를 그다지 신경 쓰지 않을 것이다. 그것은 그가 브렉시트를 통해 깨달은 중요한 통찰이었다.

1980년대 옥스퍼드에서 공부했던 유럽연합 탈퇴론자들과 초기 엘리트 집단인 1930년대 케임브리지 5인조 스파이 사이에는 어느 정도 유사점이 있다. 킴 필비, 가이 버지스, 도널드 매클린, 앤서니 블런트, 존 케인크로스는 모두 남자 사립학교 네트워크를 통해 서로 친숙한 사이였다. 이들 가운데 네 명은 케임브리지 트리니티칼리지를 졸업했고, 특히 매클린은 트리니티 홀 바로 옆에 살았다. 자신들이 가진 정보가 부족했음에도 혁명적 세계관을 공식화할 만큼 자신만만했던 이들 '케임브리지 5인조'는 소비에트 공산주의라는 유토피아적 사상을 받아들였다. 소비에트 공산주의는 이들이 상상하지 못했던 머나먼 미래의 낙원을 약속했다. 그러한 목표를 향해 전진하는 것 자체는 흥미로운 일이긴 했다. 필비와 매클린이 먼저 소련의 스파이가 되었다. 긴 금발에 쾌락을 추구하던 이튼 출신의 버지스는 자신만 이 매력적이고 거대한 계획에서 소외되고 있다고 느꼈다. 그래서 버지스는 계속 두 사람을 따라다녔다.[10]

1938년 옥스퍼드에 입학한 글래스고의 노동계급 출신인 랠프 글래서는 마르크스주의를 신봉하던 동료 학생들에게서 비슷한 태도를 관찰했다. 그는 동창인 필립 토인비에 대해 이렇게 썼다. "그는 급진 좌파 운동을 하면서도 자신이 상류층이라는 이유로 당연히 지휘관 역할을 맡아야 한다고 생각했고, 혁명 역시 상류층이 일반 계층의 병사들을 데리고 하는 것이라 여겼다. 그의 계층은 혁명이 일어나더라도 최고 권력의 자리는 여전히 그들의 것으로 남을 것임을 한 치도 의심하지 않았다."[11]

케임브리지 5인조는 엘리트의 이력을 보유했고 전형적인 영국 신사의 모습(헤어스타일, 술과 옷차림 같은 독특한 취향)이었기에 책임자의 자리에 앉았다. 그들은 수십 년 동안 자신들의 유토피아를 추구했고, 그에 모순되는 사실은 모두 무시했으며, 기득권층의 다른 구성원들을 상상력이 부족하다며 경멸했다. 마침내 5인조가 사실은 소련의 스파이였음이 밝혀졌을 때, 기득권층에 대한 영국인의 신뢰 역시 심각한 손상을 입었다.

케임브리지 5인조가 소련에 봉사하고 유럽연합 탈퇴론자는 실수를 저지르는 등 둘 다 영국의 국익을 위배했지만, 그렇다고 해서 케임브리지와 옥스퍼드를 한 묶음으로 취급하는 것은 온당치 않다.

15. 한 표 부탁드립니다!

옥스퍼드를 졸업해도 여전히 옥스퍼드 속에서 산다.

— 샐리 리틀존, 옥스퍼드 유니언 도서관장, 1982년[1]

브렉시트가 이행되는 순간에도 존슨과 해넌은 국민에게 이민자는 계속 수용할 것이라고 이야기했다. 폴란드와 방글라데시 이민자들이 영국의 낙후된 지방 도시에 살고 있는 현실은 옥스퍼드의 유럽 탈퇴 론자들에게 주요 관심사가 아니었다.

국민투표가 끝나고 며칠 후 나는 이메일을 통해 사립학교 출신 옥스퍼드 동창들에게 브렉시트의 경제적 위험성을 경고했다. 그러나 그들은 오히려 내게 답장을 보내며 화를 냈다. "넌 단기적인 재정적 영향에 대해 과도하게 우려하는 것 같아. 이건 민주주의의 승리야." 나는 이 말이 무엇을 뜻하는지 알고 있었다. 그들처럼 연간 20만 파 운드를 번다면 경기침체의 위협은 그저 사소하고 성가신 해프닝일 뿐이다. 그러나 2만 파운드를 벌면 개인적인 위기에 처할 수 있으며,

1만5000파운드를 벌면 가족의 생계를 걱정해야 한다.

옥스퍼드 출신의 보수당원들은 브렉시트의 구체적인 실행 계획조차 갖지 못한 것으로 드러났다. 존슨은 국민투표가 끝나고 바로 다음 토요일에 이튼과 옥스퍼드 동창 스펜서 백작(다이애나 왕세자비의 동생)의 사유지에서 열린 크리켓 경기에 참석했다. 옥스퍼드의 배경으로 그는 날개를 달았다.

가장 중요한 것은 캐머런의 사임으로 인해 총리직이 공석이 되었다는 점이다. 옥스퍼드 유럽연합 탈퇴론자들은 즉시 토론을 열고 그들만의 친숙한 방식, 즉 내부적인 리더십 선거를 열었다. '한 표 부탁드립니다!' 옥스퍼드 유니언은 보수당 지도부의 경선을 연습하기 위한 완벽한 무대였다. 거기서는 온갖 암묵적 지지가 만연했다. 유니언 회장을 역임했던 샘 지마는 "대부분의 유니언 사람들은 강력한 지지, 중간 정도의 지지, 미약한 지지를 특성별로 묶어서 구별할 수 있었다"라고 말한다. 지마 역시 1997년 보수당의 지도부 선거에서 예상을 깨고 역전승을 거뒀다.

또 다른 전임 회장도 언급했듯이 2016년의 당내 선거는 '보리스(존슨)가 데이브(캐머런)에게 칼을 꽂았다. 마이클(고브)은 보리스에게 칼을 꽂았다. 테리사(메이)와 마이클은 보리스의 지지 세력을 훔쳤다. 보리스는 뒤통수를 맞은 격이 되었다'●는 유니언의 속된 말로

● 총리이던 데이비드 캐머런(데이브)을 보리스 존슨이 먼저 배신했고, 그러한 존슨을 마이클 고브가 테리사 메이와 연합해서 또다시 배신해 결과적으로 테리사 메이가 총리가 된 것에 대한 은유적 농담. 당시 보수당 의원들과 언론에서 유행했음.

묘사되었다.

고브가 존슨의 유니언 회장 선출을 도왔던 시점으로부터 30여 년 만에 다시 선거운동의 본부장이 되었다. 고브는 옥스퍼드 동창 닉 볼스와 시몬 핀의 집에서 밤늦게까지 함께 계획을 논의한 후, 그는 평생 유권자의 처지에서 옥스퍼드 유니언의 전형적인 배신 행위를 실행했다. 존슨에 대한 자신의 지지를 철회하고 새롭게 지지하는 인물을 발표한 것이다. 존슨은 이로써 총리가 될 자격을 잃었다. 마치 셜록 홈스의 자리를 왓슨이 대신 꿰찬 것 같았다. 캐머런은 존슨에게 문자를 보냈다. '이봐, 친구, 나와 함께해야 했어.'[2]

고브는 자신이 직접 총리가 되려 했지만 결국 메이가 선거에서 이겼다. 그녀는 거의 40년 전인 열여덟 살 때 대학의 보수연맹에서 알게 된 동료인 데이미언 그린을 대변인으로 선택했다.[3] 이어서 그녀는 브렉시트 찬성파에게 브렉시트를 직접 실행하도록 명령했다. 그녀는 존슨을 외무부 장관에 임명하고 그에게 내각의 주요 업무를 맡겼다. 이것은 마치 토론대회 우승자에게 우주선을 설계하라고 요청하는 것과 같은 일이었다. 이들은 행동하는 사람이 아니라, 말로 일하는 사람이었기 때문이다. 사실 그들의 실행은 이전에 했던 말에 의한 우연한 결과물일 뿐이었다.

국민투표는 지루한 정책 문제에 관한 논쟁에 불을 붙였다. 브렉시트 찬성론을 지지하던 내각의 장관들조차 영국이 막대한 이탈 비용을 지불하게 되고, 아일랜드 국경의 복잡한 문제가 발생하면 영국인들은 이동의 자유를 잃고 단일시장에 머물 수도 없게 된다는 것을 그제야 비로소 이해했다. 결국 최선은 없고 차악을 선택해야만 하는 상황이었다.

그들은 전 세계와 새로운 무역관계를 체결하는 문제에 대해서도 제대로 생각해본 적이 없었다. 보수당의 브렉시트 찬성파가 주로 경제적인 이유로 브렉시트를 추진했다고 이야기하는 좌파 음모론이 존재하는 것은 사실이다. 그러나 나는 경제적인 이유는 그들의 동기가 아니라고 생각한다. 수많은 브렉시트 찬성론자들(특히 리스모그)은 정말로 순수한 브렉시트 그 자체를 원했을 것이다. 그들은 영국의 주권을 제한하는 유럽연합의 통제를 제거하길 원했고, 경제적 이슈에는 그다지 관심이 없었다. 브렉시트는 웨스트민스터라는 그들의 사유지에서 자신들의 권력을 보존하기 위해 고안된, 현세대 전체를 아우르는 대규모 프로젝트였다. 그 외에는 전부 부수적인 문제에 불과했다. 지루한 행정적 난제들은 잘난 척하는 공무원들에게 맡기는 게 가장 좋다고 생각했을 것이다. 당시 제러미 헤이우드(옥스퍼드 허트퍼드칼리지에서 역사와 경제학 전공, 1980~1983)가 이끄는 공무원 집단은 옥스퍼드 지배계급의 하급 실행 조직이었다.

옥스퍼드에서 존슨을 가르쳤던 앤서니 케니는 존슨이 외무부 장관으로 재직하던 2017년 5월 마지막으로 옛 제자를 만났다. 케니는 나중에 이런 글을 남겼다.

그가 내 방을 나설 때, 나는 대학이 그에게 제공한 교육에 대해 유감을 느꼈다. 우리는 영국의 정치 엘리트를 양성할 수 있는 특권을 누려

왔지만, 우리가 존슨을 위해 한 것은 과연 무엇일까? 우리가 그에게 진실성을 가르쳤을까? 아니다. 우리가 그에게 지혜를 가르쳤을까? 아니다. 우리는 도대체 무엇을 가르친 걸까? 재치 있고 기발한 연설을 하는 방법뿐이었을까? 나는 소크라테스라도 제자들에게 진실한 미덕을 가르치는 것은 거의 불가능했을 거라는 핑계를 들며 나 자신을 위로할 수밖에 없었다.4

존슨이 가진 높은 언어적 능력은 그의 분석적 지능이 개발되는 것을 저해했다. 깊은 사고가 필요한 상황에 처하면 그는 항상 농담하면서 그 상황을 피해갔다. 그와 동료 브렉시트 찬성파들은 2017년 12월 유럽연합의 '백스톱backstop'• 계획 원칙을 받아들여 아일랜드 국경을 개방했다. 그리고 그 후 몇 년 동안 자신들의 결정을 되돌리기 위해서 매진하는 가운데 실망스러운 보고들이 줄을 이었다. 유럽연합 측의 협상가가 원칙을 고수하는 변호사였기 때문에 브렉시트 찬성파는 자신들이 원하는 대로 협상을 맺을 수 없었다. 커밍스는 존슨이 2019년 유럽연합과 탈퇴 협정을 체결했을 때, "그는 자신이 승인한 협상의 내용도 잘 모르고 있었다"고 회상했다.5 사실 존슨에

• 북아일랜드와 남쪽의 아일랜드 공화국 사이의 열려 있는 국경을 유지하는 임시방편. 브렉시트가 시행되면 영국령 북아일랜드와 유럽연합 소속 아일랜드 공화국은 원칙적으로는 열려 있는 국경을 유지할 수 없게 된다. 그러나 두 아일랜드 사람들은 지금까지 국경을 나누지 않고 한 나라처럼 지내왔기 때문에 국경이 닫히면 주민 생활에 심각한 불편을 초래하는 것은 물론, 역사적인 아일랜드인의 민족 감정까지 자극하게 되므로 이를 피하고자 유럽연합의 제안으로 백스톱 조항을 설정했다.

게 내용은 별로 중요하지 않았다. 옥스퍼드의 전통에서 재치 있고 뛰어난 연설은 모든 현실을 압도했다.

전통적으로 옥스퍼드 보수당원들의 정치에는 유머러스한 요소가 있었다. 조지 오즈번은 정치적 위기에 직면했을 때 항상 '정치는 어차피 다 게임이야'라는 식으로 특이하게 반응했다.6 의사당 1층에서 닉 볼스와 브렉시트에 대해 논쟁하는 동안 그는 이렇게 농담하곤 했다. "존경하는 의원님께서는 위커미스트Wykehamist(윈체스터 졸업생)다운 날카로운 지적을 하곤 하시는데요. 매우 영리한 지적이지만, 그 내용은 근본적으로 틀렸습니다." 과연 '위커미스트'가 볼스가 졸업한 윈체스터 고교 졸업생을 가리킨다는 사실을 알고 있는 일반 유권자는 얼마나 될까? 리스모그는 이 두 사람을 따로 떼어두고 자신은 이튼 동창인 브렉시트 반대파인 올리버 레트윈을 상대했다. "'나는 서부 도싯 지역구의 존경하는 동료 의원님이 나와 같은 이튼 출신이 아니라 윈체스터 출신이 아닐까 하고 생각해왔다고 고백합니다."7

그로부터 몇 달 후, 원내총무가 된 리스모그는 브렉시트와 관련된 중대한 토론이 진행되는 동안 회의장 앞 좌석에서 마치 고양이가 등을 대고 낮잠을 자는 듯한 자세로 누워 있었다. '여기는 내 집'이라고 말하는 것 같았다.8 브렉시트의 대장정 속에서 녹색당 소속 의원인 캐럴라인 루카스가 그를 꾸짖은 것도 어찌 보면 당연했다. "이건 거실에서 하는 놀이나 토론 모임이 아닙니다. 현실에서 삶을 영위하고 있는 평범한 사람들에 관한 논의입니다."9

옥스퍼드의 브렉시트 찬성론자들은 세상이 무너져도 자신들만은 괜찮을 것이라 믿고 있었다. 중세에 지어진 교외 저택에서 중세에 지어진 기숙학교, 중세에 설립된 옥스퍼드대학, 그리고 중세에 설립된 의회에 이르기까지 인생이 전부 보장되어 있다면 누구라도 '우리가 몰락할 가능성은 전혀 없다'고 생각할 것이다. 그들은 계속해서 필요하면 리스모그가 그랬던 것처럼 유럽연합 내부에 새로운 투자 수단을 확보하거나, 스탠리 존슨처럼 유럽연합의 여권을 신청할 수 있을 것이다. 제임스 우드는 이튼 동창들에 대해 다음과 같이 썼다. "이 얼마나 안심되는 일인가? 지금까지 항상 잘 지내왔다는 것은 앞으로도 항상 잘 지내리라는 것을 의미한다."10

그렇게 생각하는 것은 옥스퍼드 출신 보수 정치인들만이 아니다. 영국과 관련된 주제를 논하는 옥스브리지 출신 언론인, 학자, 코미디언도 모두 마찬가지다. 세상이 뒤집히더라도 자신들은 괜찮을 거라는 사실을 마음 깊은 곳에서 굳게 믿고 있다. 노동계약에 얽매이거나, 무료 배급소에 줄을 서서 음식을 배급받는 따위의 일은 이들에게는 절대 일어나지 않을 것이다. 오랜 기간 『처웰』이 표현해온 독설이 영국의 기성 언론으로 이어져온 것은 어찌 보면 당연한 일이다.

브렉시트는 영국 자체를 심각한 곤경에 빠뜨렸다. 정치가들이 영국을 제대로 통치하는 일은 한동안 불가능해졌다. 제러미 코빈●이 이끄는 노동당과 보수당은 국가를 둘로 분열시켰다. 아마 뮌헨 협정

● 영국 노동당 의원. 1983년 이래 런던 이즐링턴 북부 지역구를 지키고 있다(10선 의원). 2015~2020년 노동당 대표를 역임했다. 자타 공인 '사회민주주의자'로 보수당 정부에서 시행된 복지 예산 삭감을 되돌리려 대학 등록금 폐지, 학생 보조금 재개, 민영화된 공공 부문의 공영화 등을 주장하고 있다.

이후 영국의 정치 엘리트들이 가장 심각하게 양분되어 싸우는 상황이었을 것이다. 두 번째 브렉시트 국민투표를 시행하기 위해 또다시 '국민의 선택People's Vote' 운동이 시작되었다. 이는 1985년 옥스퍼드 유니언 회장이었던 롤런드 러드 및 존슨과 친한 이튼 동창 휴고 딕슨이 조직했으나 곧 내분으로 무산되었다. 그와 동시에 일각에서는 보수당 이탈자들이 무소속 의원들을 회유하기 시작했다.[11] 이 과정에서 당시 리스모그가 이끄는 유럽연구회의는 원래 보수당 내의 유럽연합 잔류파였던 메이 총리를 축출하기 위해 끊임없이 노력했다. 한 차례 쿠데타가 실패한 후 그녀가 임명한 산업부 장관 리처드 해링턴(그 역시 옥스퍼드 출신)은 '그 사람들(리스모그 일파)은 유니언 소속 학생들같이 행동한다'며 쿠데타 공모자들을 비난했다.[12] 마침내 2019년 5월 메이 총리가 사임하고 옥스퍼드 유니언 동문들 간의 선거가 벌어졌다.

남성들로만 이루어진 7명의 후보가 1라운드를 통과했다. 그들 중 6명(존슨, 헌트, 고브, 라브, 맷 행콕, 로리 스튜어트)은 옥스퍼드에서 문학, 법학 또는 철학·정치·경제를 전공했다. 이민자로는 유일하게 파키스탄 출신의 버스 운전사이자 구멍가게 주인의 아들로 태어나 장관이 된 사지드 자비드가 있었다. 그는 필턴기술대학과 엑서터대학을 다녔다. 그는 "사람들은 옥스퍼드 유니언의 토론회 같은 결말을 보고 싶어하지 않는다"고 말했으나[13] 결국은 또다시 그렇게 되었다.

이들 가운데 로리 스튜어트는 맥밀런 시대의 사람으로 보였다. 그는 이튼과 옥스퍼드 베일리얼칼리지를 졸업한 후 이라크 전쟁을 직접 겪었다. 점령된 이라크에서 행정관으로 일했고 나중에는 아프가니스탄에서도 일했다. 그는 2007년 초 '처칠이 버터 우스터로 대체되었다'●면서 영국의 정치 상황을 관찰했다. 그는 당시 영국의 '부끄러운 빈곤함'에 대해 언급하면서 이렇게 썼다. "나는 아프간 마을에서도 본 적 없는 낙후된 스코틀랜드의 공공주택 단지에서 넘쳐나는 적대감, 공격성, 괴로움과 마주해야 했다."14

전당대회가 시작되기 직전에 스튜어트는 이 책의 주제를 나보다 더 잘 표현하는 듯한 감동적인 이야기를 해주었다.

저는 영국 정치에 진정성이 너무 부족하다고 생각합니다. 우리가 아프가니스탄을 주제로 토론하는 모습을 보는 순간 영국에 진정성이 없다고 느꼈습니다. 토론에 참석한 사람들도 진지한 질문을 하지 않았습니다. 모두가 연극을 하고 있을 뿐이었죠. 보수당뿐만 아니라 노동당도 마찬가지입니다. 내가 국제개발 장관일 때 어느 날 사람들이 불쑥 찾아왔습니다. [스튜어트가 낭랑한 목소리로 당시를 재연했다.] '부룬디의 끔찍한 내전을 멈추기 위해 무엇을 할 건가요?' 잠깐 앉으시죠. '카메룬 서부의 인권 유린을 다루기 위해 장관은 무엇을 할 것입니까?' 잠깐 앉으시죠. '토고 사태를 장관님은 어떻게 처리하실 건가요?' 정말로 누군가가 그들에게 콕 집어서 이렇게 말해줄 필요가

● 영국 정치가 처칠 총리가 보여주었던 강력한 리더십에서 가볍고 유머러스한 캐릭터의 정치 리더십으로 변모했다는 의미. 리더십의 수준이 하락했거나 더 가볍거나 덜 효과적인 스타일로의 전환을 의미한다. 또한 영국 사회에서 정치 담론과 리더의 성격이 변화하고 있음을 보여주는 의미일 수도 있다.

있습니다. '우리는 부룬디에 대사관이 없습니다. 토고에도 대사관이 없습니다. 우리는 아무것도 하지 않고 있습니다. 우리가 무엇이든 할 수 있다는 환상 속에 살고 계신 건 아닌가요?'…… 그렇습니다. 우리는 다시 좀더 진정성을 가질 필요가 있습니다.[15]

하지만 스튜어트는 지도부 경선에서 곧바로 탈락했다. 5라운드까지 1980년대에 옥스퍼드를 졸업한 존슨, 고브, 헌트만이 살아남았다. 헌트와 그의 선거대책 본부장 필립 던(이튼/ 옥스퍼드/ 벌링던 회원)은 1984년 유니언 선거에서 존슨의 '진정성' 부족을 공격해 승리한 닐 셜록의 전술을 따랐다. 그러나 그들의 공격은 거의 먹혀들지 않았다. 유니언에서와 마찬가지로 보수당에서도 최고위직은 가장 카리스마 넘치는 이튼 출신에게 돌아가는 것이 당연한 듯 보였다. 1985년의 옥스퍼드에서와 마찬가지로 존슨은 그가 런던 시장에 재임할 때 자유주의적 행보를 했던 것처럼 중도주의자로 선거에 나섰다. 리스모그는 존슨을 보수당 의원들에게 소개하기 위해 자기 집에서 여러 차례 저녁 식사 모임을 열었다.

존슨은 보수당을 지지하는 대부분의 노령층, 지방의 영국인들에게, 소위 먹힐 수 있는 완벽한 구성을 갖추고 있었다. 이튼은 '지도자', 옥스퍼드는 '두뇌', 익살스러움은 '영국인', 그리고 우스터식 화법은 '잃어버린 영국의 황금기'를 떠올리게 했다. 그는 두 번째 선거에서 더 향상된 선거운동으로 유니언 회장 자리를 쟁취했던 것처럼 총리 자리도 쟁취했다. 2019년 7월 24일, 그는 1955년 이후 다섯 번째 이튼-옥스퍼드 출신의 보수당 총리가 되었다. 옥스퍼드 시절 그를 알고 있었던 많은 사람에게는 그가 총리가 되기까지 너무 오랜 시간이 걸렸다는 사실이 놀라울 뿐이었다.

16. 패거리 정치와 팬데믹

사회 시스템은 결코 우리를 실망시키지 않습니다.

─그라임스 선장, 에벌린 위의 『쇠퇴와 몰락Decline and Fall』에서

전통적으로 정부에서 최고경영자와 홍보 책임자의 직무는 분리되었다. 보수당은 존슨을 선택하면서 두 직무를 하나로 합쳤다. 이것은 천재적인 선거 전략이었다. 2019년 12월 총선에서 보수당은 코빈보다 더 강력한 사람을 상대로 싸웠더라도 수많은 명언을 남겼을 것이다. 커밍스는 또 다른 승리 구호로 '브렉시트 완성'을 내놓았다. 그는 존슨이 5년 임기를 보장받을 수 있도록 도왔지만, 그로부터 며칠 후 자신의 소셜미디어 계정을 통해 존슨이 '계획도 없고 총리 업무를 제대로 수행하지도 못한다'고 언급하면서 그를 제거하려고 했다.[1] 존슨이 영국을 운영할 능력 면에서는 부족할 수도 있겠지만, 그는 이미 선거의 승리를 통해 자신이 블레어나 대처 총리와 동등하다는 것을 입증했다. 국민투표부터 보수당 대표 경선 그리고 총선까

지 3년 만에 세 번의 승리를 연달아 손에 쥐었다.

코빈이 물러나고 브렉시트가 '완성'되자 영국의 엘리트들은 존슨의 유럽연합 잔류파 보수당원 숙청에 힘입어 전통적인 단결을 되찾기 시작했다. 고브에게 배신당하고 3년 후, 존슨은 그를 다시 최측근으로 임명했다. 그들은 정치가 결국 게임일 뿐이라는 것을 유니언에서 이미 배웠기 때문이다.

옥스퍼드를 정기적으로 방문했던 프랭크 런츠는 배후에서 두 사람의 행보를 지켜봤다. 그는 이렇게 말했다. "고브는 제가 세계 어느 곳에서도 본 적 없는 최상의 주간 총리 질의응답PMQ을 준비했습니다. 그는 바로 총리의 역할을 일일이 분석하고 재구성했습니다." 그러나 셰익스피어 전기를 편찬하던 고전주의자가 이끄는 철학·정치·경제 전공자들, 문학과 역사 전공자, 변호사들로 구성된 이 정부는 즉시 커다란 문제에 부딪혔다. 옥스퍼드가 해결책을 준비하지 못한 문제, 즉 바이러스였다. 그들은 하루아침에 생물학, 통계, 기하급수적 감염자 수 증가에 관한 질문을 받아야 했다.

존슨은 한발 늦게 바이러스에 초점을 맞췄다. 그가 본능적으로 취한 첫 방침은 봉쇄를 피하는 것이었다. 그의 계급이 삶을 통해 획득한 특권 가운데 가장 중요한 것은 개인에게 최대한의 자유를 허용하는 것이었기 때문이다. 세계보건기구WHO는 2020년 3월 11일 코로나 바이러스를 전 세계적 전염병으로 선포했다. 내가 현재 살고 있는 프랑스는 그로부터 며칠 후인 3월 17일에 국경을 봉쇄했다. 그러나 존슨은 3월 23일까지 영국을 개방했다. 2021년 10월, 하원의 전체 위원회 두 곳의 보고서는 정부의 집단면역 관련 초기 전략과 뒤늦은 봉쇄를 '영국이 겪은 가장 심각한 공중보건 실패 사례 중 하나'로 지적했다.[2] 그 결과 "피할 수 있었던 수천 명의 죽음"이 발생했다.[3]

2020년 봄 수많은 사람이 사망하자 정부는 수렁에 빠졌다. 영국에는 보호용 의료 장비나 코로나19 테스트 장비가 충분하지 않았다. 백신 개발은 아직 멀게만 느껴졌다. 이런 상황에서 그들은 혼란에 빠졌다. 정해진 지침과 프로세스를 통해 사태를 처리하는 것이 원칙이었지만, 당시 사실상 총리실을 관장하고 있던 실세인 커밍스는 시간 낭비에 불과한 각종 절차를 몸소 체험하면서 영국의 관료주의에 대해 환멸을 느꼈다.[4] 당시는 절차를 지키며 시간을 낭비하기보다는 신속하게 결정하고 행동할 때였다. 이러한 긴급 상황을 타개하기 위해 당국자들은 결국 또다시 자신들의 평생 동료에게 도움을 요청했다.

나는 그들이 이러한 청탁을 부정으로 여기지 않았을 것이라고 확신한다. 그들은 긴급하게 해결책이 필요했고 다행히 적절한 도움을 줄 사람들을 잘 알고 있었다. 바로 옥스퍼드 동문들이었다. 또다시 계급적 연대가 시작되었다. 영국의 전염병 대응은 존슨과 같은 대학 출신들, 타성에 젖은 공무원이 되지 않고 졸업 후 곧바로 사업에 뛰어들었던 사람들, 거물급 보수당원, 거물 사업가와 결혼해 마침내 최고의 자리에 선 사람들 등 런던의 보수당원 만찬에서의 인맥을 통해 이뤄졌다. 그들은 친구 자녀의 결혼식이나 첼트넘의 목장, 혹은 노팅힐에서 우연히 만난 사이였다. 그리고 그들은 보수당의 브렉시트 프로젝트에 순응했던 교육 수준이 높은 소수 엘리트 계층의 구성원이었다. 그들을 전염병 담당 책임자로 임명하면 새로운 존슨 파벌을 구축하는 데에도 도움이 될 것이었다. 정부 당국자들은 자신의 지인들에게 계속해서 온라인으로 메시지를 전송했다. 그것을 받아서 더 많은 연락처를 알고 있는 지인들이 더욱더 많은 사람에게 전송했다. 그들에게 이런 방법은 긴급 사태를 처리하는 매우 효율적인 방법처럼 느껴졌을 것이다.

보건사회복지부의 소셜미디어 계정에 따르면 당시 비상 시국에 마스크, 장갑 등의 개인보호장비PPE를 조달하는 과정에 결과적으로 87억 파운드의 예산을 낭비했다. 그중 6억7300만 파운드 상당의 PPE는 아예 추적할 수 없었다. 7억5000만 파운드는 유효기간 내에 사용되지 못한 품목을 구입하는 데 들어갔고, 거의 26억 파운드에 달하는 액수는 '국가보건서비스에서 사용할 기준에는 미달'하지만 자선단체에 판매하거나 기부될 수 있는 하급 품목에 들어갔다. PPE 가격이 하락하면서 해당 부서의 물품 재고 가치는 47억 파운드 급락했다. 재무부는 해당 부서의 총지출 가운데 13억 파운드가 '재무부의 적절한 동의 없이 사용되었거나 규정 위반'이라고 판단했는데, 이는 주로 '연관 부서나 국가보건서비스가 중앙 정부의 승인 없이 자금을 임의로 지출했거나, 명시된 조건을 위반했기 때문'이라고 정부 감사관은 평가했다.[5]

데이비드 캐머런의 친구이자 옥스퍼드에서 철학·정치·경제를 공부했던 영국 경마계의 거물인 디도 하딩이 국가보건서비스의 검사 및 추적 프로그램을 감독하게 되었다. 얼마 후 그녀는 국립보건보호연구소 소장이 되었다. 비영리단체인 굿로프로젝트Good Law Project는 이렇게 언급했다. "디도 하딩은 소장 임용 인터뷰에서 다른 후보자를 견제할 필요가 없었다. 왜냐하면 그녀는 단독 후보자였기 때문이다. 그녀는 곧바로 그 자리에 임명되었다."6 국가보건서비스의 코로나19 추적 앱 관계자는 "하딩 백작 부인은 그녀가 가진 전문 지식이 아니라, 리더십을 발휘하기 위해 임용되었다"라고 설명했다.7 '리더십'은 상류층을 의미하는 영국식 은어다. 그녀는 비록 늘 성공적이진 못했지만, 사업체를 운영했었다. 이후에 2명의 판사가 그녀의 임명이 부적절하다는 판결을 내렸다. 보건복지부 장관 행콕이 다른 후보들도 지원할 수 있는 공정한 채용 과정을 지키지 않았기 때문이다.

공교롭게도 그녀의 남편은 '총리실 소속 반부패위원회 위원장'이라는 공식 직책을 맡았던 보수당 의원 존 펜로즈였다. 2020년 10월, 펜로즈는 아이들에게 아침 식사도 먹이지 않고 학교에 보내는 '정신 나간 부모들'을 비난하면서 일반 영국인의 삶에 대한 지배층의 무지를 그대로 대중에게 노출했다.8 그는 자신을 변호하면서, 적어도 자신은 케임브리지 출신이라(옥스퍼드 출신이 아니라) 영국의 진짜 핵심 계층(내부자들)은 아니라고 주장했다.

한편 존슨은 영국의 사회적 봉쇄를 최대한 빨리 풀고 싶어 견딜 수가 없었다. 그는 2020년 말까지 '가능한 한 정상적인 크리스마스'를 국민에게 약속했다. 평범한 영국인들이 집에 갇혀 있는 동안, 정작 그 봉쇄 규칙을 만든 이들은 벌링던 스타일로 거의 대놓고 규칙을 위반했다. 도미닉 커밍스의 가족은 2020년 4월 바너드성城으로 소풍을 갔고, 이어지는 국가적 봉쇄 기간에 총리 관저에서는 파티가 계속해서 벌어졌다. 40여 명이 참석한 2020년 5월의 파티는 올리버 다우든 문화부 장관이 야외에서 단둘씩만 만날 수 있다는 규칙을 국민에게 공표한 지 겨우 55분 만에 시작되었다. 결국은 이런 파티가 열렸던 것이 대중에게 알려졌고, 수개월의 봉쇄 기간 동안 장례식, 최소한의 교우관계, 또는 업무 관계를 포기하며 지내던 영국인들이 여기에 분노하게 된 것은 정말 당연한 일이다. 존슨이 총리 관저에서 술에 취한 행동을 해서 총리직을 박탈당하는 자해 행위는 정신 나간 것처럼 보일 수도 있다. 그러나 이렇게 생각해볼 수도 있다. 그는 평생 범죄와는 거리를 두었던 사람이지만, 끊임없는 스캔들이 오히려 그를 유명하게 만들었으며, 결국 그 유명세가 그를 총리로 만들어주었다. 그에게 평범하게 살아야 할 이유가 있을까?

본능적으로 상류층은 봉쇄 조치를 혐오했다. 존슨이 그때까지 『텔레그래프』칼럼니스트였다면 분명히 독감 따위에 겁을 먹어 국가를 봉쇄하지 말라고 총리에게 경고했을 것이다. 이 역할은 토비 영, 줄리아 하틀리브루어, 제임스 델링폴처럼 1980년대에 옥스퍼드를 졸업한 다른 보수 언론인들이 맡았다. 그들에게 결여된 과학적 훈련은 그들의 지적 자신감에 전혀 영향을 주지 못했다. 2020년 7월 토비 영은 『텔레그래프』칼럼에서 '우리가 집단면역을 형성하게 되면 보리스는 이 무의미하고 파멸적인 봉쇄 조치에 대한 책임을 져야 할 것'이라는 헤드라인을 뽑았다.9 6개월 후, 10만 명이 훨씬 넘는 사망자가 발생한 후에도 토비 영의 봉쇄 반대 웹사이트에는 여전히 '팬데믹은 어디에 있는가'라는 제목의 기사가 있었는데, 여기에는 '사례는 단지 양성 판정일 뿐'이라는 내용이 담겼다.[10]

영, 하틀리브루어, 델링폴은 해넌, 고브, 존슨이 브렉시트 과정에서 맡았던 역할을 그대로 물려받았다. 바로 보수당의 시각에서, 수완 좋고 귀에 쏙 들어오는 언변을 가지고 옥스퍼드 튜토리얼 수준의 그럴듯한 이야기로 포장하고 유리한 자료와 통계를 들어가며 버크●를 비롯한 영국인들의 자유에 대한 오랜 전통에 호소했다.

전문가들은 일반인들이 알아듣지 못하는 복잡한 용어를 사용하면서 현상을 분석하곤 한다. 보수당은 이러한 전문적 분석을 좋아하지 않았다. 과학자들의 목소리보다는 '봉쇄 혐오론자'들의 목소리가 존슨의 귀에 더 잘 들어왔다. 매달 존슨, 리시 수낵과 만났던 보수당의 엘리트 기부자들이 구성한 '자문위원회'도 똑같이 강력한 목소리를 냈다.[11]

디도 하딩은 2년이라는 기간 동안 370억 파운드를 예산으로 배정받았지만, 코로나19 검사 일정을 단 하루도 앞당길 수 없었다. 2021년 3월, 하원의 공공회계위원회의 메그 힐리어 위원장은 '이 프로젝트에 상상할 수 없을 정도의 자원이 투입되었음에도 국가보건서비스의 검사 및 추적 프로그램은 팬데믹 진행 과정에서의 측정 가능한 차이를 밝혀낼 수 없다'고 말했다.[12] 그때까지 바이러스로 인한 사망자 수는

● 에드먼드 버크(1729~1797). 18세기 영국의 철학자, 정치인. 전통적 보수주의를 대표하는 학자로 영국 현대 보수주의의 사상적 기반이 되었다.

12만 명을 넘어섰다. 이는 제2차 세계대전 중 런던 대공습에서 사망한 영국 국민 수의 약 3배에 달하는 피해다.[13] 옥스퍼드의 지리학자 대니 돌링이 산출한 바에 따르면, 팬데믹 당시 인구 1200만 명 이상의 국가 중 영국의 1인당 감염률이 가장 높았다.[14]

솔직히 국가보건서비스의 검사와 추적 정책의 수혜자는 일부이기는 하나 따로 있었다. 우선 외주 업체인 서코는 정부 계약 덕분에 주가가 급등했다.[15] 서코의 CEO는 처칠의 손자이자 전 옥스퍼드 유니언 회장, 그리고 벌링던의 구성원이었던 루퍼트 솜스였다.[16] 40년 전 자신이 '가능한 한 최고의 부자'가 되겠다는 야망을 밝힌 존슨의 동문이었다. 2020년 서코는 솜스에게 490만 파운드의 수당을 지급했다.[17]

하딩이 계속 실책을 저질렀음에도, 기수이자 경마광인 맷 행콕은 사이먼 스티븐스의 후임으로, 디도 하딩을 영국 국가보건서비스 이사장으로 계속 밀었다(스티븐스는 2013년 옥스퍼드 철학·정치·경제 전공 동기인 캐머런과 제러미 헌트가 이끌던 옥스퍼드 동문 내각 초기에 NHS 이사장에 임명되었다).

지나 콜라단젤로는 옥스퍼드 시절 행콕과 함께 교내 방송국에서 활동했다. 행콕은 그녀를 자신의 보좌관으로 삼고 부서의 비상임 이사로 연간 1만5000파운드에 불과한 소액의 연봉을 주었다. 그는 폐쇄회로 카메라에 사회적 거리 두기를 어기고 그녀와 포옹하는 장면이 포착되어 보건복지부 장관에서 물러나야 했다. 이로 인해 하딩도 국민건강서비스 이사장 자리를 접어야 했다.

패거리 본능은 마지막까지 작용했다. 2022년 2월 '파티 스캔들 partygate'에 휘말린 존슨은 옥스퍼드 유니언 동문인 구토 해리를 새로운 커뮤니케이션 책임자로 임명해 자신의 이미지를 신속하게 재건하려고 시도했다. 구토는 무려 40년 전 존슨과 함께했던 독서 모임에 대한 좋은 추억을 오래 간직하고 있었다. 총리 관저에서 일을 시작한 해리는 존슨을 치켜세우기 시작했다.[18] 고브와 옥스퍼드에서 20대를 함께 보냈던 시몬 핀은 존슨의 총리 임기 마지막 몇 달 동안 다우닝가의 비서실장 대행을 맡았다. 파티 스캔들로 인해 사임하기 직전, 존슨은 그녀를 공공생활표준 위원으로 임명했다.

몇몇 동문과의 약속은 완벽하게 지켜졌다. 벤처 투자자 케이트 빙엄은 존슨과 고브의 옥스퍼드 동기였다. 그녀는 보수당 의원 제시 노먼(이튼, 옥스퍼드 출신)과 결혼했다. 존슨은 그녀를 정부의 백신 전담 TF 책임자로 임명했고, 그녀는 성공을 거두었다. 백신의 신속한 출시를 통해 영국은 서구의 다른 국가들보다 앞서 전염병에 제동을 걸 수 있었다. 그렇지만 이런 의구심을 떨칠 수는 없다. '2020년에 많은 영국인이 사망했던 비극을 미리 막을 수는 없었을까?'

이것은 우연히 일어난 재난이 아니었다. 20년도 채 안 되는 짧은 기간 동안 이라크 전쟁, 금융위기, 브렉시트에 이어 영국 정부가 네 번째로 저지른 중대한 정책적 실수였다. 이전의 재난들과 마찬가지로 이 재난도 존슨이 총리직을 수행하면서 전반적으로 전문 지식보다 정치적 언어유희를 더 중시한 태도에 그 뿌리를 두고 있다. 물론 일부 전문 지식을 수용하고 대처한 부분도 있기는 하지만 말이다.

2002년에서 2003년 사이 영국인들이 이라크 전쟁을 수긍할 수 있었던 것은 당시 토니 블레어 총리가 국민에게 명료하게 설명할 수 있었기 때문이다. 그가 사담 후세인이 보유한 가상의 '대량살상무기'가 영국을 강타할 수 있음을 암시했을 때,[19] 영국의 지배계급은 대부분 그의 말을 믿었다. 교육받은 미국인들은 블레어 총리가 부시 대통령보다 더 능수능란하게 주장을 펼친 것에 대해 종종 찬사를 보내곤 했다. 블레어 총리는 말을 정말 잘했고, 그게 그가 한 일의 전부였다. 그는 부족한 지식을 매끄럽게 피해가면서 유창하게 이야기할 줄 알았다.

그 후 금융위기가 다른 국가들보다 영국을 더 강하게 강타했다. 주된 이유는 런던의 금융 부문이 상대적으로 지나치게 방대했기 때문이다. 수십 년 동안 영국의 정치 엘리트들은 런던의 시티(금융가)를 황금이 열리는 나무로 취급했다. 그들은 시티가 어떤 방식으로 작동하는지 잘 알고 있었기 때문에 시티의 요구 사항을 언제나 승인해주었다. 그리고 2008년 그 거대한 나무가 쓰러지면서 전국을 강타했다. 그 후 브렉시트와 코로나19가 왔다. 영국과 독일을 비교해보면 영국의 문제가 더 선명하게 보인다. 독일은 위의 네 차례의 재난 모두 잘 회피하거나, 타격을 받더라도 그 충격을 상당 부분 완화할 수 있었다.

2020년 말, (영국의 심각한 코로나로부터) 안전하게 호주에서 영국을 분석했던 맬컴 턴불은 이렇게 언급했다. "영국에서 코로나19를 처리하는 방식을 보면 무능하고 비효율적인 행정의 단면을 보는 것 같다. 한번 가볍게 토론하는 방식은 오랫동안 문제를 피할 수 있지만, 결국에는 매우 심각한 결과를 맞게 된다."

17. 상류층이 사라진 옥스퍼드 귀족정치

저에겐 귀족, 상류층, 노동계급 등 모든 계층에서 온 친구들이 있습니다.
아 잠깐만요, 노동계급 친구는 없는 거 같네요.
— BBC 다큐멘터리 시리즈 「중산층: 계층의 등장과 확대Middle Classes: They Rise
and Sprawl」에서 옥스퍼드 대학생 리시 수낵, 2001년 12월[1]

세계에서 가장 오래된 영국의 지배계급이 몰락하는 데에는 상당한 시간이 걸리긴 했지만, 보리스 존슨은 결국 그 일을 해냈다. 그는 자신이 총리 시절 행했던 언어유희를 통해 내가 이 책에서 묘사하려고 했던 옥스퍼드 출신 남성들의 결점을 일부러 흉내 낼 수도 없을 만큼 완벽하게 구현해냈다. 그는 어쩌면 새로운 세대의 영국 상류층 이미지 자체를 망쳐놓은 것일 수도 있다. 이후의 영국의 유권자들(15만 명의 보수당원을 포함하는 전체 유권자들)은 한동안 보리스 존슨 같은 정치인을 뽑지 않을 것이다.

세계은행의 관료이자 유럽연합집행위원의 아들로 태어난 존슨은 중상류층에서 최상류층으로 올라가는 데 자신의 일생을 바쳤다. 그의 후임자들—처음에는 리즈 트러스, 다음에는 리시 수낵—이 그에 비하면 오히려 전문가처럼 보일 지경이었다. 둘 다 대학 시절에 옥스퍼드 유니언을 목표로 삼지 않았고, 소위 '총리의 전공'인 철학·정치·경제학을 공부했다. 수학 교수의 딸인 리즈와 의사의 아들인 수낵은 1990년대 옥스퍼드의 주류를 대표하는 사람들이었다. 전문적이고 안정적인 집안 배경을 가진 학생들 가운데 여성이나 비백인의 비율은 점점 늘어났다. 이제 옥스퍼드에서 백인 남학생들은 다인종으로 이루어진 수프 위에 얹힌 작은 토핑 같은 존재가 돼버렸다.

존슨과 비교하면 좀 낫긴 했지만, 그러나 트러스와 수낵도 여전히 옥스퍼드 귀족정치를 대변했다. 둘 다 집안 배경이 좋았기 때문에 18세에 이미 엘리트 계층이 되는 회원권을 받은 것이나 다름없었다. 두 사람 다 옥스퍼드가 여전히 영국에서 권력을 쥘 수 있는 가장 빠른 길이라는 사실을 잘 알고 있었다.

1993~1996년 옥스퍼드에서 트러스의 이력은 그녀의 흔들리지 않는 자신감, 다른 사람들과 공감하지 않는 자신만의 욕구, 급속한 상승과 급속한 붕괴 등 그녀의 45일간의 총리 취임 기간을 정확히 압축해서 보여주었다.

많은 공립 여자학교 졸업생들이 가면증후군을 갖고 옥스퍼드에 입학했지만 트러스는 그렇지 않았다. 저녁 식사 시간에 가족들과 학문적이고 정치적인 논쟁을 하며 자란 그녀는 교수들에게도 토론에서 밀리지 않았다.[2] 나 역시 교수의 아들이고 그런 식으로 자랐기에 그녀를 잘 이해할 수 있다. 그녀를 가르쳤던 정치학 교수 마크 스티어스는 그녀를 '공립학교 출신으로 친절하고 상상력이 풍부하며 대학에 넘쳐나던 가식에도 기죽지 않던 학생'으로 기억했다. 그러면서 총리 자리를 맡은 그녀의 결정적인 특징이 무엇인지 설명했다.

튜토리얼에서 트러스는 정말 놀라운 능력을 보여주곤 했습니다. 영국 정치사의 여러 주요 사건에 대한 논문을 읽고서 늘 새로운 사실을 발견하곤 했어요. 그녀의 재치 있는 언변에 필적할 만한 학생은 없었습니다. 항상 정확하지는 않았지만, 그래도 언제나 새롭게 성장하는 학생이었습니다.

그녀의 논문은 창의적이면서 의식적으로 인습에 얽매이지 않았습니다. 우리가 한 시간 동안 논쟁을 벌였을 때도 그녀는 거의 물러서지 않았어요. 다른 옥스퍼드 교수들이 그랬던 것처럼 나도 그녀의 주장을 굽히려고 계속 사실을 제시하면서 공격했지만 마찬가지였습니다. 가끔 답답하긴 해도 나 역시 젊은 강사였기 때문에 자신의 판단이 다른 사람의 판단과 똑같이 중요하다고 주장하는 그녀의 방식이 정말 마음에 들었습니다. 나이 많은 교수들은 교과서와 정반대 주장을 펼치면서 기뻐하는 그녀의 모습에 아마 치를 떨었을 겁니다.[3]

옥스퍼드대학 학생회(이하 학생회) 임원 세 명이 연달아 사임하고 그녀가 후임자로 결정되었을 때 트러스는 아직 첫 학기 신입생이었다.[4] 학생회Oxford University Student Union, OUSU(옥스퍼드 유니언과 혼동하지 말 것)는 실질적인 학사 문제를 다루면서 주로 좌파 학생들을 끌어들였고, 자유주의적 진영의 자유민주당에 속해 자유주의적 진영에 있던 트러스가 그들의 눈에 띄었다.

그녀는 "의식적으로 틀에 얽매이지 않는" 자아를 학생회 간부 일에 완전히 결합시켰다.[5] 그녀와 함께 간부를 맡았던 한 졸업생은 그녀가 총리가 되었을 때 이렇게 회상했다. "그때나 지금이나 비슷했어요. 특이하고 공감 능력이 없었죠. 그녀는 항상 '이것은 정치적 정당성 측면에서 완전히 끝내준다'라는 말을 했어요. 그것이 그녀의 캐치프레이즈였습니다. 그리고 사람들을 잘 꼬드겼어요."

그녀는 대학에 여성 문제 담당관이라는 보직을 두는 것이 "여성우대고 성차별"이라고 주장했다.[6] 그녀는 "여성단체에 속하는 여성을 줄이고 주요 정치 분야에 여성들을 더 많이 진출시켜야 한다"고 주장했다.[7] 이러한 주장은 그녀의 야심과도 밀접하게 관련되는 것이었다. 그녀의 이러한 주장은 학생회의 공식적인 정책과 종종 마찰을 일으켰다. "트러스와 다른 회원들 사이에 격렬하고 적대적인 논쟁이 곧잘 있었다"라고 한 졸업생은 회상했다.

한편 트러스는 개인적인 공감 능력이 부족한 편이었다. 1994년 5월, 당시 "LGB(레즈비언, 게이, 양성애자) 담당자"와 통화하고 싶다고 전화를 건 '불만 신고자'를 대하는 그녀의 태도에 대해 학생회 평의회는 그녀에게 징계를 내렸다.

『처웰』의 보도에 따르면, 당시 트러스는 수화기를 내려놓지도 않고 각 방으로 돌아다니면서 "LGB 담당자 있나요?"라고 소리 쳤다고 한다. 징계가 끝난 후 트러스는 『처웰』에 이렇게 말했다. "사람들이 제 의견에 동의하지 않는다고 해서 이런 사소한 문제로 저를 공격하는 것은 정말로 유감입니다." 학생회의 복지위원회 담당자는 "사소해 보일 수도 있겠지만, 이 역시 복지 문제의 일환입니다. 10대 학생들의 자살 가운데 약 20~30퍼센트는 동성애 문제와 관련 있습니다"라고 반박했다.[8]

학생회 간부 가운데 한 명은 그녀에 대해 이렇게 말했다. "만약 학생 회원 대부분이 누군가를 싫어한다면, 그것은 그가 상당히 까칠한 사람이라는 뜻입니다. 그렇게 본다면 그녀는 상당히 까칠한 편이었어요. 아마 그녀는 싸움을 즐겼던 것 같습니다."

그녀는 모든 정치적 파벌을 불편하게 만드는 자유주의적 입장을 취하는 것을 즐겼다. 신입생으로 입학하고서 겨우 일주일(아마 1994년 10월) 만에 그녀는 자유민주당의 소식지 가판대 전체를 "대마초 합법화 요구" 포스터로 도배했다.[9] 19세였던 1994년 브라이턴에서 열린 자유민주당 연례회의에 처음으로 모습을 드러내면서 그녀가 선택한 의제는 영국 정치에서 가장 인기 없는 주제였다. 바로 군주제에 대한 공격이었다. 그녀는 이렇게 말했다. "우리 자유민주당원들은 모두에게 공평한 기회가 주어졌다고 믿습니다. 우리는 태어날 때부터 지배 권력이 결정되어 있다는 것을 믿지 않습니다."

그녀는 자유민주당 옥스퍼드대학 지부의 대표가 되었고 1995년 1월 2학년 중반 무렵, 학생회에서 탈퇴했다.[10] 그녀는 곧 자유민주당에서도 탈당했고, 당원들에게 이런 내용의 편지를 보냈다. '노동당원들보다 우리 당원들을 공격하는 것이 더 재미있네요.'[11] 3학년 때는 거의 학생 정치운동에서 사라지는 것처럼 보였다. 그러나 그녀는 1996년

졸업 전에 셸shell에 취업함과 동시에 보수당에 가입했다.[12]

그녀가 옥스퍼드와 정치적으로 사이가 틀어지는 동안, 또 한 명의 미래 영국의 권력자도 똑같은 길을 걷고 있었다. 1994년 봄, 셰리던 웨스트레이크는 학생회가 아닌 자신의 이름을 내걸고 대학 총회 직전 교내에 포스터를 붙였다. 학생회는 이 일로 그에 대한 공식적인 징계까지 검토하고 있었다.

바로 그때 '셰리던 웨스트레이크를 위한 시민 모임'의 이름으로 옥스퍼드 학생 신문에 광고가 하나 실렸다.[13] 이 광고는 아마 옥스퍼드식 유머 코드를 넣은 셰리던 자신에 관한 광고였을 것이다. 광고는 스스로를 비하하는 방식으로 이렇게 시작됐다. "이번 금요일, 무고한 한 사람이 조직의 부패에 맞서 홀로 힘겹게 서 있습니다. 리즈 트러스가 지난 학생회 회의에서 그랬듯이, 학생회 조직은 셰리던도 제거하려 합니다." 광고는 셰리던 자신을 등장시킨다. '저는 여기 서 있습니다. 서 있는 것 말고 다른 일은 할 수 없습니다.' 그리고는 뜬금없이 '저는 이기기 위해 싸울 것입니다'라고 말하며 끝난다. 이 문구 아래에는 기부금 요청이 적혀 있었다. 트러스가 2022년 9월 다우닝가의 총리 관저에 입성했을 때, 대영제국훈장을 수여받은 셰리던 웨스트레이크는 총리실에서 정치보좌관을 맡았다.[14] 2010년 이후 존재했던 수백 명의 보수당 특별보좌관 중에서 그만이 유일하게 캐머런 이후의 모든 정부에서 일했다.[15]

트러스는 자유주의, 흔들리지 않는 자신감, 남에게 미움받고자 하는 욕구 등 옥스퍼드 출신의 특징 대부분을 그대로 유지한 채 총리가 되었다. 그녀와 그녀의 참모이자 이튼과 케임브리지 출신의 재무 장관 쿼지 콰텡은 대처 신봉자들의 낙수경제, 프리드리히 하이에크의 사상 등 학부생 때부터 지켜온 신념을 견지했다. 권력을 잡은 최초이자 아마도 마지막 기회에서 그들은 자신들이 "경제적 정통성"이라고 일축한 것에 정면으로 맞서는 소규모 예산안을 편성했다. 40년 만에 인플레이션은 최고조에 달하고 가난한 영국인들이 충분한 연료나 식량 비용을 감당할 수 없는 상황에서 콰텡은 부자들을 위한 증세 없는 세금 감면을 발표했다.

그와 트러스에게 끊임없이 경고하던 전문가들의 말이 옳았다는 것이 곧바로 입증되었다. 파운드는 달러 대비 사상 최저치로 떨어졌고, 영국 채권의 수익률은 치솟았으며, 보수당의 지지율은 형편없이 무너져 내렸다. 결국 옥스브리지의 패거리 정치가 혼돈 속에서 다시 고개를 내밀었다. 콰텡은 한때 옥스퍼드 출신의 브렉시트 찬성파이자 헤지펀드 매니저인 크리스핀 오디 밑에서 일한 적이 있다.[16] 오디는 트러스의 총리 선거운동이 벌어지던 와중에 콰텡을 점심 식사에 초대했다. 그 금융가는 나중에 "콰텡에게 심각한 이야기를 한 적은 없다"고 말했다.[17] 하지만 콰텡의 소규모 예산 편성 즈음에 오디는 영국 국채 하락에 거액의 투자를 했다.

이처럼 엄청난 실패를 겪은 후 보수당의 한 전직 장관은 이렇게 말했다. "트러스와 콰텡은 마치 어떤 결실도 없으면서 극단적인 철학만을 추구할 수 있는 학생 토론 모임처럼 행동하고 있습니다."[18]

옥스퍼드 유니언과 마찬가지로 브렉시트가 이루어진 이후의 보수당은 새로운 지도자를 선출하기 위해서만 존재하는 것처럼 보인다. 2022년 여름과 가을에는 두 번 대표를 선출했는데, 이것은 옥스퍼드 유니언보다 잦은 횟수였다. 10월 24일 수낵은 영국 최초의 비백인 총리가 되었다. 그런 의미에서 그는 과거와의 단절을 상징했지만, 동시에 과거와의 연속성을 보여주는 존재이기도 했다. 2016년 이후 5년 연속 옥스퍼드대학 출신이 보수당 총리가 되었고, 제2차 세계대전 이후부터 수낵까지 따져보면 17명의 옥스퍼드 출신 총리가 탄생했다.

그러나 '백인이 아닌'이라는 표현은 미국의 '유색인종'이라는 표현처럼 드러나는 것보다 드러나지 않는 부분이 더 많은 표현이다. 이 표현은 흰색 피부를 가진 것으로 간주되지 않는 지구상의 엄청나게 다양한 인종 집단을 전부 포함하는 말이다. 이 표현을 사용하는 것은 모든 '비백인' 사이의 존재하지 않는 공허한 연대를 암시하는 것이다.

수낵의 부모는 보수당 정치인 프리티 파텔과 수엘라 브래버먼의 부모처럼 매우 구체적인 정체성을 가진 소규모 집단 출신이다. 바로 동아프리카 출신 아시아인이라는 집단이다. 이들은 영국이 통치하던 인도에서 동아프리카로 이주한 후, 1970년대에 대부분 영국으로 재이주한 소위 '두 번의 이민자'다. 공교롭게도 나 역시 그런 사람들 중

한 명이다. 나는 1969년에 우간다에서 태어났다. 당시 내 아버지는 마케레레대학의 교수였고, 어머니는 인도의 고아 지방 출신으로 동 아프리카 가톨릭 신도에 관한 박사학위 논문을 쓰고 있었다. 내가 태어나고 몇 달 후, 1970년에 이디 아민이 쿠데타로 대통령 자리에 올랐고, 아시아인들을 몰아내고 우간다를 황폐화시켰다.

수많은 아시아인이 동아프리카에서 사업가나 전문직으로 일가를 이루고 있었다. 그러나 아시아인들의 경제적 지배에 분노한 흑인 아 프리카 정부는 독립을 이룬 후 아시아인들을 몰아냈다. 이렇게 쫓겨 난 아시아인들은 다른 '유색인종'과의 갈등이라는 근본적인 트라우 마를 갖고 있었다. 일부 동아프리카 출신 인도인들은 타인종에 배타 적인 힌두트바Hindutva 운동의 추종자들이었기 때문에 이슬람교도들 과도 충돌했다.

영국에 재이민했던 동아프리카 출신 아시아인 대부분은 재기하 는 데 성공했다. 사우샘프턴에서 수낵의 어머니와 아버지는 자녀를 잘 키우기 위해 각자 약사와 의사로 열심히 일했다. 수낵은 이렇게 말했다. "부모님의 생각은 최선을 다해 열심히 일해야 한다는 것이었 습니다……. 그것은 우리 가족의 뿌리 깊은 가치관이었습니다. 그리 고 그것이 더 나은 삶을 획득하는 방식입니다."19 이 생각은 교육 수 준이 높은 이민자들 사이에서 흔히 볼 수 있는 청교도적 세계관이 다. 사회에서 미리 정해진 자리가 없고 많은 영국인을 괴롭히는 계 급적 불안에서 벗어나 무엇이든 될 수 있다고 믿는 것이다. 그들은 사회와 동떨어져서 자신만의 삶을 쌓아 올리기를 희망한다. 따라서

필연적으로 동아프리카 출신 아시아인 가운데 많은 이가 대처 총리 이후 개인주의적 성공을 숭배하는 보수당을 지지했다.

수낵의 부모는 영국에서 성공하는 가장 빠른 길은 사립학교를 졸업하는 것이라고 생각했다. 그들은 수낵을 윈체스터고교로 보내기 위해 돈을 모았다. 수낵은 윈체스터에서 전교회장으로 뽑힐 만큼 매우 탁월한 학생이었다. 1998년 옥스퍼드대학에 진학했을 때, 그는 학업 성적이 우수한 여러 동년배 아시아계 학생 가운데 한 명이었다. 영국의 엘리트들은 급부상하는 이방인 가운데 모범적으로 지배층의 학교에 입학한 이들을 자신들의 계급 속으로 받아들이는 경우가 많았다. 수낵은 그의 부모님이 원했던 대로 영국의 상류층 모임에 낄 수 있었다.

옥스퍼드에서 수낵의 야망은 정치적인 것에 있지 않았다. 2001년 6월 그가 철학·정치·경제학 수업의 기말고사를 치르고 있을 때, 토니 블레어가 선거에서 압승을 거두며 재선에 성공했다. 이때는 아직 새로운 보수당원들의 전성기가 오기 전이었으며, 수낵 자신도 정치보다는 사업으로 성공하기를 바랐다. 그는 투자은행에 취업하려는 학생들이 가입하는 대학의 투자동아리 회장이었으며, 이로 인해 수많은 일자리를 제안받았다. 당시에는 세계화가 한창이었고, 그 중심은 미국이었다. 최우수 졸업장으로 더 강력해진 수낵은 뉴욕의 골드만삭스에 들어갔다. 다른 보수당 지도자들은 보통 옥스퍼드에서 학부를 마치면 더 이상 교육을 받지 않았지만, 수낵은 윈체스터와 옥스퍼드에 이어 미국 최고의 교육 브랜드인 스탠퍼드에서 MBA를 마쳤다.

미국의 헤지펀드에서 나와 장인의 투자회사에서 일하면서 부를 축적한 수낵은 이제 영국의 정치권을 장악하고자 했다. 다행히 윈체스터 시절부터 그의 절친이었던 제임스 포사이스가 『스펙테이터』에서 영향력을 가진 보수 언론인으로 일하고 있었다. 마이클 애시크로프트가 쓴 수낵의 전기에는 수낵이 가난한 소년의 독백처럼 했던 말이 인용되어 있다. "내가 미국에서 돌아왔을 때, 나는 제임스 말고는 아는 사람이 하나도 없었다. 정치권에는 지인이라곤 정말 한 명도 없었다."[20]

'동문 네트워크'가 다시 한번 움직이기 시작했다. 제임스는 자신이 아는 모든 사람에게 수낵을 소개했고, 수낵은 그들 모두를 매료시켰다.[21] 그가 요크셔 지방의 안정적인 리치먼드 보수당 지역구에 지원했을 때, 그를 포함한 모든 후보자가 공천위원들 앞으로 불려나갔다. 리치먼드의 보수협회 의장을 지낸 농부 앵거스 톰프슨은 애시크로프트에게 이렇게 말했다.

저는 모든 지원자에게 똑같은 질문을 던졌습니다. 각자 25분 동안 답변할 시간을 주었어요. 수낵은 언제나 긍정적인 대답을 했습니다. 그는 데일스의 농업 현황을 알고 있는지 물어보는 질문에는 제대로 답변하지 못했지만, 그래도 계속해서 이야기를 이어갈 능력이 있는 사람이었습니다. 다른 후보자들은 '저는 이 문제에 대해 잘 알지 못합니다. 더 알아보겠습니다'와 같은 식으로 대답했지만, 수낵은 자신이 당선만 된다면 그 문제가 어떤 것이든 반드시 해결하고야 말겠다는 의지를 분명히 드러내면서 매우 긍정적인 자세로 답변에 응했습니다.[22]

수낵은 자신의 지식이 부족한 경우에도 승리할 수 있었다. 옥스퍼드의 토론 시스템이 또다시 빛을 발하는 순간이었다.

2015년 수낵은 하원의원으로 선출되었고, 2018년에 낮은 직책의 자리를 맡은 후, 무너진 보수당의 잔해를 딛고 일어섰다. 그가 마침내 총리가 되었을 때, 수엘라 브래버먼 내무장관과 제임스 클레벌리 외무부 장관을 포함한 내각의 상위 세 명 중 둘은 BAME(흑인, 아시아 소수민족) 출신이었다. 세습 상류층을 대표하는 사람은 재무장관 제러미 헌트였다. 두 곳의 사립학교 전교 회장● 출신 남성들이 다우닝가 10번지(총리 관저)와 11번지(재무장관 관저)에 입성한 것이다. 즉 어른이 된 지배계급의 귀환이었다.

수낵이 조직한 첫 번째 내각 인원의 65퍼센트가 사립학교 출신들이었다. 새로운 영국의 권력자들 역시 예전처럼 전통적인 방식을 따랐다.

● 리시 수낵은 윈체스터, 제러미 헌트는 차터하우스에서 각각 전교 회장을 지냈다.

18. 무엇을 해야 할까?

옥스브리지에서 인문학을 공부하면서 얻은 언어 유희 기술로 사람들을
현혹하는 나르시시스트들이 존재합니다. 우리는 그들 가운데서 국가의
지도자를 선출하는 악습을 중단해야 합니다.

—도미닉 커밍스, 2014년[1]

레이철 존슨은 "인구의 99퍼센트가 들어보지도 못한 행사에서 어
떤 학교, 어떤 대학을 나왔는지에 따라 중요한 이권들이 분배되었습
니다"라고 말한다. "이것이 문제의 본질입니다. 아직도 그런 일들이
일어나고 있는지는 모르겠어요. 다만 그렇지 않기를 바랄 뿐입니다."

그런 문제들은 여전히 반복되고 있을까? 만약 그렇다면 어떻게 해
야 변화가 일어날까? 2022년 봄 이 책의 초판을 찍은 후, 책에 대해
강연하고 옥스퍼드대학 사람들과 토론하기 위해 나는 두 차례 옥스
퍼드를 방문했다. 그때 보고 들은 것은 내게 깊은 인상을 주었다. 옥
스퍼드는 이 책에 기술된 불공평함을 개선하기 위해 내가 알고 있던
것보다 훨씬 더 많은 시도를 하고 있었다. 이러한 진전을 반영하기
위해 나는 이 마지막 장을 다시 썼다(그러나 나는 옥스퍼드가 영국 사

회에 지금까지 끼쳐온 해악을 줄이기 위해서 훨씬 더 많은 일을 해나가야 한다고 생각한다).

수십 년 전 그곳을 떠난 후 다시 찾은 적은 없지만, 나는 여전히 옥스퍼드의 모든 거리를 기억하고 있다. 이런 사실은 내게 묘한 느낌을 주었다. 옥스퍼드를 방문할 때마다 마치 나는 시간 여행자가 된 듯한 기분이 들었다. 거리를 돌아다니면서 나는 1988년 열여덟 살 때 처음 도착했던 대학을 머릿속에 떠올렸고, 일련의 작은 충격을 느꼈다. '요즘 학생들은 노트북을 펴고 카페에 앉아 있네. 음식은 예전에 비해 훨씬 더 좋아졌고, 녹차를 우려내는 시간을 재도록 작은 모래시계를 제공하는 일본식 카페도 생겼군. 크라이스트처치의 정원을 거닐며 스마트폰 메시지를 확인하는 것도 가능해졌고.' 예전에는 각자 방에 유선전화도 없었는데 말이다.

도시 자체는 지금으로부터 300년이 지나도 거의 변하지 않을 것 같다. 하지만 사실 대학은 알게 모르게 계속 발전해왔다. 내가 지내던 시절의 구닥다리 옥스퍼드는 꽤 전문적이고 돈이 넘치는 곳으로 변화했다. 나는 대학 시절 거닐곤 했던 계단 아래 새로 생긴 중국, 러시아, 독일의 이름들을 보고 놀라움을 금치 못했다. 옥스퍼드는 학문적으로 세계화되고 있었다. 현재는 1980년대에 비해 학과별 지원자 수가 네 배쯤 더 많다.[2] 학생들은 이 학교에 입학하기 위해 이전보다 더 열심히 노력하고, 장학금을 받으면 옥스퍼드를 직장생활의 진입 단계로 간주하는 경향이 생겨났다. 학생 대다수가 기말고사 후 며칠 동안 술만 마시기보다는 이튿날 곧바로 취업 서비스 센터를 방문한다. 나와 동창이었던 한 교수는 요즘 학부생들에게 이렇게 말한다고 한다. "학업은 당신의 직업이다. 당신은 주간 전일제 대학생이다. 일주일에 최소한 40시간은 공부해야 한다." 그는 이렇게 덧붙였다. "그리고 속으로 우리 때에는 일주일에 두 시간 정도 공부했던 것 같아. 우리 세대 사람들이 학교를 방문하면 현재 학생들의 진지함을 보고 크게 감동해. 이제 보리스 (존슨) 같은 사람은 옥스퍼드에 입학하지도 못할 거야."

이제 옥스퍼드는 박사학위도 없는 알코올 중독자보다는 유명한 학자들을 영입한다. 다행히 대학은 이전보다 훨씬 더 부유해졌다. 내가 입학하던 1988년 10월 옥스퍼드는 기금 마련을 위해 '옥스퍼드 발전 기금 운동'을 전개했다. 첫 5년간 2억2000만 파운드를 모금하겠다는 당시의 목표는 북미를 제외한 전 세계의 교육기관이 시도한 캠페인 중 가장 큰 규모였다.[3] 많은 기부자는 이러한 목표가 너무 속물 같다고 여겼다. 그러나 2004년부터 2019년까지 '옥스퍼드 발전 기금 운동'은 약 33억 파운드를 모금했다.[4] 이제는 개별 칼리지가 자체적으로 모금활동을 벌이고 있다.

오늘날의 옥스퍼드 도심에서는 문자 그대로 돈 냄새가 난다. 기차에서 내리면 가장 먼저 보이는 건물이 시리아, 사우디계 캐나다 국적의 무기상 이름을 딴 사이드 경영대학원이다(그의 아내 로즈메리 사이드는 2020년에서 2021년 사이 보수당에 최소 25만 파운드를 기부했다).[5] 그곳에서 도보로 10분 거리에 오데사에서 온 억만장자 사업가의 이름을 딴 블러바트닉 행정대학원이 있다. 내가 옥스퍼드를 다니던 시절에는 이런 학교가 없었다. 옥스퍼드 인터넷 연구소도 마찬가지였다. 벤처 기술 기업들로 가득한 과학기술 단지 두 곳은 1990년대 들어서 운영되었다. 2019년, 30년 만에 새로운 옥스퍼드 칼리지가 설립되었다. 루번칼리지는 1990년대 소련의 '황량한 동부'에서 광물 거래로 수십억 달러를 벌어들였던 인도 출신의 런던 시민 형제의 이름을 딴 것이다.

지금의 옥스퍼드는 현대의 다양성 이슈와 잘 공존하고 있다. 내가 2022년 프라이드 먼스Pride Month•에 그곳을 방문했을 때, 무지개 깃발이 대학의 지붕 위에 휘날리고 있었다. 과두제-다양성의 결합은 학생단체에도 스며들고 있다. 현재 남반구 비백인 출신의 부유층 자녀가 더 많아지고 해외 학생 등록금을 내야 하는 유럽 중산층 학부생은 줄고 있다(2023년 기준으로 1년에 2만8950파운드에서 4만4240파운드 사이). 그러나 옥스퍼드는 단순히 부유층 출신이라는 이유로 특정 지원자의 입학을 허가하는 아이비리그 대학의 방식을 따르지는 않는다. 예비 학생 가족의 기부 제안은 모두 거절된다. 이대로라면 옥스퍼드 입학 담당관은 어떤 기부도 받지 않고 학교에서 수십 년을 보낼 수 있다.

이제 교수들 대부분은 허세를 용납하지 않는다. 그리고 브렉시트를 탄생시킨 장본인으로서 옥스퍼드는 자신들의 역할에 대해 성찰하고 있다. 2022년까지 이 대학의 부총장이었던 루이스 리처드슨은

• 성소수자 인권의 달로, 6월을 가리킨다.

"마이클 고브가 우리 학교에서 교육받았다고 밝히는 것이 부끄럽다"
라고 말했다.6 존슨이라는 인물을 탄생시킨 것도 매우 부끄러울 것
이다. 존슨 총리 재임 시, 그의 모교인 옥스퍼드 베일리얼칼리지는
식당에 걸려 있던 그의 초상화를 내림으로써 그동안의 전통을 바꾸
었다. 그 대신 여성 입학 50년 역사를 기리기 위해 적어도 한 명의
'청소 아줌마'와 함께 베일리얼 여성 동문의 사진이 벽에 관습적으
로 걸려 있던 백인 남성의 사진을 대체했다.

옥스퍼드의 기말고사는 '글발 좋은 학생'보다 '성실한 학생'에게
좋은 점수를 주도록 개편되었다고 어느 역사학과 교수가 설명했다.
이것은 부분적으로는 성별에 따른 결과적 차이에 기인한다. 자신감
넘치는 남자 학생이 대담하고 반 직관적인 주장을 펼치며 그에 따라
높은 점수를 받는 경향이 있다. 3시간 동안의 시험, 세 편의 에세이,
학부 3년 차 말 일주일 정도의 기간에 여러 차례의 시험을 치른다.
이제 역사학 학위를 받기 위해서는 1만2000단어의 필수 논문, '특정
주제에 관한 심화 에세이', 2학년 말에 학생들이 일주일 동안 세 편
의 에세이를 작성해야 하는 과제물 성적도 포함된다.

코로나19는 또 다른 개혁을 촉발했다. 전염병 때문에 시험이 중단
되었고, 역사학과 학생들은 세 가지 학기 말 에세이를 수정, 개선 및
각주 버전으로 각각 제출해야 했다. 1980년대에는 학부 에세이에 각
주를 넣는다는 것은 들어본 적 없는 일이었다. 이제 각주와 참고문
헌은 모든 에세이에 필수 요소가 되었다.

이러한 것은 모두 옥스퍼드가 발전하고 있다는 증거다. 옥스퍼드

의 국제관계학 교수인 칼립소 니콜라이디스는 "다행히 1990년대 이후 이곳의 학풍은 크게 바뀌었다"고 말한다.

하지만 가장 중요한 문제는 과연 누가 옥스퍼드에 입학할 수 있는가 하는 것이다. 최근 대학 당국도 드디어 입학전형을 개편하기 시작했다.

1852년 옥스퍼드와 케임브리지에 관한 왕립위원회의 논의가 이루어진 후 최초로 사립학교 출신들이 옥스브리지에 입학하는 숫자를 줄이는 방법에 관하여 전반적인 논의가 이루어졌다. 그러나 실질적인 변화를 만들어내지는 못할 것처럼 보였다. 그 논의는 거의 토론을 위한 토론이나 다름없었다. 참가자들은 마치 고해성사를 하듯 각자의 어려움을 드러낼 기회를 얻었지만, 상류층은 여전히 맨 위에서 내려다보고 있었다. 나는 테리사 메이가 2016년 총리가 된 후 다우닝가의 총리 집무실 계단에서 이에 대한 우려를 표명했던 것을 어렴풋이 기억한다.

가난한 집에서 태어나면 그렇지 않은 사람들보다 평균 9년 일찍 사망합니다. 흑인은 백인보다 형사 사법제도에 의해 비교적 가혹한 대우를 받습니다. 백인 노동계급 가정에서 태어난 소년은 대학에 갈 가능성이 모든 계층 가운데 가장 낮습니다. 공립학교에 다니는 학생은 사립학교 교육을 받는 학생보다 높은 수준의 직업을 갖게 될 가능성이 적습니다.7

메이는 이러한 '타오르는 불의'에 맞서 싸우겠다고 약속했다. 그러나 그녀는 충분한 시간을 갖지 못했다. 2017년 옥스퍼드는 흑인 학생(48명)보다 웨스트민스터고교(49명) 출신 지원자를 더 많이 받아들였다.8 2018년 서턴 기금의 연구에 따르면 단 8개의 학교(그중 6개가 사립학교) 졸업생들이 영국의 다른 2900개 중등학교 출신들보다 더 많이 옥스브리지에 입학했다. 메이의 내각에도 BME(흑인, 소수민족) 출신(사지드 자비드 같은)보다 옥스퍼드 유니언(존슨, 고브, 데이미언 하인즈 같은) 출신 남성이 더 많았다.9

사립학교 출신들이 영국의 국가 기관을 지배하고 있음을 보여주는 통계는 기후변화에 대한 과학자들의 경고처럼 식상한 것이 되어서, 우리가 이에 관한 문제의식을 느끼는 일 자체가 힘들어졌다. 말하자면, 영국의 심각한 불평등을 개선하기 위해 브렉시트에 대한 투표가 촉발되었음에도, 투표가 끝난 후의 상황은 예전과 같았다.

그러나 지난 몇 년 동안 놀라운 일들이 일어났다. 작지만 확실한 변화가 생기기 시작한 것이다. 연이은 사건들로 인해 뒤늦게나마 옥스브리지 출신들이 어쩔 수 없이 자신들의 특권을 제한하는 조처를 취하게 된 것이다. 시발이 된 사건은 브렉시트와 관련된 포퓰리즘 시위이고, 뒤이어 #미투 운동, 흑인의 생명도 소중하다 운동이 촉발되었다. 그 결과 영국의 공립학교들이 개선되었다. 이제 옥스브리지는 입학 지원자가 특정 학업 수준에 도달하기 위해 환경적으로 불리한 점을 어떻게 극복했는지를 측정하는 알고리즘을 사용해 '상황에 맞는 입학'을 목표로 하고 있다. 예를 들어, 지원자의 학교가 사립 혹은 공립학교였는지부터 먼저 확인하고, 공립학교라면 그 학교의 무상급식을 받는 학생 비율은 어느 정도인지, 입학생을 가려 받는 학교인지, 지원자가 그의 집안에서 대학에 진학하는 첫 번째 세대인지 등을 고려하는 것이다.

이러한 측정의 핵심은 입학 지원자들의 순위를 매기는 중요한 요소인 '상황별 GCSE(중등교육 자격시험) 점수'다. 평균이 4점인 학교의 GSCE●에서 7개의 A 등급을 받았다면, 평균이 10인 학교에서 같은 등급을 받은 것보다 훨씬 더 큰 장점이 있다.

이제 옥스퍼드의 입학 데이터베이스는 내부 투명성을 제공한다. 교수는 다른 대학의 모든 학과에 지원하는 학생들을 열람할 수 있으며, 경쟁 대학들 가운데 어디에서 우수한 학업 성적을 가진 노동계급 지원자를 차별하고 있는지 확인할 수 있다. 그러면 진보적인 대학들은 이 아이들을 낚아채려고 할 것이다. 대부분의 교수는 이러한 발전에 동참하는 데 무척 열심이다. 어느 교수는 동료들과 함께 입학 면접관으로 들어갔던 이야기를 해주었다. 당시 면접관들은 가능하면 노동계급과 공립학교 출신 아이들을 입학시키기로 결정했다. 우수한 노동계급 학생이 면접에서 두려움에 얼어붙을 때마다 면접관들은 '면접을 포기하고 나가지 않도록 도와주겠다'고 생각했다.

이제 입학 면접은 피오나 힐이 1980년대에 겪었던 것처럼 입학에 결정적인 요소는 아니다. 그때와는 달리 교수는 학생이 면접에 실패

● 잉글랜드·웨일스 그리고 일부 다른 국가들에서 보통 16세 된 학생들이 치르는 시험.

하더라도 우수한 학교 성적, 작문, 교사 추천서 등을 다 함께 고려해서 입학 여부를 결정한다.

대학은 소외된 공립학교의 아이들을 위해 계속해서 여름학교, 모의 입학 인터뷰, 학교 방문일 행사 등을 조직하고 있다. 어떤 대학의 총장은 학기 중에 매일 적어도 한 번은 학교에서 벌어지는 파티를 방문한다고 말했다. 학생들은 자신과 같은 사회적 배경을 가진 대학생들에 의해 참석자들에게 소개되었다. 이러한 방문의 목적은 아이들(그리고 어떤 때에는 옥스브리지를 좋아하지 않는 교사들)에게 자신들도 옥스퍼드에 들어갈 수 있다는 믿음을 주기 위한 것이다.

그리고 이러한 노력은 효과가 있다. 21세기 초 사립학교(인구의 약 7퍼센트를 교육했다)는 여전히 옥스퍼드의 영국 내 입학생 중 절반 정도를 공급했지만,[10] 2017년에는 그 점유율이 42퍼센트로 떨어졌다. 그 후에는 변화가 더 가속화되었다. 대학 자체의 자랑스러운 발표를 인용하자면, 2017년에서 2021년 사이 영국에 거주하는 전체 대학생 집단 내에 다음과 같은 변화가 있었다.

공립학교의 비율은 58.2퍼센트에서 68.2퍼센트로 증가.

흑인 및 소수민족(비백인)으로 식별되는 비율은 17.8퍼센트에서 24.6퍼센트로 증가.

사회·경제적으로 취약한 지역 출신의 비율은 10.6퍼센트에서 17.3퍼센트로 증가.

저低진학 영역에서 고등교육으로의 진학 비율은 12.9퍼센트에서

17.0퍼센트로 증가.

장애인 비율은 7.8퍼센트에서 11.6퍼센트로 증가.

여성의 비율은 50.0퍼센트에서 55.2퍼센트로 증가.

2020~2022년 공립학교 출신의 입학률은 약 68퍼센트로 안정화되었는데, 이는 옥스퍼드 자체에서 암묵적으로 이러한 수치를 자신들의 목표로 설정했기 때문일 것이다. 이는 옥스퍼드 역사상 가장 높은 비율이다.[11] 옥스브리지 입학 제안을 받은 이튼 출신 학생의 숫자는 2014년 99명에서 2021년 48명으로 감소했다.[12] 존슨의 모교인 유서 깊은 옥스퍼드 베일리얼칼리지에 2020~2021년 입학한 137명의 신입생 중 이튼 출신은 단 1명뿐이었다.[13] 2020년대의 옥스퍼드는 이제 학생 대다수가 여성이라는 점을 제외하면 여전히 1970년대처럼 그래머스쿨 출신 학생들로 가득 차 있다. 입학 경쟁이 가장 심한 계층은 중상류층 백인 여성이라고 한다. 이것은 다른 이유에서가 아니라, 그 계층의 학업 성적이 평균적으로 가장 우수하기 때문이다.

그런데도 여전히 사립학교 출신들이 옥스브리지에 가장 많이 입학하고 있다. 이들은 고등교육 기관에 입학한 전체 20세 미만 고교 졸업자 중 10퍼센트 미만에 불과하지만, 옥스브리지 학생 중 거의 3분의 1에 해당된다. 그리고 옥스퍼드의 새로운 입학 시스템의 주요 수혜자는 노동계급이 아니라 공립학교 경로를 선택하는 중상류층 사람들이다. 피오나 힐은 이렇게 회상했다. "제가 아마 지금 옥스퍼드에 지원한다고 하더라도, 배링턴 주교 공립학교에서 왔기 때문에 여전히 입학이 허가될 가능성은 거의 없을 거예요."14 그러나 사실 2020년대 기준으로 보면 그녀는 '사회경제적 소외 지역' 출신이기 때문에 오히려 입학에 유리했을 수도 있다.

옥스퍼드에 입학했을 때 공립학교 출신 아이들이 학업을 더 열심히 수행하는 경향이 있다. 그러나 어느 학장은 그들이 대학의 복지 시스템에 비교적 많은 요구를 하고 정학을 당할 가능성이 더 크다고 말해주었다. 그들은 기본적으로 우수하긴 하나, 교육 수준이 높은 가정에서 온 학생들이 성장 과정에서 이미 흡수한 것을 따로 배울 시간적 여유를 필요로 한다. 쇼펜하우어에 대해 들어본 적 없던 피오나가 입학시험 문제에 당황했던 것을 떠올려보면 이 말을 곧바로 이해할 수 있다.

가장 긍정적인 변화의 시나리오는 캐머런과 존슨의 시대가 전통적인 지배계급의 최후를 장식하게 될 것이라는 예측이다.

이제는 일부 특권층의 아이들조차 1980년대에는 상상할 수 없었던 당혹감을 느끼고 있다. 어떤 20대 졸업생은 부정적인 인상을 줄 수도 있다는 걱정 때문에 자신의 이력서에 옥스퍼드 유니언 회장 이력을 기재하지 않았다고 설문조사에서 밝혔다. 벌링던 회원이었던 언론인 해리 마운트는 2017년의 벌링던에는 '겨우 두 명의 회원만 남아 있다'라고 보도했다.15 '아무도 벌링던에 가입하기를 원치 않는다'라고 『텔레그래프』 기사는 뒤이어 설명하고 있다.16 구글과 #미투 시대에는 음주 문제를 일으켰던 학생이 경력에 큰 손실을 볼 수도 있다. 2018년 옥스퍼드대학 보수연맹은 벌링던 회원의 가입을 막았다.17

나는 사립학교에 다니는 학생의 수가 점차 감소할 것으로 예측한다. 부유층 부모들이 지불하는 거액의 등록금이 오히려 자신들의 아이가 옥스브리지에 들어갈 기회를 막을 수도 있다는 사실을 깨우치는 중이기 때문이다. 그러나 여전히 일부 부모는 그런 변화에 아랑곳 않고 계속해서 사립학교로 아이들을 진학시킬 것이다. 왜냐하면 사립학교는 우수한 시설과 평생의 네트워크를 의심할 여지 없이 제공해줄 것이기 때문이다. 그러나 옥스퍼드에 입학시키지 못하는 이튼은 그 가치가 훨씬 더 떨어질 수밖에 없다. 옥스브리지의 입학 보장은 이튼의 비즈니스 모델의 일부분이었다. 이제 옥스퍼드가 그들의 '역차별'에 대해 불만을 토로하는 사립학교 교장들의 공격을 받게된 것도 어찌 보면 당연한 일이다.

이렇게 엄청난 발전을 이루었음에도, 2020년대 옥스퍼드에는 여전히 구습들이 남아 있다. 수사학의 지대한 영향력은 그대로 남아 있다. 옥스퍼드의 유럽학 교수인 티머시 가턴 애시는 튜토리얼 시스템을 비난하지는 않지만, 동시에 수사학의 장점도 언급한다. "사립학교의 학풍은 에세이 쓰기, 대중에 대한 연설과 행동 등 피상적인 명료성에 대한 훈련을 제공한다. 옥스퍼드 유니언은 사립학교 출신이 아닌 학생들도 이러한 훈련을 받을 기회를 준다. 그런 기회를 얻지 못한 독일 상류층들과의 차이를 살펴보면 이해할 수 있을 것이다."

영국의 전통적인 지배계급 역시 가까운 미래에는 사라지지 않을 것이다. 21세기의 여타 선진국 중에서 아마 미국 정도가 영국처럼 일반인들과 동떨어져 고립된 환경에서 성장한 엘리트층이 존재하는 국가일 것이다. 영국 신사들은 옥스퍼드의 새로운 평등주의가 일시적인 유행이기를 바라고 있을 것이다. 언제나 그랬듯이 그들은 현상황에서 적응하고 버티려 할 것이다. 2015년 이튼은 학생들이 영국 의회(마이크가 있음)에서 자신의 목소리를 투사하는 능력을 미리 체득할 수 있도록 일부러 마이크나 시청각 보조 장치가 없는 광대한 토론실을 만들었다.[18] 옥스퍼드 유니언과 의회로 연결되는 직업의 연결 고리는 살아남은 것이다. 그리고 리스모그의 조카로 이튼을 졸업한 윌리엄은 2017년에 옥스퍼드대학 보수연맹의 회장이 되었다. 역사학과 학생인 그는 더블 재킷 정장 차림으로 『텔레그래프』와의 인터뷰에서 이렇게 말했다. "분명히 말하건대 저는 전혀 쿨하지 않습니다."[19] 2021년 현재, 옥스퍼드에는 아직도 100명이 넘는 이튼 출신 학생들이 있다.[20]

❧

옥스퍼드가 스스로 개혁을 성공시키면서 오랫동안 가장해온 능력주의가 실현되었다고 한번 상상해보자. 옥스퍼드가 사상 최초로 사교육을 받은 아이들을 지배층 엘리트로 끌어들이는 관문의 역할을 스스로 폐기해버렸다고 가정해보는 것이다. 옥스퍼드가 시도하는 개혁을 모두 성공시킨다 해도, 이 학교는 여전히 의심할 여지 없이 영국 권력층의 중추로 남을 것이다. 지배계급이 지금보다 더 다양해지고 성실하고 유능해지더라도, 옥스퍼드와 케임브리지는 여전히 미래의 기득권층을 배출하면서 동시대의 모든 영국인을 이끌어갈 것이다. 옥스브리지 학사학위를 받으면 이후에도 걱정 없이 살 수 있도록 영국이 구조화되어야 할까? 이것이 영국이 수 세기 동안 운영해온 방식이지만, 이제는 바뀌어야 할 것 같다.

진정한 능력주의 엘리트들조차 대부분 런던에 거주하면서 보통 영국인들과는 동떨어진 생활을 하며 자기네끼리 서로 뭉쳐서 새로운 계층을 형성하는 경향이 있다. 그 계층의 구성원들 역시 서로를 물심양면으로 도우면서, 계층 밖의 사람들과 단절되어 산다. 이처럼 실제 능력주의 역시 가짜 능력주의만큼 위험한 것이 될 수 있다.

옥스브리지가 반드시 영국의 지배계급을 배출해야만 한다는 규칙은 없다. 나는 국가가 한두 곳의 명문 대학을 중심으로 뭉칠 필요는 없다고 생각한다. 나는 열여섯 살 때까지 네덜란드에 살면서 네덜란드어를 사용하는 학교에 다녔다. 내가 옥스퍼드에서 공부할 때, 나와 어린 시절을 함께 보냈던 친구들은 네덜란드의 대학에서 공부하고 있었다. 나는 그들을 방문했고, 충격을 받은 채 집으로 돌아왔다. 그들은 교수들과 거의 접촉하지 않으면서 학업을 수행하고 있었다. 내가 교수의 일대일 관리를 받고 있었던 반면, 그들은 큰 강의실에 앉아 먼 곳에서 교수가 하는 수업을 그냥 듣고만 있었을 뿐이다. 그들은 나보다 훨씬 적은 시간을 학업에 투자했다. 그들 중 일부는 같이 술이나 마시면서 시간을 허비하는 모임에 속해 있었다. 나는 네덜란드에 사는 동년배들이 술값 마련을 위해 대학을 중퇴하고 아르바이트를 하면서 살아가는 현실을 봤다. 당시 네덜란드에는 4년제

학위를 위해 무려 6년 동안이나 학비 보조금을 지급하는 제도가 있었는데도 불구하고 말이다.

나는 옥스퍼드에서 역사와 독일어를 공부했으며, 그 덕분에 베를린공과대학에서 3년을 보낼 수 있었다. 나는 1990년 9월 말 독일에 도착했고, 그로부터 며칠 후 독일의 통일을 축하하는 운터덴린덴 거리의 군중 사이를 걸으며 동서 베를린이 통합되어가는 과정을 지켜보면서 정말 기억에 남는 1년을 보냈다. 제2차 세계대전 이후 처음 베를린을 횡단하는 100번 버스를 탔던 당시의 설렘을 나는 지금까지도 생생하게 기억한다. 나는 동독 지역에서 대학에 가는 것이 금지되어 있던 동독인들과 함께 공부했다. 그들이 대학에 갈 수 없었던 이유는 그들 자신이나 가족 구성원이 공산주의 체제에 저항했기 때문이다.

나는 베를린공과대학에서 배운 것보다 더 많은 것을 그들로부터 배웠다. 그곳은 네덜란드의 대학과 매우 흡사했다. 수업 선택의 폭이 좁고, 대규모 학급으로 구성되어 있으며, 많은 학생이 시간제로 입학해서 공부하고 있었다. 나는 10년제 시간제 학사 과정을 공부하던 30세의 대학생들과 함께 수업을 들었다. 한 남학생이 자신의 자녀를 수업에 데려왔다. 그는 졸업시험을 한 차례 남겨둔 36세의 법대생이었다. 그가 시험에 합격하면 학자금이 끊기고 일주일에 몇 시간씩 택시 운전을 하면서 용돈을 벌 수도 없으며, 하루 종일 업무를 보는 판사가 될 것이었다. 그는 졸업시험을 연기하기 위해 그가 취할 수 있는 모든 방법을 동원하고 있었다.

옥스퍼드는 그러한 대학들보다 사정이 나았다. 무엇보다 학생을 시험으로 선별하는 대학이었기 때문에 학생들의 기본 소양이 더 높았다. 그러나 네덜란드와 독일은 기본적으로 영국보다 더 부유하고 공정하며 평등한 사회였다. 역설적으로 대학입학 시험이 없었기 때문에 사회가 오히려 더 공정하고 평등했다. 네덜란드와 독일의 아이들은 17세에 명문 대학에 진학하기 위해 특정 사립학교에서 교육받을 필요가 없었다. 이 나라들에는 대학 입학 면접이 없었다. 사람들은 각자 원하는 곳에서 공부하고, 졸업하면 비로소 취업을 위한 경쟁을 시작했다. 예를 들면, 독일 헌법재판소의 판사들은 독일과 미국의 다양한 대학 출신이다. 그들 중 상당수가 독일의 지방법원을 거쳐 헌법재판소까지 승진한 사람들이다.[21] 영국 대법관들의 출세 가도는 아마 이들보다 훨씬 더 단순할 것이다.

오늘날 네덜란드와 독일의 대학들도 예전보다 사정이 훨씬 더 나아지기는 했지만, 입학시험이 없다는 원칙은 여전히 남아 있다. 명문 대학이 따로 존재하지 않는 나라에서는 어느 대학을 가는지가 그다지 중요하지 않다. 어느 대학이든 상관없이 정식 교육을 이수한 다음, 직장에서 자신의 실력을 증명하는 것이 중요하다. 직업은 성인기에 결정되는 경향이 있으며, 성인이 될 때까지 가정 환경보다는 개인의 성취를 더 중요시한다.

이 나라들은 영국이 겪고 있는 수많은 모순을 겪지 않는다. 옥스브리지로부터 합격통지서를 받을 수 없는 영국의 보통 사람들처럼 17세에 이미 삶이 결정되지 않는다. 엘리트 코스에서 배제된 사람들이 옥스브리지 출신의 최상류 계급에 의한 통제를 받는 영국 사회와는 달리, 이 나라의 국민은 경력을 통해 인생을 조금씩 발전시키기 때문에 삶이 힘겹지 않다. 이 나라에는 시간, 돈, 사회적 자본을 쏟아부어 능력도 없는 아이들을 옥스브리지 같은 일류 대학에 입학시키는 엘리트층 역시 존재하지 않는다. 학생들의 특권에 대한 비판과 히틀러의 유대인 박해를 동일시하는 얼빠진 사립학교 교장들도 없다.[22] 국가 교육 예산의 많은 부분이 극소수 대학에 의해 독점되지도 않는다. 10대 이전부터 사회로부터 격리되는 엘리트층의 자녀들도 없고, 따라서 자신들만의 클럽활동에 얽매인다거나, 나태해지지도 않는다.

지금까지 영국에서 이루어지는 공정성에 대한 논쟁은 옥스브리지보다는 사립학교에 초점을 맞추었다. 그러나 사립학교가 영국만의 문제는 아니다. 영국은 그런 학교들을 보존하면서 동시에 국가 시스템을 더 공정하게 개선할 수 있다. 캐나다, 호주, 스웨덴에도 사립학교는 존재하지만, 이들 국가는 평균 이상의 사회적 이동성도 갖추고 있다.[23] 실제로 경제협력개발기구OECD에 의하면 캐나다는 사회적으로 가장 이동성이 높은 선진국이다. 2002~2014년 25~64세의 캐나다 국민은 그들의 부모와 다른 사회계층에 속했다.[24]

캐나다, 호주, 스웨덴에는 몇 가지 전문 분야를 제외하고는 세계 최고의 대학이 없다. 이들 국가의 사립 교육은 세계 최고의 대학에 진학하는 것을 목표로 하지 않기 때문이다(스톡홀름 경제대학은 최고의 기업 일자리를 제공하는 통로다). 이들 국가에도 좋은 대학은 많지만, 그 학교에 입학하는 것이 인생 자체를 바꿀 정도의 특권을 제공하지는 않는다. 작가 맬컴 글래드웰은 10분 만에 토론토대학에 지원하는 과정을 이렇게 묘사했다. "고등학교 3학년 가을 어느 날 저녁, 저녁 식사 후…… 어느 대학을 선택하느냐에 큰 의미가 있다는 느낌은 전혀 들지 않았다."[25] 상상이 가는가?

⚜

별도의 엘리트층이 존재하는 국가들은 개혁을 종용하는 대중의 압력을 받고 있다. 2022년 1월 1일, 프랑스의 엘리트 양성 대학원인 국립행정학교(에나)가 공식적으로 폐교되었다. 에나는 에마뉘엘 마크롱을 포함한 4명의 프랑스 대통령과 2명의 총리를 배출한 학교다. 이 학교는 폐교 후 '더 능력주의적이고, 더 효율적이며, 더 민주주의에 봉사하는 것'을 목표로 하는 '공공 서비스 기관'으로 전환되었다.[26] 앞으로 이 학교가 프랑스의 지배계급이 자신들의 기득권을 재생산하기 위한 수단으로 더는 기능하지 않기를 바란다.

영국은 옥스브리지를 통해 같은 일을 할 수 있다. 이 대학들에는 훌륭한 장점이 많다. 가장 좋은 방법은 이 학교들의 탁월함을 그대로 유지하면서 학부 과정을 폐지하는 것이다. 그렇게 하면, 옥스브리지가 영국 사회에 끼치는 가장 큰 악습이 제거될 것이다.

옥스퍼드와 케임브리지 자체도 변화가 가져올 이익을 얻을 수 있다. 이 학교들은 영국 학부생들을 입학시키면서 적자 운영을 하고 있다. 1인당 내국인 수업료인 9250파운드는 비용에 한참 모자란다. 학부를 폐지한다면 연구에 전적으로 집중할 수 있으며, 대학원생을 가르치고, 과학기술 기업을 창업하고, 기업 회의와 임원 교육을 통해 더 많은 돈을 벌 수 있다. 옥스퍼드는 이미 이 방향으로 나아가고 있다. 2018년 처음으로 대학에 등록된 학부생보다 대학원생이 더 많았다. 새로 생긴 루번칼리지는 자연과학 대학원생들에게 초점을 맞추고 있다. 현재 옥스퍼드는 유럽 대학들 가운데 가장 많은 연구 예산을 보유하고 있으며, 연구 수입은 학부와 대학원 등록금을 통한 수입의 약 두 배에 달한다.

그러나 가장 중요한 것은 옥스퍼드와 케임브리지가 소외당한 영국의 일반인들을 더 많이 교육할 수 있게 된다는 점이다. 재능은 있지만 교육의 충분한 기회를 얻지 못했던 성인들을 재교육하거나, 유망한 소외 계층 청소년들을 위해 여름학교를 확대 개편하는 것도 좋을 것이다. 모든 계층을 위해 열린 옥스브리지는 대중의 관심을 끌 수 있다. 그렇게 되면 옥스브리지가 가진 명성을 훼손하지 않으면서 이전보다 훨씬 더 성장할 수 있다.

혹자는 임페리얼칼리지, 유니버시티칼리지런던처럼 새로운 엘리트 대학이 옥스브리지를 대체할 뿐이라고 주장할 수도 있을 것이다. 그러나 캐나다, 스웨덴, 호주에서 그런 일은 일어나지 않았다. 영국의 다른 대학들은 옥스브리지에 비해 전통적인 명성과 자본이 언제나 상대적으로 부족할 것이다. 옥스브리지가 사라진다면 수많은 사립학교 출신 학생들이 미국의 엘리트 대학으로 유학 가서 학사학위 과정에 들어갈 수도 있다. 그렇게 되면, 장기적으로는 세습적 지배계급의 상당수가 외국으로 떠날 것이다.

이튼 졸업생들이 옥스브리지의 대학원을 장악하려고 할 수도 있지만, 그럴 경우 그들의 대학원 입학 시기는 아무리 빨리 잡아도 21세 이후가 된다. 즉, 부모의 사회적 계층을 그대로 반영하는 입학이 더는 아니게 될 것이다. 그리고 학부보다 더 전문적인 내용의 교육을 받게 될 것이다. 분자생물학이나 식민지 이전의 인도 역사에 관한 박사학위를 취득한다고 해서 영국 총리가 될 수 있는 것은 아닐 것이다.

어쩌면 현재 옥스퍼드에서 공부하고 있는 능력 있는 엘리트들이 지금보다 더 공정한 국가를 만들기 위해 노력할 정도로 충분히 이타적인 사람들이기를 바랄 수도 있겠다. 어쩌면 그들 역시 영속적인 권력 계층을 형성하려고 시도할 수도 있겠지만 말이다.

감사의 말

이 책의 인터뷰에 응해준 모든 이에게 감사한다.

그중 마이클 크릭은 단연 가장 많은 감사를 받아 마땅하다. 인터뷰를 마친 후 그는 자신이 지닌 방대한 주소록을 공유해주었고, 그로 인해 나는 이 이야기 속에 등장하는 주요 등장인물들에게 연락할 방법을 찾을 수 있었다. 또한 그는 매우 효율적으로 팩트체크를 하면서 원고를 검토해주었다. 만약 아직도 내용에 오류가 남아 있다면, 그것은 전적으로 저자인 나의 실수다.

댄 돔비, 앤드루 프랭클린, 애덤 쿠퍼, 제임스 매컬리, 칼라 싱글턴도 원고를 읽고 도움이 되는 제안을 해주었다. 그중 앤드루는 이 책의 집필을 시작한 순간부터 무한한 신뢰를 보여주었으며, 고든 와이즈는 이 책의 판권을 정말로 열심히 홍보해주었다. 엘런 헨드리와 폴린 해리스는 옥스퍼드 도서관에서 이루 말할 수 없이 중요한 자료 조사를 수행해주었다.

찰스 올딩턴, 더니든 아카데미 출판사의 앤서니, 수잰 앤털미, 리처드 비어드, 앨런 비티, 칼 브롬리, 페니 대니얼, 애나 데이비스, 크리스천 데이비스, 프레드 디포사드, 폴 드레이, 존 풋, 페니 가드너, 피터 가리카노, 재스퍼 깁슨, 콘스탄틴 곤티카스, 덩컨 그레이, 빅토리아 호스틴, 하워드 제이컵스, 팀 로이닉, 에드워드 루스, 메리앤 맥도널드, 라나 미터, 리베카 니콜슨, 로지 파넘, 일라리아 레곤디, 앨릭 러셀, 카트린 소이어, 데릭 시어러, 사이먼 스키너, 리카르도 소아레스 드 올리베이라, 마이크 스테인, 애나와 스비틀라나 스토브포바, 샬럿 손, 에마 터커, 카트린 드 브리스, 윌리엄 라이트, 발렌티나 잔카에게도 감사의 말을 남기고 싶다.

이 책은 내가 2019년 『파이낸셜타임스』에 기고한 논설을 토대로 쓰인 것이다. 해당 신문사 동료들의 도움이 없었다면 이 책은 세상에 나오지 못했을 것이다. 에스터 빈틀리프, 피에로 보호슬라웰, 에마 보킷, 앤드리아 크리스프, 앨리스 피시번, 소피 핸스컴, 제인 러마크래프트, 앤서니 라벨, 조시 러스티그, 닐 오설리번, 체리시 루퍼스, 앨릭 러셀, 조시 스페로, 맷 벨라는 책의 작성, 편집, 수정, 출판을 도와주었으며, 이 책에 인용된 나의 과거 기사들과 함께 실렸던 사진들도 찾아주었다. 나는 그들의 프로다움, 정치적 관용성, 정확성에 대한 엄격한 기준에 언제나 감사한다. 그리고 『파이낸셜타임스』에 과거 기사들을 활용할 수 있도록 허락해준 것에 대해 감사하고 싶다.

파멀라 드러커먼은 나도 이유를 모르겠지만 지금까지 오래도록 나와 함께 살고 있다. 그녀를 사랑한다. 그리고 우리 아이들 레일라, 레오, 조이도 사랑한다.

주

서론: 옥스퍼드의 귀족정치

1. *Cherwell*, 'Union hacks in five in a bed romp shocker', 22 January 1988.
2. *Cherwell*, 'Union slave auction', 12 June 1987.
3. Michael Sandel, *The Tyranny of Merit: What's Become of the Common Good?*(Allen Lane, London, 2020), p. 100.

1. 엘리트들

1. Anthony Sampson, *The Changing Anatomy of Britain*(Coronet Books, London, 1982), p. 165.
2. Susan Hitch, 'Women', in Rachel Johnson (ed.), *The Oxford Myth*(Weidenfeld & Nicholson, London, 1988), p. 88.
3. David Greenaway and Michelle Haynes, 'Funding higher education in the UK: The role of fees and loans', *Economic Journal*, 13 February 2003.
4. Sampson, *The Changing Anatomy of Britain*, p. 164.
5. Michael Gove, 'The President's Address', *Debate*, Hilary term, 1988.
6. Walter Ellis, *The Oxbridge Conspiracy*(Penguin, London, 1995), pp. 150, 153.
7. Mike Baker, 'Grammar schools – why all the fuss?', BBC News, 2 June 2007.
8. Ellis, *The Oxbridge Conspiracy*, p. 18.
9. Francis Green and David Kynaston, *Engines of Privilege: Britain's Private School Problem*(Bloomsbury, London, 2019), p. 87.
10. Robert Verkaik, *Posh Boys: How the English Public Schools Run Britain*(Oneworld, London, 2018), p. 302.
11. Robert Booth, 'Toby Young: social-media self-obsessive still battling with father's shadow', *Guardian*, 5 January 2018.
12. Fiona Hill, *There Is Nothing For You Here: Finding Opportunity in the Twenty-First Century*(Mariner Books, Boston and New York, 2021), pp. 65–66.

13. Simon Kuper, 'Fiona Hill, Boris Johnson and the tyranny of the plummy British accent', *Financial Times*, 28 November 2019.

14. David Dutton, *Douglas-Home*(Haus Publishing, London, 2006), p. 4.

15. Verkaik, *Posh Boys*, p. 134.

16. Andrew Adonis, 'Importance of being Eton', *Prospect*, 26 May 2021.

17. Quoted in Sebastian Shakespeare, 'Eccentrics', in Johnson, *The Oxford Myth*, p. 52.

18. Ellis, *The Oxbridge Conspiracy*, p. 75.

19. Morris, *Oxford*, pp. 102–103.

20. Andrew Gimson, *Boris: The Rise of Boris Johnson*(Simon & Schuster, London, 2006), p. 55.

21. Allegra Mostyn-Owen, 'Drugs' in Rachel Johnson (ed.), *The Oxford Myth*(Weidenfeld & Nicholson, London, 1988), p. 126.

22. Rosa Ehrenreich, *A Garden of Paper Flowers: An American at Oxford*(Picador, London, 1994), p. 8.

23. Ehrenreich, *A Garden of Paper Flowers*, p. 140.

24. Sampson, *The Changing Anatomy of Britain*, pp. 165–167.

25. Francis Elliott and Tom Baldwin, 'Cameron, Balls and the Oxford crew that is now shaping politics', *The Times*, 23 January 2010.

26. Stefan Collini, 'Inside the mind of Dominic Cummings', *Guardian*, 6 February 2020.

27. John Evelyn, 'Election Special', *Cherwell*, 6 June 1986.

28. Stephen Blease, 'Another little drink…', *Cherwell*, 22 November 1991.

29. Ellis, *The Oxford Conspiracy*, p. 62.

30. Susan Hitch, 'Women', in Johnson, *The Oxford Myth*, p. 97.

31. Hitch, 'Women', in Johnson, *The Oxford Myth*, p. 89.

2. 계급 전쟁

1. E. M. Forster, *Delphi Complete Works of E. M. Forster*(Illustrated) Delphi Classics, online.

2. Jan Morris, *Oxford*(Oxford University Press, Oxford, 1987), p. 30.

3. Unsigned, 'BMW: A lookback at tension on the frontline', *Oxford Mail*, 17 February 2009.

4. Toby Young, 'Class', in Johnson, *The Oxford Myth*, p. 3.

5. Toby Young, 'When Boris Met Dave: The Bullingdon years', *Observer*, 27 September 2009.

6. Tim Shipman, 'Interview: will Dominic Raab become Britain's next prime minister?', *Sunday Times*, 5 May 2019.

7. https://twitter.com/Dominic2306/status/1418592811704803331.

8. Andrew Adonis, 'State schools and the quiet revolution at Oxbridge', *Prospect*, 28 July 2021.

9. Ellis, *The Oxbridge Conspiracy*, p. 287.

10. A. N. Wilson, *The Victorians* (Arrow Books, London, 2003), p. 279.

11. Ellis, *The Oxbridge Conspiracy*, p. 52.

12. Richard Beard, *Sad Little Men* (Harvill Secker, London, 2021), p. 2.

13. Sonia Purnell, *Just Boris: The Irresistible Rise of a Political Celebrity* (Aurum, London, 2011), p. 23.

14. Boris Johnson, 'Politics', in Johnson, *The Oxford Myth*, pp. 70–71.

15. Verkaik, *Posh Boys*, p. 293.

16. Danny Dorling, 'New Labour and Inequality: Thatcherism Continued?', *Local Economy*, August 2010.

17. Dafydd Jones, *Oxford: The Last Hurrah* (ACC Art Books, Woodbridge, 2020), Introduction.

18. Ian Jack, 'Bright young things revisited: how Cameron's generation made Oxford their playground', *Guardian*, 25 September 2015.

19. John Dower (director), *When Boris Met Dave*, docudrama, 2009.

20. Oliver Taplin, 'Dark Yuppy Blues', *The Times*, 16 June 1988.

21. Purnell, *Just Boris*, p. 62.

22. Andrew Adonis, 'Boris Johnson: The Prime Etonian', *Prospect*, 9 July 2021.

23. Verkaik, *Posh Boys*, p. 135.

24. Morris, *Oxford*, p. 273.

25. https://archive.org/stream/in.ernet.dli.2015.186344/2015.186344.The-Best-Betjeman_djvu.txt.

26. Rumeana Jahangir, 'The Hobbit: How England inspired Tolkien's Middle Earth', BBC News, 7 December 2014.

27. Neil Powell, *Amis & Son: Two Literary Generations* (Pan Macmillan, London, 2012), p. 198.

28. Philip Larkin, 'Going, Going' (1972), https://www.poeticous.com/philip-lar-

kin/going-going.

29. Quoted in Applebaum, *The Twilight of Democracy*, p. 82.

30. Boris Johnson, 'RIP Roger Scruton', Twitter.com, 13 January, 2020, https://twitter.com/borisjohnson/status/1216674269721219072?lang=en.

31. Morris, *Oxford*, p. 34.

32. Peter Snow, *Oxford Observed: Town and Gown*(John Murray, London, 1992), pp. 25–26.

33. http://interlitq.org/blog/2014/08/05/t-s-eliot-wrote-to-conrad-aiken-oxford-is-very-pretty-but-i-dont-like-to-be-dead/.

34. Sampson, *The Changing Anatomy of Britain*, p. 167.

3. 얕은 지식

1. Ian Jack, 'To the miner born', *Guardian*, 27 November 2004.

2. George Orwell, 'Such, such were the joys', published 1952, https://www.orwell.ru/library/essays/joys/english/e_joys.

3. Verkaik, *Posh Boys*, pp. 30–31.

4. Wilson, *The Victorians*, p. 280.

5. Andrew Hodges, *Alan Turing: The Enigma*(Princeton University Press, Princeton, 2015), p. 34.

6. Kitty Ferguson, *Stephen Hawking: His Life and Work*(Transworld, London, 2011), p. 35.

7. Jack, 'Bright young things revisited', *Guardian*.

8. Mostyn-Owen, 'Drugs', in Johnson, *The Oxford Myth*, p. 127.

9. Evelyn Waugh, *Brideshead Revisited*(Penguin Classics, London, 2000), p. 18.

10. Roch Dunin-Wasowicz, 'Are PPE graduates ruining Britain? MPs who studied it at university are among the most pro-Remain', blogs.lse.ac.uk, 14 November 2018.

11. Ellis, *The Oxford Conspiracy*, p. 3.

12. https://www.ox.ac.uk/sites/files/oxford/Admissions%20Report%202019.pdf.

13. Dunin-Wasowicz, 'Are PPE graduates ruining Britain?', blogs.lse.ac.uk.

14. Verkaik, *Posh Boys*, p. 283.

15. Walter, *The Oxford Union*, p. 133.

16. Dunin-Wasowicz, 'Are PPE graduates ruining Britain?'.

17. Dower, When Boris Met Dave.

18. Sampson, *The Changing Anatomy of Britain*, p. 164.

19. David Goodhart, *Head Hand Heart: The Struggle for Dignity and Status in the 21st Century* (Allen Lane, London, 2020), p. 45.

20. Mark S. Bretscher and Graeme Mitchison, 'Obituary: Francis Harry Compton Crick OM. 8 June 1916 – 28 July 2004', Biographical Memoirs of Fellows of the Royal Society, 17 May 2017.

21. Louis MacNeice, 'Autumn Journal', published 1939, https://ia801603.us.archive.org/21/items/in.ernet.dli.2015.184237/2015.184237.Autumn-Journal_text.pdf.

22. Anthony Kenny, *Brief Encounters: Notes from a Philosopher's Diary* (SPCK Publishing, London, 2018).

23. Tim Newark, 'Rees-Mogg, an English Trump but better at Latin', *Sunday Times*, 13 August 2017.

24. Quoted in Verkaik, *Posh Boys*, p. 31.

25. Gimson, Boris, p. 61.

26. Evelyn Waugh, *Brideshead Revisited*, p. 46.

27. Anthony Kenny, *Brief Encounters*.

28. Richard J. Evans, 'Norman Stone obituary', *Guardian*, 25 June 2019.

29. BBC Radio 4 extra, 'In the Psychiatrist's Chair: Professor Norman Stone, August 1997 (https://www.bbc.co.uk/programmes/b00751nr on 17 April 2021).

30. Evans, 'Norman Stone obituary', *Guardian*.

31. Daniel Hannan, 'Where would we now find another Norman Stone?', Conservative Home blog, 30 October 2019.

32. Waugh, *Brideshead Revisited*, p. 6.

33. Jan Morris (ed.), *The Oxford Book of Oxford* (Oxford University Press, Oxford, 1979), p. 380.

34. Morris, *Oxford*, p. 6.

35. Morris, *Oxford*, p. 234.

36. James Wood, 'Diary: These Etonians', *London Review of Books*, 4 July 2019.

37. Morris, *Oxford*, p. 158.

38. Larissa Ham, 'From ping pong to wiff waff, Boris Johnson lauds Team GB', *Sydney Morning Herald*, 25 August 2008.

39. Ehrenreich, *A Garden of Paper Flowers*, pp. 266–267.

40. Ian Buruma, *The Churchill Complex: The Rise and Fall of the Special Relationship* (Atlantic Books, London, 2020).

4. 룰 브레이커

1. Dower, When Boris Met Dave.
2. Unsigned, 'Cameron student photo is banned', BBC *Newsnight*, 2 March 2007.
3. Nick Mutch, Jack Myers, Adam Lusher and Jonathan Owen, 'General Election 2015: Photographic history of Bullingdon Club tracked down – including new picture of David Cameron in his finery', *Independent*, 6 May 2015.
4. Sonia Purnell, 'Jo Johnson is his own man who is very different to Boris', ITV.com, 25 April 2013.
5. Ian Parker, 'Paths of Glory', *New Yorker*, 15 November 2010.
6. Gimson, *Boris*, p. 65.
7. Harriet Sherwood, 'Sexism, vandalism and bullying: inside the Boris Johnson-era Bullingdon Club', *Observer*, 7 July 2019.
8. Ned Temko and David Smith, 'Cameron admits: I used dope at Eton', *Observer*, 11 February 2007.
9. Matt Long and Roger Hopkins Burke, *Vandalism and Anti-Social Behaviour* (Palgrave Macmillan, Basingstoke, 2015), p. 197.
10. Jim Pickard, 'Exclusive: David Cameron and the Bullingdon night of the broken window', *Financial Times*, 4 April 2010.
11. Long and Burke, *Vandalism and Anti-Social Behaviour*, p. 197.
12. Nick Mutch, 'Bullingdon Club: behind Oxford University's elite society', *The Week*, 16 September 2019.
13. Mutch, 'Bullingdon Club', *The Week*.
14. Sherwood, 'Sexism, vandalism and bullying'.
15. Pippa Crerar, 'The Boris in China diaries: What's Chinese for "polymorphous"? How the Mayor's jokes got lost in translation', *Evening Standard*, 14 October 2013.
16. Purnell, *Just Boris*, p. 64.
17. Dower, When Boris Met Dave.
18. Stephen Evans, '"Mother's Boy": David Cameron and Margaret Thatcher', *The British Journal of Politics and International Relations*, volume 12, issue 3, 2010.
19. David Cameron, 'David Cameron book: The truth about me, cannabis and Eton', *The Times*, 14 September 2019.
20. Morris, *Oxford*, p. 259.

5. 아이들의 의회, 옥스퍼드 유니언

1. Walter, *The Oxford Union*, p. 12.
2. Fiona Graham, *Playing at Politics: An Ethnography of the Oxford Union*(- Dunedin Academic Press, Edinburgh, 2005), p. 28.
3. Christopher Hollis, *The Oxford Union*(Evans Brothers, London, 1965), p. 231.
4. Edward Heath, *The Course of My Life: My Autobiography*(A&C Black, London, 2011).
5. Benn Sheridan, 'An interview with Armando Iannucci', *Cherwell*, 4 June 2017.
6. Graham, *Playing at Politics*, p. 26.
7. Walter, *The Oxford Union*, pp. 22-23.
8. Morris, *The Oxford Book of Oxford*, p. 189.
9. Walter, *The Oxford Union*, pp. 12, 15, 33, 46.
10. Walter, *The Oxford Union*, pp. 29, 117, 191.
11. Graham, *Playing at Politics*, p. 70.
12. Louis MacNeice, 'Autumn Journal'(1939), https://archive.org/stream/in.ernet. dli.2015.184237/2015.184237.Autumn-Journal_djvu.txt.
13. Heath, *The Course of My Life*.
14. Walter, *The Oxford Union*, p. 69.
15. Christopher Hitchens, *Hitch-22*(Atlantic Books, London, 2011), p. 98.
16. Graham, *Playing at Politics*, p. 33.
17. Graham, *Playing at Politics*, p. 16.
18. Slates and backstabbing are well-described in Graham's *Playing at Politics*.
19. Graham, *Playing at Politics*, p. 206.
20. Dower, *When Boris Met Dave*.
21. Walter, *The Oxford Union*, p. 53.

6. 토론의 달인, 보리스 존슨

1. Waugh, *Brideshead Revisited*, p. 255.
2. Graham, *Playing at Politics*, p. 182.
3. Dower, *When Boris Met Dave*.
4. John Evelyn, 'The Happy Couple', *Cherwell*, 8 February 1985.
5. Tina Brown, *The Vanity Fair Diaries: 1983–1992*(Henry Holt and Company, New York, 2017).
6. Toby Young, 'Cometh the hour, cometh the man: A profile of Boris Johnson',

Quillette.com, 23 July 2019.

7. Dower, *When Boris Met Dave*.

8. Young, *When Boris Met Dave, Observer*.

9. Jane Mulkerrins, 'Frank Luntz: The man who came up with "climate change" – and claims to regret it', *The Times*, 25 May 2021.

10. Anthony Luzzato Gardner, *Stars with Stripes: The Essential Partnership between the European Union and the United States*(Palgrave Macmillan, London, 2020), p. 65.

11. Anne Applebaum, *Twilight of Democracy: The Seductive Lure of Authoritarianism*(Doubleday, New York, 2020), pp. 63–64.

12. Max Long, 'Boris Johnson calls for Thatcher College, Oxford,' *Cherwell*, 30 May 2013.

13. Simon Murphy, '"Meritocrat versus toff": Boris Johnson's losing battle for the Oxford Union', *Guardian*, 16 July, 2019.

14. Adonis, 'Boris Johnson', *Prospect*.

15. Evans, 'Norman Stone obituary', *Guardian*.

16. Kate Nicholson, 'Nick Robinson tells Boris Johnson to "stop talking" in awkward Radio 4 Interview', *Huffington Post*, 5 October 2021.

17. Purnell, *Just Boris*, p. 73.

18. John Evelyn, 'Action Man', *Cherwell*, 15 November 1985.

19. Mulkerrins, 'Frank Luntz', *The Times*.

20. Gimson, *Boris*, p. 70.

21. Purnell, *Just Boris*, p. 84.

22. Toby Young, 'Success and the also-rans', *Debate*, Michaelmas term, 1985.

23. Kenny, *Brief Encounters*.

24. Boris Johnson, 'Politics', in Johnson, *The Oxford Myth*, pp. 65–84.

7. 꼭두각시, 추종자 그리고 희생자

1. Rob Merrick, 'Tories won't start wearing masks in Commons because they "know each other", Jacob Rees-Mogg says', *Independent*, 21 October 2021.

2. John Evelyn, 'Who Thinks They're Who', *Cherwell*, 15 November 1985.

3. John Evelyn, 'Gruesome Twosome II', *Cherwell*, 15 November 1985.

4. Owen Bennett, *Michael Gove: A Man in a Hurry*(Biteback Publishing, London, 2019), pp. 23, 39.

5. Bennett, *Michael Gove*, pp. 28, 31.

6. Tim Jotischky, 'Union debates sexual freedom', *Cherwell*, 17 October 1986.

7. Steve Bird, 'How the future PM, Boris Johnson, and NHS boss, Simon Stevens, formed an unlikely bond at Oxford', *Daily Telegraph*, 7 August 2019.

8. Gimson, *Boris*, p. 70.

9. Unsigned, 'Union slave auction', *Cherwell*, 6 June 1987.

10. Michael Gove, 'Class-ism', *Debate*, Michaelmas term, 1987.

11. Gove, 'The President's Address'.

12. John Mulvey, 'State of the Union', *Cherwell*, 5 February 1988.

13. Charles Moore, *Margaret Thatcher: The Authorized Biography, Volume One: Not For Turning*(Penguin UK, London, 2013).

14. David Blair and Andrew Page(ed.), *The History of the Oxford University Conservative Association*(OUCA, Oxford, 1995), pp. 15-16.

15. Johnson, 'Politics', in Johnson, *The Oxford Myth*, p. 72.

16. Julian Grenier, 'Fears for Conservative club', *Cherwell*, 16 October 1987.

17. Blair and Page(ed.), *The History of the Oxford University Conservative Association*, p. 39.

18. John Evelyn, 'Ego Bulge', *Cherwell*, 29 May 1987.

19. Jeremy Hunt, 'Moonie', *Cherwell*, 30 October 1987.

20. Robert Unsworth, 'Tories stripped of University title', *Cherwell*, 21 April 1989; Unsigned, 'You're Sick', *Cherwell*, 27 January 1989; and Unsigned, 'Cherwell Retrospective', *Cherwell*, 24 November 1989.

21. Julian Critchley, *A Bag of Boiled Sweets: An Autobiography*(Faber and Faber, London, 1994), pp. 49-50.

22. Walter, *The Oxford Union*, p. 141.

23. Jacob Rees-Mogg, 'It's the argument that counts, not the jolly old accent', *Sunday Times*, 23 May 1999.

24. Andy McSmith, 'Vote for Oxford!', *Independent*, 23 January 2010.

25. Michael Ashcroft, *Jacob's Ladder: The Unauthorised Biography of Jacob Rees-Mogg*(Biteback, London, 2019).

26. George Orwell, 'Boys' weeklies', published 1940, https://www.orwell.ru/library/essays/boys/english/e_boys.

27. Graham, *Playing at Politics*, p. 195.

28. John Evelyn, 'Barking', *Cherwell*, 11 January 1991.

29. Ehrenreich, *A Garden of Paper Flowers*, p. 198.
30. Anne Bradford and Richard Bradford, *Kingsley Amis*(Oxford University Press, Oxford, 1998), p. 1.
31. Jeremy Paxman, *The English: A Portrait of a People*(Penguin, London, 1998), pp. 189−190.

8. 옥스퍼드 유니언과 노동당 학생회

1. Graham, *Playing at Politics*, p. 202.
2. Walter, *The Oxford Union*, p. 194.
3. Boris Johnson, 'Politics', in Rachel Johnson, *The Oxford Myth*, p. 65.
4. Graham, *Playing at Politics*, p. 30.
5. David Walter, *The Oxford Union: Playground of Power*(Macdonald, London, 1984), pp. 160−164.
6. Zoe Johnson, 'For a More Perfect Union', *Cherwell*, 20 November 1987.
7. Johnson, 'Politics', in Rachel Johnson, 'The Oxford Myth', p. 75.
8. Walter, *The Oxford Union*, p. 73.
9. Reg Little, 'A writer and a statesman', *Oxford Mail*, 22 May 2014.
10. Walter, *The Oxford Union*, p. 20.
11. Henry Hale, 'Labour ends Union boycott', *Cherwell*, 31 October 1986.
12. Hitchens, *Hitch-22*, p. 89.
13. Nigel Cawthorne, *Keir Starmer: A Life of Contrasts*(Gibson Square, London, 2021), p. 77.
14. Ed Balls, *Speaking Out: Lessons in Life and Politics*(Random House, London, 2016).
15. Cawthorne, *Keir Starmer*, p. 84.
16. Eleni Courea, 'How a young Boris Johnson bonded with NHS chief Simon Stevens', *The Times*, 6 August 2019.
17. Rowena Mason, 'Boris Johnson filmed telling Tory members NHS "needs reform"', *Guardian*, 25 June 2019.
18. Jo-Anne Pugh, 'Union may bar OUCA from next term', *Cherwell*, 24 October 1987.

9. 브렉시트의 탄생

1. Valerie Grove, 'The Valerie Grove Interview: Patrick Robertson', *Sunday*

Times, 16 June 1991.

2. Simon Heffer, 'The gadfly of Bruges', *Sunday Telegraph*, 14 April 1991.

3. Grove, 'The Valerie Grove Interview', *Sunday Times*.

4. John Evelyn, untitled, *Cherwell*, 17 February 1989.

5. Unsigned, 'The courtiers', *Evening Standard*, 21 November 1991.

6. Paul Vallely, 'A big little Englander', *Independent*, 25 April 1996.

7. John Evelyn, 'The Brat Pac', *Cherwell*, 10 February 1989.

8. Heffer, 'The gadfly of Bruges', *Sunday Telegraph*.

9. Cal McCrystal, 'Interview with Bruges Group founder member Patrick Robertson', *Independent on Sunday*, 16 June 1991.

10. William Cash, 'The deep history of Brexit', *Sunday Times*, 7 August 2016.

11. McCrystal, 'Interview with Bruges Group founder member Patrick Robertson', *Independent on Sunday*.

12. Philip Vander Elst, 'The EU Threat to Democracy and Liberty', The Bruges Group, 2015.

13. Heffer, 'The gadfly of Bruges', *Sunday Telegraph*.

14. Luke Harding and Harry Davies, 'Jonathan Aitken was paid £166,000 for book on Kazakh autocrat, leak suggests', 6 October 2021.

15. 'CV of Viktor Orbán', http://2010-2015.miniszterelnok.hu/in_english_cv_of_viktor_orban/.

16. Sam Knight, 'The man who brought you Brexit', *Guardian*, 29 September 2016.

17. Knight, 'The man who brought you Brexit', *Guardian*.

18. Knight, 'The man who brought you Brexit', *Guardian*.

19. https://twitter.com/IciLondres/status/1064944724241457153.

20. Ashcroft, *Jacob's Ladder*.

21. John Evelyn, 'Enjoy', *Cherwell*, 12 June 1992.

22. Niels Bryan-Low, 'Oxford rejects Europe', *Cherwell*, 22 November 1991.

23. Ellis, *The Oxbridge Conspiracy*, p. 190.

24. Daniel Payne, 'In the LSE library archives – the founding of the Anti-Federalist League', LSE blogs, 26 September 2018.

25. Tim Shipman, *All Out War: The Full Story of Brexit* (William Collins, London, 2017), p. 25.

26. Vallely, 'A big Little Englander', *Independent*.

27. Gabriel Pogrund and Tim Shipman, 'May's Brexit chief was "student Sir Humphrey" bent on federal EU', *Sunday Times*, 11 February 2018.

28. Tom Peck, 'A chemist's son with the right formula for leadership', *Independent*, 6 October 2020.

29. Knight, 'The man who brought you Brexit'.

10. 비극을 모르는 세대

1. Richard Colls, *This Sporting Life: Sport and Liberty in England, 1760–1960* (Oxford University Press, Oxford, 2020), pp. 227–229.

2. Wilson, *The Victorians*, p. 179.

3. Goodhart, *Head Hand Heart*, pp. 35–36.

4. Margaret Macmillan, *Peacemakers: Six Months That Changed the World* (John Murray, London, 2001), p. 425.

5. Walter, *The Oxford Union*, p. 46.

6. Walter, *The Oxford Union*, p. 33.

7. Charles Williams, *Harold Macmillan* (Phoenix, London, 2012), ebook edition, Locations 733–739.

8. Graham, *Playing at Politics*, p. 30.

9. Simon Ball, 'Prime Ministers in the First World War', history.blog.gov.uk, 4 August 2014.

10. Richard Davenport-Hines, *An English Affair: Sex, Class and Power in the Age of Profumo* (William Collins, London, 2013), pp. 5–6.

11. Williams, *Harold Macmillan*, Location 890.

12. Walter, *The Oxford Union*, pp. 222–224.

13. Morris, *Oxford*, p. 252.

14. Colls, *This Sporting Life*, p. 231.

15. George Orwell, 'In Defence of P. G. Wodehouse', in *The Collected Essays, Journalism and Letters of George Orwell, volume 3, As I Please: 1943–1945* (Penguin Books, Harmondsworth, 1987), p. 399.

16. Morris, *The Oxford Book of Oxford*, p. 336.

17. Williams, *Harold Macmillan*, Locations 9409–9414.

18. Walter, *The Oxford Union*, p. 33.

19. Ball, 'Prime Ministers in the First World War'.

20. Trevor Timpson, 'World War One: The great and the good who were spared',

BBC News, 20 March 2014.

21. 'Foreign News: Sir Anthony Eden: The man who waited', *Time*, 11 April 1955.

22. Gaddis Smith, 'A Gentleman and a scapegoat', *New York Times*, 23 August 1987.

23. Ball, 'Prime Ministers in the First World War'.

24. Walter, *The Oxford Union*, pp. 226–227.

25. *Church Times*, 'Sir Edward Heath', 2 November 2006.

26. Henry Buckton, *Politicians at War* (Leo Cooper, Barnsley, 2003), p. 2.

27. UK Parliament, 'James Callaghan, Lord Callaghan of Cardiff', https://www.parliament.uk/about/living-heritage/transformingsociety/private-lives/yourcountry/collections/collections-second-world-war/parliamentarians-and-people/james-callaghan/ on 16 April 2021.

28. Ferdinand Mount, *Cold Cream: My Early Life and Other Mistakes* (Bloomsbury, London, 2009), p. 79.

29. https://www.iwm.org.uk/memorials/item/memorial/31943.

30. Verkaik, *Posh Boys*, p. 60.

31. Andrew Roth, 'Michael Heseltine', *Guardian*, 20 March 2001.

32. Buckton, *Politicians at War*, pp. 4, 11

33. Hitchens, *Hitch-22*, p. 106.

34. Walker, *The President We Deserve*, p. 65.

35. Martin Walker, *The President We Deserve: Bill Clinton: His Rise, Falls, and Comebacks* (Crown Publishers, New York, 1996), p. 67.

36. Alessandra Stanley, 'Most likely to succeed', *New York Times*, 22 November 1992.

37. Talbott email, 4 December 2020.

38. Walker, *The President We Deserve*, pp. 62–64.

11. 그들의 현재

1. Sampson, *The Changing Anatomy of Britain*, p. 167.

2. Ehrenreich, *A Garden of Paper Flowers*, p. 233.

3. Rajeev Syal, 'Dominic Cummings calls for "weirdos and misfits" for No 10 jobs', *Guardian*, 2 January 2020.

4. Parker, 'Dominic Cummings has "done" Brexit', *Financial Times*.

5. Luke McGee, 'Fiona Hill is right, the British are still total snobs about ac-

cents', CNN, 22 November 2019.

6. The Rush Limbaugh Show, 'Fiona Hill undermines multiple Democrat premises', 21 November 2019.

7. John Scalzi, 'Straight white male: The lowest difficulty setting there is', *Whatever*, 15 May 2012.

8. *Isis* magazine, untitled, Michaelmas term, 1987.

9. Alan Hollinghurst, 'A Snob's Progress', *New York Review of Books*, 27 May 2021.

10. Adonis, 'Importance of Being Eton'.

11. Geraldine Bedell, 'The Smooth Operator – Douglas Hurd', *Independent on Sunday*, 29 May 1994.

12. Adonis, 'Importance of Being Eton'.

13. Robert Saunders, 'The Cameron Illusion', Mile End Institute, Queen Mary University of London, 27 June 2016.

14. Bennett, *Michael Gove*, p. 43.

15. Verkaik, *Posh Boys*, p. 275.

16. Gideon Rachman, 'Memories of Britain's new chancellor', *Financial Times*, 12 May 2010.

17. Bennett, *Michael Gove*, p. 42.

18. Shipman, *All Out War*, p. 25.

19. Purnell, *Just Boris*, p. 95.

20. Purnell, *Just Boris*, pp. 101–103.

21. Gimson, *Boris*, p. 73.

22. John Evelyn, 'Paris and bust', *Cherwell*, 26 May 1989.

23. Verkaik, *Posh Boys*, p. 145.

24. Ellis, *The Oxbridge Conspiracy*, p. 276.

25. Tim Arango, 'Murdoch's "Head of Content"', *New York Times*, 28 April 2008.

12. 우리의 의회

1. Walter, *The Oxford Union*, p. 112.

2. Applebaum, *Twilight of Democracy*, p. 63.

3. Buruma, *The Churchill Complex*, pp. 277–278.

4. 'Boris Johnson en Anne Widdecombe bij de Oxford Debating Society in1998', https://www.youtube.com/watch?v=oe1BC0zNUcE.

5. Purnell, *Just Boris*, p. 157.

6. 'Michael Heseltine speech to Tory conference 1994 – IT WASN'T BROWN'S. IT WAS BALLS', https://www.youtube.com/watch?v=4NB3neSNfmg.

7. George Parker and Sebastian Payne, 'Boris Johnson is poised to become prime minister. Is he up to the job?', *Financial Times*, 4 July 2019.

8. Helen Lewis, 'Maybe we don't need to move Parliament to Hull. But we do need to overhaul its alienating traditions', *New Statesman*, 6 March 2015.

9. Graham, *Playing at Politics*, p. 155.

10. Williams, *Harold Macmillan*, locations 1357–1364.

11. Applebaum, *Twilight of Democracy*, p. 63.

12. Wood, 'Diary', *LRB*.

13. Greg Hurst, 'Boris Johnson, the new Buddha of suburbia', *The Times*, 25 March 2008.

14. Applebaum, *Twilight of Democracy*, p. 68.

15. George Parker and Helen Warrell, 'Gove takes aim at Cameron's Etonians', *Financial Times*, 14 March 2014.

16. George Parker, 'David Cameron: The verdict so far', *Financial Times*, 16 March 2012.

17. Joy Lo Dico, 'The Sikorski set', *Evening Standard*, 26 June 2014.

18. Sebastian Shakespeare, 'My friend Boris, the great pretender', *Daily Mail*, 20 July 2019.

13. 우리끼리 싸우지 말자

1. David Barsamian, 'Interview with John Pilger', *The Progressive Magazine*, 16 July 2007.

2. Wilson, *The Victorians*, p. 274.

3. Anthony Powell, *The Kindly Ones: Book 6 of A Dance to the Music of Time* (University of Chicago Press, 2010).

4. Janan Ganesh, 'Generation Balls in UK politics already reeks of yesterday', Financial Times, 23 September 2016.

14. 브렉시트와 옥스퍼드 유니언

1. George Orwell, 'Second Thoughts on James Burnham', *Polemic*, summer 1946, https://orwell.ru/library/reviews/burnham/english/e_burnh.html.

2. Joseph O'Leary, 'What was promised about the customs union before the referendum?', Fullfact.org, 26 October 2018.

3. Shipman, *All Out War*, pp. 155–156.

4. Tom Gillespie, 'Who is Dominic Cummings: A former PM branded him a "career psychopath" – here's what you need to know about Boris Johnson's top aide', Sky News, 15 November 2020.

5. Alex Andreou, 'Boris Johnson has decided chaos and self-destruction is a price worth paying – as long as he gets to be in charge', inews.co.uk, 7 January 2019.

6. Jon Henley and Dan Roberts, '11 Brexit promises the government quietly dropped', *Guardian*, 28 March 2018.

7. Verkaik, *Posh Boys*, p. 166.

8. Knight, 'The man who brought you Brexit'.

9. Rowena Mason, 'Boris Johnson on Brexit: "We can be like Canada"', *Guardian*, 11 March 2016.

10. Roland Philipps, *A Spy Named Orphan: The Enigma of Donald Maclean*(The Bodley Head, London, 2018).

11. Ralph Glasser, *Gorbals Boy at Oxford*(Pan Books, London, 1990), pp. 63–64.

15. 한 표 부탁드립니다!

1. Nicholas D. Kristof, 'Hacking a path to Downing Street', *Washington Post*, 14 August 1982.

2. Shipman, *All Out War*, pp. 534–535, 541.

3. Rosa Prince, *Theresa May: The Enigmatic Prime Minister*(Biteback, London, 2017), pp. 38–43.

4. Mark Vernon, '*Brief Encounters: Notes from a Philosopher's Diary*, by Anthony Kenny', *Church Times*, 30 November 2018.

5. https://twitter.com/Dominic2306/status/1448029839571685383.

6. Verkaik, *Posh Boys*, p. 148.

7. Chloe Chaplain, 'Wykehamist: What the public school jibe Jacob Rees-Mogg made to Oliver Letwin means', inews.co.uk, 28 March 2019.

8. Kevin Rawlinson, '"Sit up!" – Jacob Rees-Mogg under fire for slouching in Commons', *Guardian*, 3 September 2019.

9. Evening Standard, 'Channel 4 Brexit Debate: Jacob Rees-Mogg lays into

Theresa May's Brexit deal saying "it does not do what she said", 9 December 2018.

10. Wood, 'Diary', *LRB*.
11. Applebaum, *Twilight of Democracy*, pp. 84–85.
12. George Parker, Jim Pickard and Laura Hughes, 'Theresa May wins vote of confidence', *Financial Times*, 13 December 2018.
13. Rowena Mason, 'Javid: Johnson should not face another Oxford graduate in runoff', *Guardian*, 17 June 2019.
14. Rory Stewart, 'Politics Lite: No sacrifice, no substance, no success', *New York Times*, 10 March 2007.
15. The UK in a Changing Europe, 'Beer and Brexit with Rory Stewart MP', You-Tube, 14 March 2019.

16. 패거리 정치와 팬데믹

1. https://twitter.com/BBCBreaking/status/1417515644749336576?s=20.
2. Reuters, 'UK lockdown a week earlier could have halved COVID-19 death toll, scientist says', 10 June 2020.
3. Thomas Reilly, 'Parliamentary Health & Social Care Committee Report into the UK's Covid-19 Response', Globalpolicywatch.com, 14 October 2021.
4. Alain Tolhurst, 'Cummings says reform of "disaster zone" civil service was a condition for entering No. 10', *Civil Service World*, 18 March 2021.
5. Patrick Grafton-Green, '"Inept" government slammed as Covid PPE losses of £8.7 billion revealed', LBC, 1 February 2022.
6. Good Law Project, 'It's time for an end to cronyism', 1 November 2020.
7. Manveen Rana(host), 'Tracking and tracing the rise of Dido Harding', Stories of our times podcast, 25 August 2020.
8. Kate Ng, 'Tory MP blames "chaotic parents" for children going to school hungry', *Independent*, 28 October 2020.
9. Archie Bland, 'Daily Telegraph rebuked over Toby Young's Covid column', *Guardian*, 15 January 2021.
10. Robert Shrimsley, 'Rightwing sceptics helped deepen the UK's Covid crisis', *Financial Times*, 6 January 2021.
11. George Parker, Sebastian Payne, Tom Burgis, Kadhim Shubber, Jim Pickard and Jasmine Cameron-Chileshe, 'Inside Boris Johnson's money network', *Fi-

nancial Times, 30 July 2021.

12. Jacqui Wise, 'Covid-19: NHS Test and Trace made no difference to the pandemic, says report', *British Medical Journal*, 10 March 2021.

13. UK Parliament, 'The Fallen: Military strength and deaths in combat', undated.

14. Danny Dorling, 'Why has the UK's COVID death toll been so high? Inequality may have played a role', PreventionWeb, 4 March 2021.

15. Lex, 'Serco: UK test and trace scheme boosts outsourcer', *Financial Times*, 14 June 2021.

16. Mutch, Myers, Lusher and Owen, 'General Election 2015', *Independent*.

17. Gill Plimmer, 'Serco chief Rupert Soames receives £4.9m pay package', *Financial Times*, 10 March 2021.

18. Martin Shipton, '"Boris Johnson is boxed in, vulnerable⋯ but he could pull it off": The new Prime Minister's former right-hand man', Wales Online, 27 July 2019.

19. David Morrison, 'Lies, half-truths and omissions on the road to war against Iraq', Opendemocracy.net, 28 October 2015.

17. 상류층이 사라진 옥스퍼드 귀족정치

1. Clip retrieved at https://www.youtube.com/watch?v=p9bbBYcwFOk.

2. Norfolk, Wace and Grylls, "Liz Truss", *The Times*.

3. Marc Stears, "She had an unnerving ability to surprise, writes Truss's Oxford tutor", *Sunday Times*, July 30, 2022.

4. Fiona Price, "OUSU Execs resign", *Cherwell*, November 26, 1993.

5. Mark Fisher and Sam Carter, "Women's post reaffirmed", *Oxford Student*, February 10, 1994.

6. Mark Fisher and Mark Henderson, "Balliol challenges Women's Officer", *Oxford Student*, February 3, 1994.

7. Fisher and Henderson, "Balliol challenges Women's Officer".

8. Katy Meves, "OUSU Officer Under Fire", *Cherwell*, June 4, 1994.

9. Rajeev Syal, Emine Sinmaz, Ben Quinn and Peter Walker, "Ambition greater than ability': Liz Truss's rise from teen Lib Dem to would-be PM", *The Guardian*, July 30, 2022.

10. Simon Smith, "NUS reps quash OUSU affiliation plan", *Oxford Student*, January 19, 1995.

11. Norfolk, Wace and Grylls, "Liz Truss", *The Times*.

12. Rafael Behr, "From the NS Archive: Iron Lady 2.0", *New Statesman*, September 5, 2022.

13. Citizens for Sheridan Westlake, "OUSU Injustice", *Oxford Student*, June 9, 1994

14. https://twitter.com/alexwickham/status/1567452424767504386?s=20&t=k-tW4v8kzNasWU1zKJ4zdBw.

15. Anna Menin and Matilda Davies, "Westminster turmoil propels an army of 'Spads' into big business", *Sunday Times*, October 30, 2022.

16. Jim Pickard and Mary McDougall, "Kwasi Kwarteng under pressure over champagne reception at home of hedge fund boss", *Financial Times*, October 2, 2022.

17. Steven Swinford and David Brown, "Kwasi Kwarteng's ex-boss Crispin Odey bet big on falling pound weeks after lunch with him", *The Times*, September 30, 2022.

18. Sebastian Payne, George Parker and Jim Pickard, "Kwasi Kwarteng's fiscal shift prompts split among Tory MPs", *Financial Times*, September 26, 2022.

19. 'The Rishi Sunak One', *Political Thinking with Nick Robinson*, BBC Radio 4, October 11, 2019.

20. Michael Ashcroft, *Going for Broke: The Rise of Rishi Sunak* (Biteback Publishing, London, 2020), p. 72.

21. Ashcroft, *Going for Broke*, p. 72.

22. Ashcroft, *Going for Broke*, p. 83.

18. 무엇을 해야 할까?

1. Dominic Cummings, 'Times op-ed: What Is To Be Done? An answer to Dean Acheson's famous quip', Dominic Cummings's blog, 4 December 2014.

2. Brooke Masters, 'How Britain's private schools lost their grip on Oxbridge', *Financial Times*, 2 July 2021.

3. Snow, *Oxford Observed*, pp. 101–102.

4. Oxford University Development Office, 'Celebrating the impact of philanthropy: £3.3 billion raised through the Oxford Thinking Campaign', 14 October 2019.

5. Parker, Payne, Burgis, Shubber Pickard and Cameron-Chileshe, 'Inside Boris Johnson's money network', *Financial Times*.

6. Nadeem Badshah and Richard Adams, 'Oxford vice-chancellor "embarrassed" to have Michael Gove as alumnus', *Guardian*, 1 September 2021.

7. Verkaik, *Posh Boys*, pp. 322–323.

8. Cherwell News, 'Access denied: Oxford admits more Westminster pupils than black students', *Cherwell*, 23 May 2018.

9. Tara Sallis, 'More Union Presidents than BME people in cabinet', *Cherwell*, 19 January 2018.

10. Graham, *Playing at Politics*, p. 206.

11. Hill, *There Is Nothing For You Here*, p. 320.

12. Masters, 'How Britain's private schools lost their grip on Oxbridge', *Financial Times*; Adonis, 'State schools and the quiet revolution at Oxbridge', *Prospect*.

13. Richard Brooks, '"Elite v plebs": The Oxford rivalries of boys who would never grow up to be men', *Guardian*, 26 September 2021.

14. Hill, *There Is Nothing For You Here*, p. 320.

15. Harry Mount, 'Bye bye, Buller', *Spectator*, 18 February 2017.

16. Lydia Willgress and Sam Dean, 'Bullingdon Club at Oxford University faces extinction because "nobody wants to join"', *Daily Telegraph*, 12 September 2016.

17. Tom Gould, 'Tories revolt As OUCA President pushes through Bullingdon Club ban', *Oxford Student*, 1 November 2018.

18. John Simpson Architects, 'Debating Chamber Eton College', undated, http://www.johnsimpsonarchitects.com/pa/Eton-College-hm.html on 19 July 2021.

19. Luke Mintz, 'Meet William Rees-Mogg, the nephew of Jacob, trying to sell Conservatism to a new generation', *Daily Telegraph*, 26 July 2017.

20. Adonis, 'State schools and the quiet revolution at Oxbridge', *Prospect*.

21. https://twitter.com/cornelban73/status/1259759306221764609.

22. Jamie Doward, 'Head likens criticism of private schools to antisemitic abuse', *Guardian*, 11 May 2019.

23. Phillip Inman, 'Social mobility in richest countries "has stalled since 1990s"', *Guardian*, 15 June 2018.

24. Maclean's, 'Canada is one of the most socially mobile countries in the world. Here's why', 14 August 2018.

25. Malcolm Gladwell, 'Getting In', *New Yorker*, 2 October 2005.

26. Ouest-France with AFP, 'L'ENA aura disparu dès le 1er janvier 2022', 11 April 2021.

옥스퍼드 초엘리트

1판 1쇄 2024년 1월 8일
1판 2쇄 2024년 2월 19일

지은이 사이먼 쿠퍼
옮긴이 심양욱 최형우
펴낸이 강성민
편집장 이은혜
마케팅 정민호 박치우 한민아 이민경 박진희 정경주 정유선 김수인
브랜딩 함유지 함근아 박민재 김희숙 고보미 정승민 배진성
제작 강신은 김동욱 이순호

펴낸곳 (주)글항아리 | 출판등록 2009년 1월 19일 제406-2009-000002호

주소 경기도 파주시 심학산로 10 3층
전자우편 bookpot@hanmail.net
전화번호 031-955-8869(마케팅) 031-941-5161(편집부)

ISBN 979-11-6909-188-6 03300

잘못된 책은 구입하신 서점에서 교환해드립니다.
기타 교환 문의 031-955-2661, 3580

www.geulhangari.com